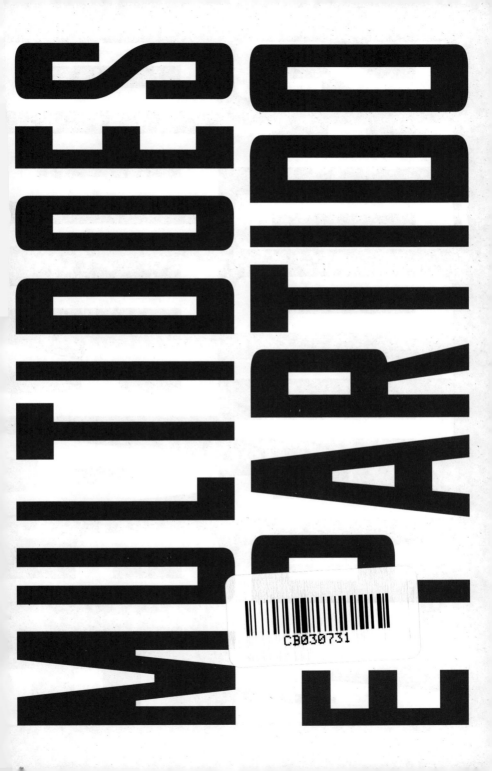

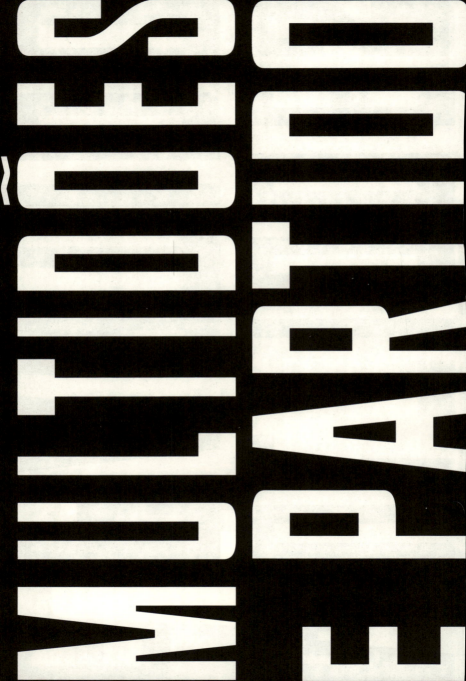

UM ENSAIO SOBRE ORGANIZAÇÃO POLÍTICA

Tradução de Artur Renzo

JODI DEAN

© desta edição, Boitempo, 2022
© Jodi Dean, 2016
Traduzido do original em inglês *Crowds and Party* (Londres, Verso, 2016)

Direção-geral	Ivana Jinkings
Tradução	Artur Renzo
Edição	Thais Rimkus
Preparação	Tatiana Allegro
Revisão	Clara Altenfelder Caratta
Coordenação de produção	Livia Campos
Assistência editorial	João Cândido Maia
Capa	Camila Nakazone, a partir de projeto de Porto Rocha & No Ideas
Diagramação	Antonio Kehl

Equipe de apoio Elaine Ramos, Erica Imolene, Frank de Oliveira, Frederico Indiani, Higor Alves, Isabella Meucci, Ivam Oliveira, Kim Doria, Lígia Colares, Luciana Capelli, Marcos Duarte, Marina Valeriano, Marissol Robles, Maurício Barbosa, Pedro Davoglio, Raí Alves, Tulio Candiotto, Uva Costriuba

CIP-BRASIL. CATALOGAÇÃO NA PUBLICAÇÃO
SINDICATO NACIONAL DOS EDITORES DE LIVROS, RJ

D324m

Dean, Jodi, 1962-
Multidões e partido / Jodi Dean ; tradução Artur Renzo. - 1. ed. - São Paulo : Boitempo, 2022.

Tradução de: Crowds and party
Inclui bibliografia e índice
ISBN 978-65-5717-180-6

1. Comunismo. 2. Partidos comunistas. 3. Movimentos de protesto. I. Renzo, Artur. II. Título.

22-79839
CDD: 324.2175
CDU: 329.15

Meri Gleice Rodrigues de Souza - Bibliotecária - CRB-7/6439

É vedada a reprodução de qualquer
parte deste livro sem a expressa autorização da editora.

1ª edição: agosto de 2022

BOITEMPO
Jinkings Editores Associados Ltda.
Rua Pereira Leite, 373
05442-000 São Paulo SP
Tel.: (11) 3875-7250 | 3875-7285
editor@boitempoeditorial.com.br
boitempoeditorial.com.br | blogdaboitempo.com.br
facebook.com/boitempo | twitter.com/editoraboitempo
youtube.com/tvboitempo | instagram.com/boitempo

Para Paul, com amor.

Sumário

Agradecimentos 9

Introdução 11

1. Nada pessoal 45

2. O cercamento do sujeito 97

3. O povo como sujeito: entre multidão e partido 147

4. Mais que muitos 199

5. A dinâmica passional do Partido Comunista 255

Conclusão 305

Índice 323

Referências bibliográficas 337

Sobre a autora 351

Agradecimentos

A escrita é solitária. O pensar é coletivo. Sou grata a todos que ofereceram o tempo, o apoio e a energia crítica que foram depositados neste livro. Diversos camaradas demonstraram, de múltiplas formas, solidariedade com meu projeto – indicando-me textos relevantes, debruçando-se sobre meus argumentos em vários meios, oferecendo novas oportunidades, estimulando-me a ser mais clara, mais ousada, discordando de mim. Entre eles estão (apesar de não serem todos) Maria Aristodemou, Darin Barney, Tamara d'Auvergne, Donatella Della Ratta, Liza Featherstone, Jon Flanders, Doug Henwood, Bonnie Honig, Penelope Ironstone, Jason Jones, Andreas Kalyvas, Anna Kornbluh, Regina Kreide, Elena Loizidou, Davide Panagia, Korinna Patelis, Alexei Penzin, Artemy Magun, Joe Mink, Joe Ramsey, Kirsty M. Robertson, Corey Robin, John Seery, Joshua Sperber, Mina Suk e Phillip Wegner.

Quero registrar minha gratidão à Society for the Humanities da Universidade Cornell pela bolsa que permitiu que eu redigisse os primeiros capítulos deste livro. Sou grata pelas respostas críticas elaboradas pelos membros de 2013-2014 da sociedade, bem como pelo *feedback* da oficina de teoria política do Departamento de Governo da universidade. Tenho uma dívida especial com Jason Frank, Anna-Marie Smith, Jason E. Smith, Becquer Seguin e Avery Slater pelas leituras atentas desses capítulos. A Society for the Humanities também forneceu um generoso apoio para a conferência "Correntes comunistas", que organizei no outono de 2013 ao lado de Jason Smith e Bruno Bosteels. As conversas ocorridas no decorrer dessa conferência e em torno dela, bem como o dossiê que ela rendeu na *South Atlantic Quarterly*, foram estímulos críticos de valor inestimável para *Multidões e partido*. Meus agradecimentos aqui vão para Banu Bargu, Aaron Benanav, Bruno Bosteels, George Ciccariello-Maher, Joshua Clover, Susana Draper, James Martel, Sandro Mezzadra, Brett Neilson, Jordana Rosenberg, Alessandro Russo, Anna-Marie Smith, Jason Smith, Alberto Toscano e Gavin Walker. Agradeço também a Michael Hardt por ter encorajado e publicado o dossiê.

Outras oportunidades de apresentar versões preliminares dos capítulos deste livro contribuíram para clarificar meus argumentos. Sou grata a organizadores, participantes e debatedores da Johns Hopkins, da Columbia, da Universidade de Chicago, do Marxist Literary Group, da New School e da CUNY Graduate Center, bem como a meus interlocutores e colegas de mesa do Encontro Anual da Western Political Science Association e do Encontro Anual da American Political Science Association. Agradeço também aos camaradas da Philly Socialists.

Dedico um agradecimento especial a Hannah Dickinson e Rob Maclean pelos comentários e pelas sugestões férteis. Também devo muito a James Martel – não só pela leitura minuciosa do manuscrito inteiro, como por ter se envolvido com tanto entusiasmo (e olhar crítico) no projeto. Kian Kenyon-Dean e Sadie Kenyon-Dean seguem me inspirando e me motivando. Por fim, sou grata a Paul A. Passavant pelas leituras cuidadosas, pelas contínuas discussões e pela forma de vida que criamos juntos.

Introdução

No dia 15 de outubro de 2011, uma enorme multidão encheu a Times Square, em Nova York. A maioria eram "ocupas", manifestando-se em consonância com outros protestos anticapitalistas que ocorriam em novecentas cidades ao redor do mundo. Aquele 15 de outubro também marcava o aniversário de cinco meses do movimento dos indignados, que havia inundado as ruas e praças da Espanha. Agora, em Madri, meio milhão de pessoas ocupava as ruas. Motins eclodiram em Roma. Na Times Square, quase 30 mil pessoas bloqueavam o fluxo de carros, enquanto a cavalaria da polícia avançava e as empurrava contra as barricadas improvisadas. Os turistas apanhados de surpresa em meio à confusão logo somaram suas vozes às dos ocupas, gritando: "Nós somos os 99%".

Eu havia me separado do meu grupo na Sexta Avenida quando a polícia começou a bloquear as vias a fim de impedir que mais pessoas se juntassem ao protesto. Acabei chegando a uma pequena ilha de trânsito na Broadway com a rua 43. Espremidas contra nós, que carregávamos cartazes, algumas pessoas que apenas faziam compras por ali perguntaram, entusiasmadas, se iríamos ocupar a Times Square. Acrescentaram que apoiavam o Occupy Wall Street e achavam ótimo que alguém finalmente estivesse fazendo algo. Juntos, vaiamos os policiais quando começaram a agarrar manifestantes que se aventuravam além das barricadas.

O movimento Occupy Wall Street foi a coisa mais importante que aconteceu no mundo naquele outono[1]. Pipocavam ocupações por toda parte[2]. No metrô de Nova York, os passageiros liam publicações como *Occupy Gazette* e *Occupied Wall Street Journal*. As pessoas elogiavam os ocupas e condenavam a ação da polícia. Todos nos perguntávamos até onde poderíamos chegar com aquilo. Será que seria nosso momento Tahrir, como havia conclamado a *Adbusters* em uma das primeiras convocações para ocupar Wall Street?

Depois da manifestação na Times Square, muitos de nós nos encaminhamos ao Washington Square Park para participar de uma assembleia geral (AG). Esta era uma das formas organizacionais básicas adotadas durante o movimento Occupy. Proeminente nas manifestações espanholas e tributária das práticas de horizontalidade e autonomia dos movimentos na Argentina e no México, a AG estrutura as discussões de acordo com princípios democráticos igualitários visando ao consenso. Quando cheguei ao Washington Square, já havia ali por volta de mil pessoas sentadas em círculo perto do centro do parque. Logo do lado de fora da cerca que dava para a Quinta Avenida, via-se uma série de vans da polícia estacionadas junto ao meio-fio. Havia também algumas barricadas soltas perto do Arco de Washington. Vinte ou trinta policiais circundavam o local como quem não queria nada. Ao longo das horas seguintes, eles se agrupariam para formar uma linha.

Na AG, as pessoas debatiam se iríamos "tomar o parque". Alguns haviam trazido barracas e sacos de dormir, já pensando em estender a ocupação de Zuccotti a Washington Square. O Zuccotti Park, rebatizado "Liberty Square" [Praça da Liberdade] durante a ocupa-

---

[1] Naomi Klein, "Occupy Wall Street: The Most Important Thing in the World Now", *The Nation*, 6 out. 2011.
[2] Paul Mason, *Why It's Kicking Off Everywhere: The New Global Revolutions* (Londres, Verso, 2012).

ção, havia rapidamente superlotado. Por mais que sua proximidade a Wall Street lhe conferisse enorme valor simbólico, o fato de ele ficar na ponta do distrito financeiro de Nova York era inconveniente. As lanchonetes locais de *fast food* estavam recebendo, até mesmo acolhendo, as centenas de ocupas acampados no parque, mas a escassez de banheiros e chuveiros nas redondezas já começava a pesar. O Washington Square Park, em compensação, fica logo ao lado da Universidade de Nova York (NYU), próximo da New School e da Cooper Union, é facilmente acessível de metrô e, no fim das contas, não deixa de estar situado em uma região bastante popular e visível da cidade, onde há intensa circulação de veículos e pessoas.

Sabíamos que o parque fechava à meia-noite. Já dava para sentir a polícia fechando o cerco e começando a barrar a entrada de novas pessoas que chegavam ali. Depois de mais ou menos quinze minutos em que conversamos livremente com as pessoas ao redor sobre a ideia de tomar o parque, voltamos a nos reunir no centro para retomar a assembleia. Com a ajuda do "microfone humano" (prática na qual a multidão repete as palavras de um orador para que quem está mais longe escute o que está sendo dito), um orador após o outro foi conclamando a tomada do parque. *Nós somos muitos. Estamos em maior número que eles. Nós podemos fazer isso. Nós precisamos fazer isso.* Mãos erguidas chacoalhavam sinalizando aprovação em ondas de apoio percorrendo o círculo de pessoas. Foi aí que um jovem alto, magro, com cabelos cacheados escuros e cara de revolucionário tomou a palavra.

> Nós podemos tomar este parque!
> *Nós podemos tomar este parque!*
> Podemos tomar o parque hoje à noite!
> *Podemos tomar o parque hoje à noite!*
> Também podemos tomar este parque outra noite.
> *Também podemos tomar este parque outra noite.*

Talvez nem todo mundo esteja pronto hoje.
Talvez nem todo mundo esteja pronto hoje.
Cada um precisa ter sua própria decisão autônoma.
Cada um precisa ter sua própria decisão autônoma.
Ninguém pode decidir por você. Você tem que decidir por si.
Ninguém pode decidir por você. Você tem que decidir por si.
Cada um aqui é um indivíduo autônomo.
Cada um aqui é um indivíduo autônomo.

O clima se desfez. As próximas pessoas que tomaram a palavra também afirmaram sua individualidade e descreveram alguns dos problemas que enfrentariam se tivessem que lidar com os seguranças da NYU ou se acabassem presas. Não éramos mais um "nós", um coletivo. Ao nos afirmarmos como indivíduos, nos tornamos seres individuados, preocupados em primeiro lugar com nossas próprias questões particulares. A força coletiva havia sofrido uma involução e se convertido no problema do agrupamento de indivíduos pautados por escolhas e interesses próprios que podem ou não convergir. Ao reduzirmos a autonomia a uma decisão individual, destruímos a liberdade de ação que tínhamos como multidão.

Multidões e partido nasce desse momento de dessubjetivação coletiva. O movimento Occupy Wall Street naufragou por causa de uma contradição interna fundamental. O individualismo de suas correntes ideológicas democráticas, anarquistas e horizontalistas minou o poder coletivo que o movimento estava construindo. Ao submeter a ação política coletiva à escolha individual, a "teologia do consenso" acabou por fragmentar a unidade provisória da multidão, fazendo-a regredir a um conjunto de singularidades sem poder[3]. A derrocada do movimento (que começou bem

---

[3] L. A. Kauffman, "The Theology of Consensus", *Berkeley Journal of Sociology*, 26 maio 2015; disponível on-line.

antes de os ocupas serem despejados) escancara o impasse que a esquerda enfrenta hoje. A celebração da individualidade autônoma nos impede de colocarmos em primeiro plano o que temos em comum e, assim, nos organizarmos politicamente.

Ao mesmo tempo e junto com a onda global de descontentamento popular, a energia coletiva do movimento Occupy, em seu auge, aponta para uma "ideia cujo tempo chegou". As pessoas estão se movimentando conjuntamente em crescente oposição às políticas e práticas dos Estados organizados conforme os interesses do capital enquanto classe. Multidões estão obrigando a esquerda a mais uma vez voltar às questões de organização, perduração e escala. Por quais formas políticas podemos avançar? Para muitos de nós, a figura do partido está emergindo como lócus para responder a essa questão.

Contra o pressuposto de que o indivíduo constitui a unidade fundamental da política, dirijo minha atenção à multidão. Em todo o mundo, multidões vêm pressionando e fissurando o *status quo*, em um movimento que efetivamente desarticula a política da identidade. Reunindo pensadores como Elias Canetti e Alain Badiou, sublinho a "descarga igualitária" do acontecimento de multidão como uma experiência intensa de coletividade substantiva. Faço da fidelidade a tal acontecimento a base para uma nova teoria do partido comunista. Uma vez que os próprios movimentos globais estão nos instando a considerar as possibilidades e as potencialidades da forma partido, precisamos recomeçar a imaginar o partido dos comunistas[4]. Quem poderíamos ser e vir a ser como um partido revolucionário internacional *em nosso tempo*?

---

[4] Instigantes versões desse argumento aparecem nos trabalhos de Peter D. Thomas, "The Communist Hypothesis and the Question of Organization", Gavin Walker, "The Body of Politics: On the Concept of the Party", e Jason E. Smith, "Contemporary Struggles and the Question of the Party: A Reply to Gavin Walker", *Theory & Event*, v. 16, n. 4, inverno 2013.

Para pensar claramente sobre essas questões, precisamos considerar a forma partido livre da falsa concretude dos partidos específicos na contingência de suas histórias. Não são só os teóricos políticos liberais e democratas que podem refletir em abstrato sobre seus modos de associação. Os comunistas também precisam fazer isso.

A fim de escapar dos binarismos que historicamente têm dado o tom das discussões sobre a forma partido (reforma ou revolução, partido de massas ou partido de vanguarda etc.), opto por abordar a função e o propósito do partido comunista de maneira psicodinâmica. Recorro a Robert Michels e Jacques Lacan para pensar os afetos que o partido gera e os processos inconscientes que ele mobiliza. O papel do partido não é injetar conhecimento na classe trabalhadora. Tampouco é representar os interesses da classe trabalhadora na arena política. Na verdade, a função do partido é manter aberta uma lacuna em nosso ambiente, a fim de possibilitar um desejo coletivo por coletividade[5]. É por meio de tal lacuna ou momento, afirma Daniel Bensaïd, que "pode surgir o fato não consumado que contradiz a fatalidade do fato consumado"[6]. A lacuna que a multidão abre no previsível e no dado cria a chance de um sujeito político aparecer. O partido se coloca nessa lacuna e luta para mantê-la aberta para o povo.

Canetti faz uma observação à qual voltarei várias vezes ao longo deste livro: as multidões se reúnem em virtude de uma igualdade absoluta sentida mais intensamente no momento chamado de "descarga". Semelhante à noção lacaniana de "gozo" (*jouissance*,

---

[5] Sobre essa ideia do desejo comunista entendido como desejo coletivo por coletividade, ver meu livro *The Communist Horizon* (Londres, Verso, 2012).

[6] Daniel Bensaïd, "Leaps! Leaps! Leaps!", em Sebastian Budgen, Stathis Kouvelakis e Slavoj Žižek (orgs.), *Lenin Reloaded* (Durham, Duke University Press, 2007), p. 148-63, p. 158 [ed. bras.: "'Os saltos! Os saltos! Os saltos!'– sobre Lênin e a política", trad. Gustavo Chataignier Gadelha, *Cadernos Cemarx*, Campinas, n. 7, 2014, p. 247-70, p. 264].

a única substância que a psicanálise conhece), a descarga fornece um terreno material para o partido. O partido é um corpo capaz de carregar a descarga igualitária depois da dispersão das multidões, canalizando sua promessa divisiva de justiça em uma luta política organizada.

Multidões

Nas décadas iniciais do século XXI, multidões têm perturbado as condições dadas pelo capital e pelo Estado. Rompendo a reflexividade sufocante de contribuição e crítica nas redes mediadas do capitalismo comunicativo, essas massas insistentes imprimem-se lá onde não pertencem. De São Paulo a Istambul, passando por Nova York, a mera presença delas desafia a privatização de lugares ostensivamente públicos. Agregações intensas e temporárias em vários locais agora aparecem como uma única luta. Vemos Montreal conectada a Atenas conectada à praça Tahrir conectada a Madri conectada a Oakland. Em vez dos golpes incomunicáveis de uma multitude de singularidades, as multidões e motins que vêm eclodindo em diversos lugares comunicam o movimento coletivo do povo, colocando questões de semelhança, significado e aliança: de que política a multidão terá sido o sujeito?

Alguns observadores contemporâneos da multidão a reivindicam para a democracia. Eles veem no ajuntamento de milhares uma insistência democrática, uma demanda a ser escutada e incluída. No contexto do capitalismo comunicativo, porém, a multidão excede a democracia. O capitalismo comunicativo reconfigura a relação entre multidões, democracia, capitalismo e classe. Por um lado, a leitura democrática da multidão encobre essas novidades: ela coloca a multidão a serviço da própria configuração que a multidão desarticula. Por outro lado, essa leitura democrática inaugura uma disputa em torno do sujeito da política: a disputa para determinar se uma multidão é povo ou turba.

Nos séculos XIX e XX, a multidão levantava questões de poder e ordem. "A multidão...", escreve Walter Benjamin, "nenhum tema se impôs com maior autoridade aos literatos do século XIX"[7]. Na época, ela aparecia como uma expressão política por excelência do povo[8]. Inseparável da ascensão da democracia de massas, a multidão simbolizava ali a ameaça do poder coletivo das massas que pairava no ar, a força dos muitos contra aqueles que os exploravam, controlavam e dispersavam. Temida por alguns, abraçada por outros, fato é que a inundação, intrusão ou rebentação das multidões introduz na história a figura coletiva dos muitos.

Os comentaristas interessados em manter o povo em seu lugar alertavam contra "a extraordinária rebelião das massas"[9], retratando-as como turbas brutais, primitivas e até mesmo criminosas. Já os comentaristas interessados na derrubada das elites faziam o elogio da vitalidade política da multidão. Para eles, trabalhadores, camponeses e plebeus de todos os tipos estavam reconhecendo e afirmando sua soberania. Em uma célebre passagem, Marx

---

[7] Walter Benjamin, "On Some Motifs in Baudelaire", em Hannah Arendt (org.), *Illuminations* (trad. Harry Zohn, Nova York, Schocken, 1978), p. 166 [ed. bras.: "Sobre alguns temas em Baudelaire", em *Obras escolhidas*, v. 3, *Charles Baudelaire, um lírico no auge do capitalismo*, trad. José Martins Barbosa e Hemerson Alves Baptista, São Paulo, Brasiliense, 1989, p. 114].

[8] Mas não só nos séculos XIX e XX. Há uma literatura histórica vibrante sobre multidões pré-industriais e revolucionárias. Alguns dos melhores trabalhos desse gênero foram produzidos pelo grupo dos historiadores marxistas britânicos. Ver, por exemplo, George Rudé, *Ideology and Popular Protest* (Chapel Hill, University of North Carolina Press, 1995); e Eric J. Hobsbawm, *Primitive Rebels* (Nova York, Norton, 1959) [ed. bras.: *Rebeldes primitivos*, trad. Nice Rissone, Rio de Janeiro, Zahar, 1970]. Para uma abordagem recente da multidão estadunidense pós-revolucionária, ver Jason Frank, *Constituent Moments* (Durham, Duke University Press, 2010).

[9] José Ortega y Gasset, *The Revolt of the Masses* (Nova York, Norton, 1932) [ed. bras.: *A rebelião das massas*, trad. Marylene Pinto Michael, São Paulo, Martins Fontes, 2019]. Publicado originalmente na Espanha em 1930.

descreve como "assalto ao céu" a ação das multidões da Comuna de Paris. Para observadores dos séculos XIX e XX, portanto, multidões e democracia popular são fenômenos completamente entrelaçados. A questão é se a soberania do povo pode ser algo além de uma oclocracia.

A leitura democrática da multidão tem o benefício de revelar uma divisão: turba ou povo. A multidão força a possibilidade da intrusão do povo na política. Se afinal o povo é ou não sujeito de um acontecimento de multidão, isso é algo em disputa. A multidão instaura um campo no interior do qual será travada uma luta para definir seu sujeito. Uma multidão pode ter sido simplesmente uma turba, nem sequer um acontecimento. Pode ter sido uma reunião previsível e legítima – mais uma vez, não um acontecimento, e sim uma afirmação da configuração vigente. E pode realmente ter sido um fenômeno no qual o povo se levantou em busca de justiça[10]. O que define qual dessas alternativas determinado acontecimento de multidão será, ou melhor, terá sido, é o desdobramento do próprio processo político que ele ativa. A multidão não tem uma política. Ela é a oportunidade para a política. A determinação do caráter de uma multidão – se era turba ou povo – decorre da luta política.

Conter a ânsia imediata de classificar as multidões em termos de um conteúdo político previamente dado nos permite considerar as multidões em termos de sua dinâmica. Multidões são mais que pessoas concentradas aos montes em determinado local. São efeitos da coletividade, representam a influência – consciente, afetiva ou inconsciente – dos outros[11]. A ciência social

---

[10] Conforme explico em meu livro *The Communist Horizon*, esta é uma concepção divisiva de povo que o caracteriza como o resto de nós.
[11] Ver Teresa Brennan, *The Transmission of Affect* (Ithaca, Cornell University Press, 2004).

contemporânea analisa esses efeitos por meio de expressões como "efeito manada", "bolhas" e "cascatas de informação". As vozes do *mainstream* continuam usando termos da antiga teoria das multidões, como "imitação", "sugestionabilidade" e "contágio".

O nome mais influente dessas primeiras teorias da multidão é Gustave Le Bon. Seu livro *La psychologie des foules* [Psicologia das multidões], amplamente reimpresso e traduzido, lançou as bases para toda a teorização das multidões no século XX. Dialogo com a interpretação que Sigmund Freud fez da obra de Le Bon, pois ele formula a partir dela uma teoria psicanalítica da psicologia de grupo. Benito Mussolini também se inspirou em Le Bon, particularmente em sua discussão sobre a figura do líder[12]. Mas não precisamos adotar um foco tão reduzido como esse do fascista italiano. A ênfase no líder desvia nossa atenção daquilo que a noção leboniana da multidão tem de mais genial, a saber, sua caracterização como um "ser provisório composto de elementos heterogêneos".

Le Bon apresenta a multidão como uma forma específica de coletividade. A multidão não é uma comunidade. Não depende de tradições. Não tem história. A multidão não deriva sua coesão de um conjunto de normas tácitas, tampouco de um suplemento obsceno que se estende para além de seu próprio imediatismo (embora as imagens e os símbolos da multidão sem dúvida moldem a recepção e a circulação dos acontecimentos de multidão)[13]. A multidão, na verdade, constitui um ser coletivo temporário. Sua coesão ocorre no nível afetivo por meio de imitação, contágio,

---

[12] Simonetta Falasca-Zamponi, *Fascist Spectacle* (Berkeley, University of California Press, 1997), p. 21.

[13] Christian Borch desenvolveu uma história da sociologia estruturada como uma história da "semântica das multidões", isto é, uma análise da multidão como conceito teórico na sociologia. Ver, dele, *The Politics of Crowds: An Alternative History of Sociology* (Nova York, Cambridge University Press, 2012).

sugestionabilidade e uma percepção de sua própria invencibilidade. Uma vez que ela é um ser coletivo, a multidão não pode ser reduzida a singularidades. Pelo contrário, a característica fundamental de uma multidão é operar como uma força própria, como um organismo. A multidão é mais que um conjunto de indivíduos. Trata-se de indivíduos transformados pela torção de sua agregação, pela força que esse agregar exerce sobre eles de modo que façam juntos aquilo que sozinhos seria impossível.

A reivindicação democrática da multidão foi poderosa nos séculos XIX e XX. A democracia podia nomear uma oposição. Mesmo que os comunistas assinalassem os limites da democracia burguesa, acusando-a de operar como instrumento de dominação da classe capitalista, a democracia ainda podia registrar um desafio às estruturas de poder existentes. No século XXI, contudo, os Estados-nação dominantes exercem poder na qualidade de democracias. Bombardeiam e invadem como democracias e em prol da democracia. Os órgãos políticos internacionais se legitimam como sendo democráticos, assim como o fazem as práticas midiáticas contraditórias e emaranhadas do capitalismo comunicativo[14]. Quando as multidões se formam em protesto, elas se posicionam contra práticas, sistemas e corpos democráticos. Reivindicar a multidão para a democracia perde de vista essa mudança ocorrida no cenário político da multidão.

Os governos democráticos se justificam como sendo o governo do povo. Quando as multidões se reúnem em oposição, elas expõem os limites dessa justificativa. A vontade da maioria expressa nas eleições deixa de aparecer como a vontade do povo.

---

[14] Para uma discussão mais detalhada do capitalismo comunicativo, ver meus livros *Publicity's Secret* (Ithaca, Cornell University Press, 2002); *Democracy and Other Neoliberal Fantasies* (Durham, Duke University Press, 2009); e *Blog Theory* (Cambridge, Polity, 2010).

O fato de que nem todo o povo apoia esse governo ou aquelas decisões se manifesta abertamente, fisicamente, intensamente[15]. Discordância e oposição começam a fazer algo além de circular como contribuições particulares para a produção de pílulas de indignação compartilhável no fluxo interminável de caça-cliques em que nos afogamos uns aos outros. Elas passam a indexar o poder coletivo, a capacidade afetiva geradora que vai além das opiniões individuais. Muitos fazem pressão, valendo-se da força da quantidade encarnada a fim de abrir uma lacuna na ordem dominante. Eles escancaram seus vieses, suas renúncias e seus compromissos subjacentes com a garantia das condições para a acumulação de riqueza por parte da classe capitalista. Expõem a fragilidade das separações e das regras que sustentam a política eleitoral. A multidão recobra para o povo o campo político que a democracia buscava fragmentar e administrar.

No nosso regime de capitalismo comunicativo, a reivindicação democrática da multidão reforça e é reforçada pela hegemonia dos ideais de descentralização e auto-organização. Os antigos teóricos da multidão a descreviam como um agrupamento primitivo, violento e sugestionável. Hoje essas descrições muitas vezes aparecem invertidas em formulações como "turbas inteligentes" e a "sabedoria das multidões"[16]. Tais inversões visam a se apropriar da multidão, esvaziando seu potencial político radical e utilizando-a para reforçar o próprio capitalismo.

---

[15] Em seu estudo sobre a ideia e a imagem das multidões na Europa do fim do século XIX e do início do XX, Stefan Jonsson apresenta a massa como um efeito da representação, mais especificamente do problema de representar "paixões socialmente significativas" e da estruturação do campo social através de uma distinção entre representantes e representados. Ver, dele, *Crowds and Democracy: The Idea and Image of the Masses from Revolution to Fascism* (Nova York, Columbia University Press, 2013), p. 26.

[16] Howard Rheingold, *Smart Mobs* (Cambridge, Basic, 2002).

Autores da área de negócios, como James Surowiecki, falam da multidão em termos de inteligência coletiva[17]. O principal interesse dele é pensar em formas de aproveitar essa inteligência, que ele trata como uma grande compilação de informações vindas de fontes diversas e independentes. Ele alega que é uma multidão de pessoas trabalhando por interesse próprio em um mesmo problema de forma separada, descentralizada, que chegará à melhor solução. A chave estaria na diversidade cognitiva, elemento necessário para evitar a imitação e o pensamento de grupo (necessário, em outras palavras, para bloquear o estabelecimento dos vínculos afetivos de um ser coletivo provisório). As multidões exemplares de Surowiecki são corporações, mercados e agências de inteligência. A sabedoria delas depende de mecanismos como preços e sistemas capazes de "gerar muitos perdedores para depois reconhecê-los como tal e eliminá-los"[18]. No fundo, as multidões de Surowiecki são mais repositórios de dados que propriamente multidões. Ele pode tratar a multidão como sábia porque a converteu em informação, a pulverizou em cabeças individuais e a reagrupou sob condições que se valem dos muitos para beneficiar alguns poucos. A agregação, admite Surowiecki, é a parceira paradoxal da descentralização.

Na tentativa de vislumbrar um comunismo de livre mercado, Eugene W. Holland se apropria dos argumentos de Surowiecki sobre a sabedoria das multidões[19]. Seu interesse é mostrar a plausibilidade de uma organização social horizontal, descentralizada e auto-organizada feita de baixo para cima. Para ele, fenômenos

---

[17] James Surowiecki, *The Wisdom of Crowds* (Nova York, Doubleday, 2004) [ed. bras.: *A sabedoria das multidões*, trad. Alexandre Martins, Rio de Janeiro, Record, 2006].

[18] Ibidem, p. 29.

[19] Eugene W. Holland, *Nomad Citizenship* (Minneapolis, University of Minnesota Press, 2011).

como o jazz, o futebol, a internet e os mercados demonstram que, na ausência de uma coordenação vinda de cima, os membros de um grupo são capazes de se adaptar uns aos outros. Quando usados como modelos sociais, contudo, esses exemplos têm limites claros. Ao tocarem juntos, os músicos sabem e aceitam estar envolvidos em um empreendimento comum[20]. O mesmo vale para os jogadores em uma partida de futebol. Ora, uma apresentação musical e um jogo esportivo necessariamente restringem quais e quantas pessoas podem participar. Jazz e futebol não são escalonáveis. Além disso, e mais fundamentalmente, Holland ignora como a internet e os mercados acabam, de modo inevitável, gerando desigualdade. Preocupado em passar longe de qualquer coisa que cheire a poder estatal, ele desconsidera a extrema divisão entre o um e os muitos que surge imanentemente. Em redes complexas, a auto-organização não garante horizontalidade. Na verdade, ela produz hierarquia.

Foi Albert-László Barabási quem expôs de maneira mais clara o papel constitutivo da desigualdade nas redes complexas[21]. Os elementos que caracterizam as redes complexas são a livre escolha, o crescimento e a conexão preferencial. A internet e o livre mercado são excelentes exemplos. As redes complexas possuem uma estrutura específica, e seus elementos se distribuem conforme uma "lei de potência". O elemento ou o nódulo mais popular da rede geralmente possui o dobro de vínculos do

---

[20] Kian Kenyon-Dean levanta aqui o eloquente contraexemplo de uma banda de ensino médio. Ao contrário do conjunto de jazz unificado pela música, a banda de ensino médio é geralmente dividida em ao menos três grupos: os animados que realmente querem tocar, os que só querem fazer algazarra e os indiferentes. Ver "Social Force", *Graphite*, 26 maio 2015.

[21] Albert-László Barabási, *Linked: The New Science of Networks* (Cambridge, Perseus, 2002) [ed. bras.: *Linked: a nova ciência dos networks*, trad. Jonas Pereira dos Santos, São Paulo, Leopardo/Hemus, 2009].

segundo mais popular, que por sua vez possui mais que o terceiro mais popular, e assim sucessivamente, de modo que há pouquíssimas diferenças no interior das multidões dos que se encontram na parte inferior, mas diferenças enormes entre os de cima e os de baixo. Essa é a estrutura que produz filmes *blockbuster*, romances *best-seller* e enormes *hubs* de internet. Na mídia popular, essa ideia aparece formulada como o "princípio 80/20", a lógica econômica do "vencedor leva tudo" ou "vencedor leva a maior parte" e a "cauda longa"[22].

Nesses exemplos, aquele "um" em primeiro lugar surge por meio da geração de um campo comum. Esses campos comuns podem ser gerados de várias maneiras: nos comentários de uma postagem (pense no Reddit e em como os votos dos leitores interferem na colocação das postagens; os exemplos de Holland são o Slashdot e o Kuro5hin), em artigos da internet (pense em blogs ou páginas encharcadas de conteúdo caça-cliques, como o *Huffington Post*), no Twitter (via *hashtags*) e através de competições (pense nos concursos para escolher o melhor aplicativo de turismo da cidade), para citar apenas alguns exemplos. O concurso gera um campo comum que produzirá um vencedor. Quanto maior a participação – quanto maior o campo –, maior será a desigualdade, ou seja, maior será a diferença entre aquele um e os muitos. É a expansão do campo que produz esse um.

Holland, como tantos promotores da auto-organização, ignora a estrutura que a livre escolha, o crescimento e a conexão preferencial produzem. Usando a Wikipédia para ilustrar seu argumento, Holland salienta a igualdade das pessoas que contribuem com a enciclopédia colaborativa[23]. Clay Shirky, no entanto, observa

---

[22] A expressão "cauda longa" é de Chris Anderson. Para uma discussão mais extensa sobre as leis de poder e a cauda longa, ver meu livro *The Communist Horizon*, cit.
[23] Eugene W. Holland, *Nomad Citizenship*, cit., p. 88.

que "a divisão espontânea do trabalho por trás da Wikipédia não seria possível se houvesse preocupação em reduzir a desigualdade. Pelo contrário, a maior parte dos grandes experimentos sociais são máquinas de tirar proveito da desigualdade"[24]. A propalada sabedoria das multidões não gera espontaneamente uma ordem livre e equitativa. E, contrariando Holland, os experimentos de auto-organização descentralizada em rede não conduzem na direção da transformação social desierarquizada, mas levam a uma diferenciação cada vez mais extrema entre os poucos e os muitos. A comunicação em rede não elimina a hierarquia. Ela a reforça ao usar nossas próprias escolhas contra a gente.

Por mais que possa parecer muito distante da turba brutalizada do século XIX, a multidão sábia do século XXI se assemelha a ela em um aspecto crucial: ambas procuram evitar que a multidão introduza uma lacuna por meio da qual o povo possa aparecer. As representações oitocentistas das multidões como turbas primitivas e atávicas naturalizam o desdém e a repressão contra elas. Ordem social e oclocracia são fundamentalmente incompatíveis. Essas pessoas não pertencem à política. Elas não são *o povo* apresentando uma dura reivindicação de justiça. Quando, no século XXI, figuras como Surowiecki e Holland falam em sabedoria de multidões, há igualmente um apagamento da lacuna da multidão, desta vez por sua incorporação em práticas idealizadas de mercado e de rede. Multidões militantes, disruptivas e políticas tornam-se uma multiplicidade de unidades auto-organizadas cujos interesses individuais naturalmente convergem. Se, no século XIX, os discursos que representavam a multidão como uma turba na tentativa de desvinculá-la do povo ainda reconheciam a existência de um antagonismo, as atuais imagens das turbas inteligentes já negam esse antagonismo por completo, substituindo

---

[24] Clay Shirky, *Here Comes Everybody* (Nova York, Penguin, 2008), p. 125.

a luta política organizada por interações entre indivíduos e pequenos grupos. Surowiecki e Holland buscam garantir que essas interações permaneçam organizadas como singularidades e não se agrupem em seres provisórios heterogêneos. Ambos rejeitam a imitação, uma dinâmica básica de multidão: Surowiecki o faz para evitar bolhas e motins, Holland para assegurar a diferença. Eles podem até usar o termo "multidão", mas suas multidões não se tornam seres coletivos nem forçam a abertura de qualquer brecha. Nas complexas redes do capitalismo comunicativo, a chamada "sabedoria das multidões" nada tem a ver com a intrusão dos muitos na política. Trata-se da produção e da circulação dos muitos a fim de produzir o um.

Luta de multidões é luta de classes

Nem todas as multidões instalam uma lacuna. As redes do capitalismo comunicativo geram multidões e dependem delas, isto é, de enormes repositórios de muitos. O Estado e o capital buscam mantê-las controladas, reabsorvê-las ao estado de coisas, à circulação incessante dos espetáculos que produzimos coletivamente para a acumulação privada de poucos. Por exemplo, quando chamaram de "revolução do Twitter" os protestos de 2009 que se seguiram às eleições presidenciais iranianas, e de "revolução do Facebook" a derrubada do presidente egípcio Hosni Mubarak em 2011, o que se fez foi pegar os atos disruptivos de um povo revolucionário e inscrevê-los em um imaginário tecnofílico centrado nos Estados Unidos. A abertura produzida pela multidão foi subsumida ao capitalismo comunicativo, apresentada como mais uma evidência do caráter libertador das práticas midiáticas em rede que, em realidade, sustentam e aprofundam a desigualdade econômica. A questão da política da multidão, o que ela defendia ou combatia, *o que de fato estava acontecendo*, foi subsumida à história das massas que usam a tecnologia das mídias sociais.

A história assegurava, para aqueles que tinham *smartphones* e *laptops*, que nada de diferente estava acontecendo ali. É tudo a mesma atividade, apenas em um lugar diferente.

Ao mesmo tempo, as expressões "revolução do Twitter" e "revolução do Facebook" colocam essas plataformas de mídia social como fóruns de multidões. O Twitter e o Facebook não são meras ferramentas. São manifestações das intensidades afetivas ligadas às multidões: efeitos em cascata, entusiasmo, efeitos manada, contágio e imitação. Descrever as revoluções nos termos de suas plataformas implica reconhecer que a multidão em rede pode incitar um sujeito político coletivo anticapitalista, até mesmo comunista, a revolta dos muitos contra os poucos. Para usar o vocabulário da dialética, as multidões podem se tornar "em si e para si". Os capitalistas sabem disso – e o temem. Considere o seguinte alerta feito por um colunista do mundo dos negócios que orientava as empresas sobre como aproveitar o poder criativo da multidão a fim de enxugar custos. Ele admite que, por mais que as pessoas topem trabalhar de graça, elas "vão querer ter um senso de propriedade sobre suas contribuições" e podem vir a "desenvolver sentimentos de propriedade sobre a empresa em si"[25]. O que esse autor de negócios está formulando, em termos capitalistas, é a sacada marxista de que as pessoas vão começar a tomar consciência da desconexão entre seu trabalho e a propriedade que outra pessoa tem sobre ele. Em um momento no qual os capitalistas do século XXI estão elogiando a sabedoria das multidões e celebrando o chamado *crowdsourcing* como o futuro dos negócios, falar em "revolução do Twitter" e "revolução do Facebook" é levantar

---

[25] Jeff Howe, *Crowdsourcing* (Nova York, Crown Business, 2008), p. 181 [ed. bras.: *O poder das multidões: por que a força da coletividade está remodelando o futuro dos negócios*, trad. Alessandra Mussi Araújo, Rio de Janeiro, Elsevier, 2009]. Todos os trechos da obra citados neste livro são traduções livres.

a possibilidade de que os muitos postadores e compartilhadores venham a se apoderar dos meios de comunicação.

Ou seja, os articulistas do *mainstream* que comentaram a última década de protestos não estão errados de vinculá-los às redes de comunicação onipresentes. O equívoco é dar a entender que as manifestações estão ocorrendo porque agora as pessoas conseguem se coordenar mais facilmente usando as mídias sociais, que são, sobretudo, lutas em defesa da democracia ou que elas seriam indicações de um ímpeto de liberdade por parte de indivíduos em rede[26]. As multidões e os levantes da última década – particularmente os associados ao movimento Occupy, os protestos estudantis chilenos, os protestos contra a dívida em Montreal, as manifestações brasileiras de junho de 2013 e em torno dos megaeventos da Fifa no ano seguinte, os protestos antiausteridade na Europa, bem como todas as greves de professores, funcionários públicos e trabalhadores médicos que vêm ocorrendo de maneira intermitente em todo o mundo – são protestos da classe dos proletarizados sob o capitalismo comunicativo. Não se trata de lutas da "multitude", lutas pela democracia ou lutas específicas a contextos locais. Tampouco são meras lutas defensivas de uma classe média enfrentando cortes nos serviços sociais, estagnação salarial, desemprego, execuções hipotecárias e endividamento. São frentes da guerra de classes do capitalismo comunicativo global, revoltas daquelas cujas atividades comunicativas geram um valor que lhes é expropriado[27].

Como observa Jaron Lanier, "decidimos não remunerar a maioria das pessoas por desempenharem as novas funções que

---

[26] Essa é a hipótese de Paul Mason.
[27] Nick Dyer-Witheford, *Cyber-Proletariat: Global Labour in the Digital Vortex* (Londres, Pluto, 2015). Ver também Christian Fuchs, "Labor in Informational Capitalism and on the Internet", *The Information Society*, v. 26, 2010, p. 179-96.

são valiosas em relação às tecnologias mais recentes. As pessoas comuns praticam 'compartilhamento', enquanto os figurões do mundo em rede geram fortunas sem precedentes"[28]. Essa é a verdadeira face da classe dos trabalhadores do conhecimento, ou seja, as pessoas proletarizadas que produzem as informações, os serviços, as relações e as redes que se encontram no cerne do capitalismo comunicativo (aquilo que outros às vezes chamam de "economia do conhecimento" ou "sociedade da informação"). Eles fazem mais e recebem menos, intensificando a desigualdade a cada contribuição comunicativa e seu rastro. Um relatório do Fórum Econômico Mundial de 2014 resume, sem rodeios: "Quanto maior for o papel desempenhado pelos dados na economia global, menor será o valor da maioria dos indivíduos"[29].

Enda Brophy e Greig de Peuter demonstram por que não devemos tratar separadamente o trabalho pago, o precário e o não pago no capitalismo comunicativo: essas formas de trabalho constituem um "circuito de exploração"[30]. Brophy e de Peuter utilizam o *smartphone* para articular esse circuito de trabalho, tornando-o legível em termos de um trabalho comum para o chamado "cibertariado". O "circuito de exploração" em torno do *smartphone* conecta extração, montagem e design ao trabalho móvel, o suporte técnico e o descarte de lixo eletrônico. E aqui as ideias de trabalho móvel e suporte técnico podem abarcar também provisão e uso de

---

[28] Jaron Lanier, *Who Owns the Future?* (Nova York, Simon & Schuster, 2013), p. 15.
[29] Peter Haynes e M-H. Carolyn Nguyen, "Rebalancing Socio-Economic Asymmetry in a Data-Driven Economy", em *The Global Information Technology Report 2014*, Genebra, Fórum Econômico Mundial, 2014, p. 70; disponível on-line.
[30] Enda Brophy e Greig de Peuter, "Labors of Mobility: Communicative Capitalism and the Smartphone Cybertariat", em Andrew Herman, Jan Hadlaw e Thom Swiss (orgs.), *Theories of the Mobile Internet* (Nova York, Routledge, 2015).

conteúdo, os dados e os metadados que alimentam fluxos de comunicação e são, em seguida, armazenados, minerados, leiloados e vendidos. O conceito de "circuitos de exploração" nos permite reconhecer as redes de comunicação como redes de exploração que conectam o trabalho comunicativo realizado de ponta a ponta no campo social. Sob o regime do capitalismo comunicativo, a maior parte de nós não consegue evitar produzir para o capitalismo. Nossas atividades comunicacionais básicas estão inseridas em circuitos como matérias-primas para a acumulação de capital.

Os dados demográficos corroboram minha afirmação de que as revoltas da última década são a luta de classes dos proletarizados sob o capitalismo comunicativo. Analisando o Occupy Wall Street, Ruth Milkman, Stephanie Luce e Penny Lewis constataram que, entre os ativistas e apoiadores do movimento, os jovens altamente escolarizados estavam super-representados e que muitos estavam subempregados, endividados ou haviam perdido seus empregos recentemente[31]. Um relatório baseado em dados das próprias forças de segurança turcas mostra que mais da metade dos manifestantes do parque Gezi era de universitários ou pessoas que já tinham ensino superior completo que, ainda assim, tinham rendas abaixo da média econômica[32]. Debruçando-se sobre o perfil dos manifestantes dos protestos de junho de 2013 do Brasil, André Singer também sublinha a predominância de jovens adultos, altamente escolarizados e em situação de desemprego ou subemprego[33]. Mais especificamente, ele observa que, nos protestos ocorridos nas oito capitais estaduais brasileiras,

---

[31] Ruth Milkman, Stephanie Luce e Penny Lewis, "Changing the Subject: A Bottom-Up Account of Occupy Wall Street in New York City", City University of New York, The Murphy Institute, 2013, v. 4; disponível on-line.
[32] "78 Percent of Gezi Park Protest Detainees Were Alevis: Report", *Hurriyet Daily News*, 25 nov. 2013.
[33] André Singer, "Rebellion in Brazil", *New Left Review*, n. 85, jan.-fev. 2014.

43% dos manifestantes possuíam diploma universitário. Nos protestos de São Paulo, quase 80% tinham formação universitária. Esses níveis de escolaridade poderiam ser indicadores de uma revolta da classe média. Mas os dados sobre renda e ocupação apontam na direção das classes baixa e média baixa, a metade inferior da sociedade em que é mais provável encontrar pessoas trabalhando como atendentes, motoristas, garçons, recepcionistas e professores do ensino básico do que em cargos de gestão ou mais técnicos. Para dar conta dessa disparidade entre alta escolaridade e baixa renda, Singer fala em um novo proletariado ou precariado que estaria tomando as ruas, os trabalhadores do conhecimento e dos serviços do capitalismo comunicativo.

Vista de maneira mais ampla, a demografia dos protestos recentes aponta para um envolvimento pesado de jovens escolarizados que se encontram em situação de subemprego ou desemprego. Com a compressão do mercado de trabalho própria do capitalismo comunicativo, eles se deparam com retornos cada vez menores sobre seu investimento em educação. Em 2014, mais de 80% dos trabalhadores de baixa remuneração nos Estados Unidos tinham pelo menos o ensino médio completo; quase 11% tinham diploma de bacharel[34]. À medida que cada vez mais pessoas vão parar em empregos para os quais são superqualificadas, elas acabam expulsando do mercado de trabalho quem não tem formação universitária, contribuindo indiretamente para o desemprego de longo prazo[35]. A esse respeito, vale notar que em 2013 as ocupações que mais empregavam nos Estados Unidos estavam todas no

---

[34] Cherrie Bucknor, "Low-Wage Workers: Still Older, Smarter, and Underpaid", Center for Economic and Policy Research (nota informativa), maio 2015; disponível on-line.

[35] Jordan Weissmann, "53% of Recent College Grads are Jobless or Unemployed – How?", *The Atlantic*, 23 abr. 2013; Katherine Peralta, "College Grads Taking Low-Wage Jobs Displace Less Educated", *Bloomberg Business*, 12 mar. 2014.

setor de serviços: vendedores de varejo, caixas, trabalhadores dos serviços de alimentação, trabalhadores de escritório, enfermagem e atendimento ao cliente[36]. A renda anual de três das quatro principais ocupações nos Estados Unidos (proporcional ao tamanho da força de trabalho) – varejo, caixas e serviços de alimentação – está abaixo da linha da pobreza[37].

Em paralelo aos grandes movimentos como o Occupy de 2011, o movimento das praças na Espanha e na Grécia, e a primavera árabe, bem como os protestos de 2013 na Turquia e no Brasil, ocorreu uma grande variedade de greves e ações levadas a cabo por outros atores que poderíamos pensar como trabalhadores comunicativos proletarizados. Nos Estados Unidos, destacam-se os protestos dos funcionários públicos de Wisconsin em 2011 e a greve dos professores de Chicago em 2012. Em termos globais, as greves são virtualmente inumeráveis. Considere apenas um mês: março de 2014[38]. Naqueles 31 dias, entraram em greve servidores públicos e trabalhadores aeroportuários na Alemanha, os trabalhadores de limpeza da Universidade de Londres, funcionários públicos, professores, médicos e farmacêuticos na Grécia, docentes e trabalhadores de apoio à educação na Austrália Ocidental e funcionários universitários e trabalhadores dos correios na Índia; houve ainda uma greve do setor de telecomunicações em Gana e uma ação de ocupação contra a terceirização de empregos de segurança em um aeroporto no Sudão; 7 mil médicos sul-coreanos entraram em greve contra o projeto de introduzir telemedicina e sucursais hospitalares privadas. E essa é só uma lista parcial do que

---

[36] "Occupational Employment and Wages – May 2014", Bureau of Labor Statistics, US Department of Labor, 25 mar. 2015; disponível on-line.

[37] Brad Plumer, "How the Recession Turned Middle-Class Jobs into Low-Wage Jobs", *Washington Post*, 28 fev. 2013.

[38] O World Socialist Website oferece uma cobertura abrangente das lutas trabalhistas em todo o mundo: wsws.org.

ocorreu em março. Mesmo assim, ela atesta as lutas ativas, mas ainda desconexas, em curso nos locais de trabalho dos trabalhadores comunicativos.

Dadas as mudanças que o local de trabalho sofreu por causa da crescente introdução de tecnologia, flexibilização e precarização, em um cenário de declínio dos sindicatos, não faz sentido esperar que a luta de classes no capitalismo comunicativo se manifeste principalmente lá, no local de trabalho. A produção comunicativa ocorre em todo o campo social. Portanto, se uma luta não assume a forma de uma luta clássica no local de trabalho, isso não significa que não se trate de luta de classes. Por isso, é preciso entender mobilizações estudantis, lutas por moradia e protestos ligados a endividamento e educação, por exemplo, como manifestações da política de classe de quem hoje enfrenta processos de proletarização, não como pautas políticas particulares e setoriais. Da mesma maneira, o fato de que uma característica organizacional dos protestos recentes tem sido a assembleia geral ou de massas, realizada usualmente na rua ou em praça pública, tampouco deveria nos desviar da luta de classes. Aliás, esse é um aspecto curioso da ênfase dada no *mainstream* ao fato de que os ocupas estavam sempre mexendo nos celulares enviando vídeos, tuitando e tudo mais: para alguns trabalhadores temporários e móveis, o parque é um local de trabalho. Os celulares são meios de produção. Quando ocupam, os ativistas comunicantes utilizam esses meios de produção conforme sua vontade, não a do capital (embora o capital ainda possa expropriar seu conteúdo e seus metadados).

Então, o que deveríamos esperar? As mudanças na comunicação e na subjetividade sob o capitalismo comunicativo, sem falar nos trinta anos de ressurgência do poder de classe capitalista, apontam para os desafios reais da organização política hoje[39].

---

[39] Para uma discussão detalhada dessas mudanças, ver meu livro *Blog Theory*, cit..

Como exploro mais a fundo no capítulo 1, o apego excessivo à individualidade e à busca por "ser único", fortalecer sua "marca pessoal" e assim "se destacar na multidão" estorva a solidariedade. Como é de esperar, qualquer um que for considerado uma possível ameaça a essa singularidade será visto com certa suspeita. Da mesma forma, a instabilidade do significado no capitalismo comunicativo – aquilo que Slavoj Žižek denomina "declínio da eficácia simbólica" – faz com que os movimentos contemporâneos sejam menos propensos a se apoiar em significantes vazios como "liberdade" e "justiça". Por isso é de esperar que eles se ancorem mais em imagens, táticas e nomes comuns – quanto mais genéricos, maior o alcance: guarda-chuva, barraca, máscara, Occupy, *hashtag*[40]. Micropolítica, identitarismo, anarquismo, ações pontuais, "cliquetivismo" e manifestações irônicas parecem mais instigantes (são certamente mais fáceis) que o trabalho de formiguinha da construção partidária porque esses tipos de prática reforçam a ideologia dominante da singularidade, da novidade e do agora. Ao mesmo tempo, é provável que vejamos ênfase cada vez maior na desigualdade à medida que as pessoas denunciam e se levantam contra o endividamento generalizado, a insegurança e a despossessão. E devemos ver ainda o surgimento de novos modos, ampliados, de nos unir, conforme as pessoas até então fragmentadas experimentam em primeira mão a sensação de invencibilidade própria do poder coletivo.

    Entender os protestos e as revoltas da última década como luta de classes dos proletarizados do capitalismo comunicativo dá conta de explicar a onipresença das mídias personalizadas, a demografia dos manifestantes e sua posição econômica *e também* a ambiguidade política dos protestos. Os novos proletas muitas vezes têm forte

---

[40] Devo este *insight* às minhas conversas com o coletivo de artistas e ativistas Not An Alternative, sediado no Brooklyn.

tendência libertária. Podem apresentar-se como pós-políticos, até antipolíticos (como no caso do movimento das praças na Espanha). Suas identidades são tão fluidas que podem ser canalizadas em diferentes direções, as quais eles ao mesmo tempo sempre acabam excedendo. Eles têm dificuldade em se unir enquanto classe, mesmo que suas ações sejam expressões de uma classe.

Uma característica-chave dos protestos recentes é que eles acontecem ao ar livre. Diferentemente dos motins do século XIX e do início do século XX que poderiam acontecer porque as pessoas já interagiam umas com as outras em espaços urbanos concentrados, os levantes de hoje exigem um esforço adicional de superar o isolamento, sair de casa ou do trabalho, ficar fora e se incorporar a multidões de estranhos. As pessoas agora precisam se reunir conscientemente em ambientes não determinados pelo capital e pelo Estado. Não é algo que simplesmente acontece. A surpresa da sua coletividade vai contra as expectativas do consumo desconectado e da vida grudada às telas que tanto fazem parte da sociabilidade do início do século XXI. O *flash mob* é uma das formas que vêm sendo usadas para explorar e produzir esse efeito surpresa (embora ele tenha sido rapidamente incorporado por campanhas de marketing de guerrilha). A ocupação tem sido uma prática ainda mais eficaz, principalmente porque passou de dentro para fora, permitindo que a multidão amplifique seu efeito valendo-se de maior visibilidade, mais barulho, mais gente e mais interação com o ambiente. Como táticas isoladas, no entanto, essas formas atingiram seu limite. O desafio é conseguir transformar ações políticas em poder político.

Nós, o partido

No fim do século XIX e durante a maior parte do século XX, os partidos que organizavam a classe trabalhadora sustentaram a promessa de consolidar o poder de massas, em formas de autoafirmação radical ou de subordinação e controle. Nas décadas de 1970 e 1980, no entanto, amplos setores da esquerda já se encontravam convencidos de que a forma partido não era mais adequada às aspirações da esquerda. Essa convicção tinha várias origens: para mencionar algumas, a estagnação e o autoritarismo dos Estados-partido do antigo Oriente; a cumplicidade e as traições dos partidos comunistas e socialistas do antigo Ocidente; o fato de a análise de classe ter deixado de abordar e incluir as políticas de identidade, particularmente no que diz respeito a sexo e raça. A perda de confiança no partido enquanto forma para a política de esquerda ocorreu em paralelo aos ataques organizados do capital contra os sindicatos, travados de forma violenta e direta por meio de políticas públicas e do poder do Estado, bem como através de processos corporativos de *offshoring* e mudanças na composição técnica do trabalho. A incapacidade política dos partidos socialistas e comunistas diante dessa investida – uma incapacidade que, nos contextos anglo-europeus, se manifestou como acomodação aos pressupostos individualistas, consumistas e mercadológicos da classe capitalista ressurgente e fracasso na defesa das conquistas políticas da classe trabalhadora – parecia representar o último prego no caixão da política classista e partidária que havia definido aquele século. Nos termos que vieram a definir os debates teóricos da época, não havia nada de "essencial" nas noções de classe, identidade de classe, política de classe ou luta de classes[41]. E, sem política de classe, não havia necessidade de um partido de classe, isto é, um partido que assumisse como objetivo abolir as condições de exploração capitalista responsáveis por criar as classes. Em vez disso, a política de esquerda passaria a girar em torno de um leque cada vez maior de pautas e identidades, a problematização e

---

[41] Ver Ellen Meiksins Wood, *The Retreat from Class* (Londres, Verso, 1999).

a pluralização de práticas e ideias sedimentadas nas esferas social, cultural e (cada vez mais) pessoal.

Tudo isso se desenrolaria no contexto de um capitalismo ao qual não havia alternativa. Melhor dizendo, qualquer alternativa (para quem ainda tinha interesse em acabar com a exploração capitalista – afinal, muitos democratas radicais agiram como se seu objetivo fosse simplesmente garantir um capitalismo com face humana) surgiria não como resultado da luta organizada ou da estratégia de esquerda, mas como desdobramento imanente, orgânico, do sistema, como um efeito direto do próprio desenvolvimento do capitalismo: espontaneísmo agora remodelado como autonomia.

Império, de Michael Hardt e Antonio Negri, capturou a atmosfera política dessa esquerda em dispersão no fim do século. Os autores ofereceram um panorama das inúmeras lutas locais ocorrendo em todo o mundo, cada uma golpeando à sua maneira o coração do Império[42]. Essas lutas podem até ser incomunicáveis – com gritos, raiva, metas e exigências circunscritas a cada contexto específico –, mas essa incomunicabilidade, argumentava a obra, é na verdade uma vantagem. As lutas são livres para se desenrolar por conta própria, sem o estorvo da disciplina e das limitações impostas por organizações maiores. Lutas autônomas não reforçam estruturas estatais. Elas aumentam a criatividade generativa de múltiplos modos de vir a ser, liberando o poder constituinte da multitude do domínio parasitário do Império. Um elemento-chave do apelo do conceito de multitude era, portanto, a maneira pela qual ele apresentava fraqueza como força. A ausência de uma linguagem comum – que dirá programa comum – não aparecia como indicação da incapacidade real que a esquerda enfrentava de se unir em torno de uma política discernível e apresentar uma

---

[42] Michael Hardt e Antonio Negri, *Empire* (Cambridge, Harvard University Press, 2000) [ed. bras.: *Império*, trad. Berilo Vargas, Rio de Janeiro, Record, 2001].

oposição viável às forças capitalistas e de direita. Em vez disso, ela era lida como uma libertação das restrições do dogma marxista, uma abertura para politizações em todo o campo social.

Hardt e Negri transformaram a derrota da esquerda em oportunidade de reimaginar a política comunista. Esse esforço de reimaginação precisa ir mais longe. Para tanto, é preciso um enfoque que enfrente aspectos como divisão, antagonismo e organização política. Quase quarenta anos após o colapso da União Soviética, a ampla gama de questões e identidades politizadas do presente permite um comunismo capaz de assumir mais plenamente que nunca o lado dos oprimidos, isto é, capaz de converter as múltiplas lutas dos oprimidos em um lado. É imperativo que a multiplicidade não substitua a classe, mas seja entendida como uma característica de classe. Explico.

A visão de uma multitude de lutas incomunicáveis teorizada por Hardt e Negri e ecoada nos apelos à democracia substitui o antagonismo da luta de classes por pluralização, criatividade e devir, consequentemente achatando e imediatizando o terreno da luta. Essa perspectiva que enxerga cada ataque como equivalente de fato suprime as diferenças de recursos, histórias e oportunidades, apagando o desenvolvimento desigual do capitalismo. Ela obscurece a dimensão do tempo, como se as lutas ocorressem em rajadas discretas, não por meio de um processo contínuo de construção, desdobramento, avanços e recuos. E renega as tensões presentes no interior das lutas, como se toda uma história de opressão não deixasse nenhum rastro naqueles que se organizam para desmantelar os arranjos de poder que garantem sua própria continuidade. Com efeito, o objetivo torna-se, assim como no próprio capitalismo comunicativo, a produção dos muitos, a multitude de singularidades. O efeito político disso é a incapacidade de construir uma força política concentrada com fôlego suficiente para enfrentar e substituir o modo de produção capitalista. Em vez disso, temos pequenas batalhas, propostas de políticas públicas e intervenções culturais; vitórias que podem ser absorvidas e derrotas que podem ser esquecidas (isso quando não são fetichizadas como mais uma instância do inevitável fracasso da esquerda). Uma vez que a pluralização – e os movimentos de fragmentação e individuação que a acompanham – passa a ser uma prioridade política da esquerda, a política torna-se apaixonadamente apegada aos fracos e às minorias. Com isso, chegamos ao desenho da esquerda na cauda longa das microiniciativas.

O novo ciclo de lutas tem demonstrado a força política que deriva da coletividade. Nomes, táticas e imagens comuns estão unindo os fragmentos, tornando-os legíveis como diferentes frentes de uma mesma luta contra o capitalismo. Onde a proliferação de pautas e identidades nos dispersa e enfraquece – incitando aquela postura sarcástica que se glorifica como crítica mesmo quando no fundo mina a solidariedade –, os acontecimentos de multidão da última década estão forçando um novo senso de poder coletivo. Eles vêm colocando experiências de coletividade no lugar das expectativas de multiplicidade. A questão que emerge dessas experiências é como fazer com que elas perdurem e se estendam. Isto é, de que forma a descarga momentânea de igualdade que as multidões liberam pode se tornar a base para um novo processo de composição política?

O partido se apresenta aqui como um modo de associação apropriado para tanto. Ele oferece uma forma política que abrange vários níveis e esferas. Os partidos costumam se ramificar articulando patamares locais, regionais, nacionais e, por vezes, internacionais. Evitando ao mesmo tempo ficar preso às particularidades locais e confinado às abstrações do global, o partido é uma forma organizacional que opera em diferentes escalas; na verdade, seu sucesso – eleitoral ou extraeleitoral – depende dessa capacidade. Além disso, os partidos são portadores dos conhecimentos produzidos pela experiência política. Quer seja esse conhecimento mais local – históricos de relações, de práticas, de quem conhece quem, o quê, onde e como –, quer seja ele mais amplo – conhecimentos sobre extração de recursos e estrutura da indústria, sobre guerras civis em lugares distantes, sobre histórias de relações raciais, sobre os desafios da reprodução social, sobre programação e construção de bancos de dados e design –, os partidos reconhecem a amplitude e a profundidade do conhecimento que importa para a luta política e para o exercício do poder político. Na medida em que dá corpo a um conhecimento que excede aquilo que qualquer pessoa individual pode saber, o partido assume uma posição em relação a tal conhecimento. Questões e pautas são acomodadas em uma plataforma, deixando, assim, de ser preferências contraditórias e individuais para converterem-se em uma visão mais ampla em prol da qual o partido lutará. Aquilo que é muitas vezes desprezado como burocracia partidária, portanto, precisa ser revalorizado como uma capacidade institucional necessária para a luta política e para o exercício do poder político em uma arena complexa e desigual.

O sucesso eleitoral do Syriza, coalizão da esquerda radical grega, indica a nova relevância que a forma partido está adquirindo. O legado grego de intensa política partidária é uma característica singular de sua cultura política. Ainda assim, as vitórias iniciais do Syriza decorreram, em parte, de inovações nas práticas organizativas do partido comunista: compromisso com movimentos sociais, respeito à autonomia dos movimentos, apoio às redes locais de solidariedade e um grau de envolvimento com instituições que seja suficiente "para parecer capaz de transformar o equilíbrio de forças no nível da vida política nacional"[43]. No caso de certas esquerdas, em particular nos Estados Unidos e no Reino Unido, é esta

---

[43] Sebastian Budgen e Stathis Kouvelakis, "Greece: Phase One", *Jacobin*, 22 jan. 2015.

última característica que tem sido visivelmente ausente. Por isso nossas ações não embalam. Formam-se multidões, mas elas não perduram. Em contraste, as conquistas iniciais do Syriza demonstraram uma relação dinâmica entre multidão e partido: a multidão pressiona o partido a superar expectativas, o partido identifica na urgência articulada pela multidão a coragem do povo.

Três outros aspectos da abertura política do Syriza contribuem para repensar o partido hoje. O primeiro diz respeito aos limites de uma vitória política confinada ao nível do Estado-nação. As instituições não apenas da Europa, mas da finança e da governança globais, restringem a margem de manobra dos governos nacionais. Isso coloca uma série de desafios para a esquerda na esfera internacional, sugerindo, no mínimo, a necessidade de estabelecermos alianças fortes e estratégias institucionais coordenadas. Mais ambiciosamente, nos conduz ao partido como infraestrutura para articular tais alianças e estratégias. O segundo aspecto tem a ver com derrota. Nenhum partido será tudo para todos. Da mesma forma que os indivíduos são internamente divididos e contraditórios, cindidos entre desejos conscientes e inconscientes, também o partido constitui – como qualquer instituição – um corpo que não é autoidêntico. As formas políticas não são puras. Esperar perfeição equivale a deslocar a política para uma esfera imaginária blindada de qualquer diferença e desapontamento. Apesar de o Syriza não ter dado conta de cumprir suas promessas (ou, dito de maneira mais dura, apesar de ter traído os próprios apoiadores que se mobilizaram em seu nome), ele ainda assim mudou o terreno do possível. Graças ao Syriza, as esquerdas europeia, britânica e estadunidense têm hoje um senso de possibilidade política que antes não tinham. O senso comum hoje já é outro, como fica evidente quando observamos a ascensão política de Jeremy Corbyn no Reino Unido e de Bernie Sanders nos Estados Unidos. O terceiro aspecto instrutivo da abertura política do Syriza diz respeito à questão da vontade política. Kouvelakis escreve: "A experiência do Podemos na Espanha, bem como a do Syriza na Grécia, mostra que, se a esquerda radical apresentar propostas apropriadas, ela consegue chegar a um entendimento com esses movimentos e fornecer uma 'síntese' política plausível das suas demandas"[44]. Elaborar "propostas apropriadas" depende de vontade política, de uma esquerda capaz de deixar de lado suas diferenças, se organizar e pensar de maneira estratégica o desafio do poder político. O problema que se coloca hoje diz respeito menos aos detalhes da organização partidária (requisitos de filiação, centralização *versus* estruturação em rede, mecanismos que garantam transparência e responsabilização por parte da liderança) que à vontade política solidária. Será que a ampla gama de associações de esquerda tem condições de se unir de modo a conquistar um verdadeiro avanço político?

Este livro parte do pressuposto de que não temos escolha a não ser responder "sim" a essa pergunta. Para nos ajudar a chegar a esse sim, para fazer com que a ideia de um partido de comunistas volte a cativar mais de nós, ofereço uma abordagem do partido inspirada na multidão. Fiel à ruptura igualitária do acontecimento de multidão, o partido comunista mantém aberta a lacuna por meio da qual o povo aparece como sujeito político. Os leitores ancorados nos clássicos do socialismo revolucionário podem encarar com desconfiança o que à primeira vista talvez pareça um abandono da terminologia marxista. Não deveriam. A figura do "povo" tem um rico legado no marxismo-leninismo-maoismo: o "povo" constitui a aliança revolucionária dos oprimidos (em contraste com a representação populista do povo como unidade orgânica). Sob as condições do capitalismo comunicativo, as multidões são os muitos proletarizados, aqueles cujas atividades comunicativas lhes

---

[44] Idem.

são expropriadas em processos de acumulação e despossessão que beneficiam o capital enquanto classe. Os leitores inspirados por teorias radicais democráticas, anarquistas e pós-marxistas podem torcer o nariz diante da ideia de um retorno ao partido. Não deveriam. O partido é uma forma básica de luta política. Se é necessário inovação para encontrar uma saída para o atual impasse político, então o partido também pode ser um local de experimentação e mudança.

É comum que as discussões socialistas e comunistas a respeito do partido girem em torno dos temas de reforma ou revolução, massas ou vanguarda, fábrica ou Estado. Essas discussões são muito limitantes. Falta a dimensão afetiva do partido, a forma pela qual a perspectiva do partido opera em diferentes terrenos organizacionais. O partido articula processos inconscientes em um campo diferencial de modo a viabilizar uma subjetividade política comunista. Para pensar esses processos como os efeitos que a coletividade exerce de volta sobre si mesma, procuro entender e delinear a psicodinâmica do partido. Ao nos fornecer uma força e um sentido que de outra forma nos faltariam, o partido gera o otimismo prático por meio do qual as lutas perduram.

Muitos evitam o partido como forma de poder, decisão e organização políticos. Recaem na afirmação da autonomia individual, reiterando a ideologia capitalista. Ao descartar a forma partido, abrem mão da possibilidade de construir poder coletivo. Eu demonstro como o poder que o partido libera é no fundo o poder que já temos para mudar o mundo.

1
NADA PESSOAL

A era do capitalismo comunicativo é uma era de individualidade comandada. Esse comando circula de várias formas. Ouvimos, repetidamente, que somos únicos; e somos estimulados a cultivar essa singularidade. Aprendemos a insistir em nossa diferença e a desfrutar dela, intensificando processos de autoindividuação. Não há ninguém como nós (como eu). A injunção do "faça você mesmo" é tão incessante que o "cuidar de si" aparece como algo dotado de significado político, não como sintoma de um fracasso coletivo – deixamos a rede de segurança social desmoronar – e de um aperto econômico – em um mercado de trabalho ferozmente competitivo, só nos resta a escolha de trabalhar em nós mesmos, constantemente, só para não ficarmos para trás. Diante da exigência constante de descobrir, decidir e expressar tudo por conta própria, passamos a enxergar a coletividade política como uma nostalgia por solidariedades impossíveis de outra era. A ideia da segunda onda do feminismo de que o "pessoal é político" deturpou-se na presunção de que o político é pessoal: como isso *me* afeta?

O individualismo nem sempre foi assim tão intenso e irrestrito. Como conta Jefferson Cowie em sua história dos Estados Unidos nos anos 1970, "individualismos reformados e diversificados" minaram as abordagens classistas das questões de direitos econômicos ao longo da década[1]. Este capítulo aborda esse ataque à coletividade. Observando as mudanças pelas quais passou a individualidade comandada desde a década de 1970 até o presente, assinalo as enormes tensões às quais o indivíduo foi ficando sujeito à medida que se tornava o resíduo sobrecarregado das instituições e solidariedades desmanteladas: o sobrevivente. Revisito *A cultura do narcisismo*, de Christopher Lasch, sublinhando as maneiras pelas quais os processos capitalistas promovem o indivíduo como unidade primária do capitalismo ao mesmo tempo que provocam o desmonte das instituições de apoio solidário das quais essa unidade depende. Colocando sociólogos posteriores em diálogo com Lasch, também desenho os limites de sua análise. Por mais que as descrições de Lasch sobre a cultura da celebridade, da competição e do consumismo ainda ressoem no presente, o individualismo é hoje menos uma indicação de narcisismo que propriamente de psicose. O capítulo prossegue considerando um exemplo de esquerda dessa transferência de responsabilidade para o indivíduo: o debate sobre os "novos tempos" travado na revista *Marxism Today* no fim da década de 1980. À luz da referida discussão sociológica, as ênfases dadas a responsabilidade e identidade individuais naquele debate aparecem como aquilo que de fato eram: a fragmentação de uma perspectiva coletiva sob o peso de um poder capitalista de classe reforçado. As últimas seções do capítulo introduzem uma inversão que será mais desenvolvida no capítulo 2. Elas identificam possibilidades de coletividade nas fissuras da frágil forma indivíduo. Com a ajuda do indispensável estudo das multidões feito por Elias Canetti, apresento o poder

---

[1] Jefferson Cowie, *Stayin' Alive* (Nova York, New Press, 2010), p. 72. Ao longo deste capítulo, uso os termos "individualismo", "individualidade" e "individuação" de maneira mais ou menos indiferenciada para designar aspectos que compõem a exigência da sociedade capitalista por indivíduos, bem como sua produção dos mesmos.

dos muitos e o alívio que ele proporciona da insuportável demanda de individualidade. Meu objetivo neste capítulo é documentar um problema que é ao mesmo tempo psíquico e econômico: a incapacidade e as contradições da forma indivíduo como lócus de criatividade, diferença, agência e responsabilidade. Este capítulo visa, juntamente com o seguinte, a desalojar do pensamento de esquerda o individualismo que está aprisionando a política de esquerda em um impasse.

Há duas peças publicitárias que ilustram bem a celebração que o capitalismo comunicativo faz da singularidade pessoal. Ambas anunciam marcas de refrigerante. Cada uma à sua maneira, abordam os limites que condicionam a própria individualidade que comandam.

No dia 9 de janeiro de 2012, a Dr Pepper anunciou uma nova campanha denominada "Always One of a Kind" [Sempre único]. O primeiro comercial da campanha mostra centenas de pessoas em diferentes lugares da cidade vestindo camisetas vermelhas estampadas com letras brancas. Confiantes, elas confluem para formar uma multidão que marcha pelas ruas e atravessa um parque. As camisetas trazem *slogans* como "Sou único", "Sou uma pantera", "Sou guerreiro" e "Sou um Pepper" (um dos *slogans* anteriores da marca). A trilha sonora da propaganda é uma versão cover do hit "I've Gotta Be Me" [Preciso ser eu], gravado por Sammy Davis Jr. em 1968. De acordo com o comunicado de imprensa divulgado junto com o lançamento da campanha, as pessoas de vermelho são fãs da Dr Pepper "expressando orgulhosamente aquilo que as torna únicas e diferentes do resto da multidão"[2]. Nas palavras otimistas do diretor de marketing, a ideia é que a campanha "sirva de catalisadora

---

[2] Lançamento de produto: "Dr Pepper Celebrates Its Legacy of Originality with the Launch of the New 'Always One of a Kind' Advertising Campaign", 9 jan. 2012; disponível on-line.

para estimular a expressar sua originalidade e ser autenticamente você mesmo". A Dr Pepper também ofereceu aos fãs a "oportunidade de expressar sua originalidade ao encomendar sua própria camiseta 'Always One of a Kind' personalizada pelo site DrPepper.com".

Deixemos de lado a curiosa escolha de chamar clientes de "fãs" e concentremo-nos no seguinte: o público-alvo da campanha parece ser gente que quer expressar sua singularidade. O comercial saúda essas pessoas como indivíduos, convidando-as a se identificarem com *slogans* e identidades particulares. No imaginário do comercial da Dr Pepper, ir às ruas não é uma manifestação de indignação coletiva; é uma forma de autoexpressão individual, uma oportunidade de afirmar sua individualidade e se destacar. As multidões são aquilo contra o qual os indivíduos se definem. Nesse imaginário, a marca Dr Pepper aparece como uma extensão natural dos nossos impulsos primários de afirmar identidades únicas, um complemento útil e vital para a tarefa crucial de se distinguir dos outros.

O pressuposto de que as pessoas precisariam de ajuda para expressar sua originalidade – um catalisador de autenticidade do tipo que uma camiseta pode proporcionar – confere uma inflexão irônica ao comercial. Amplificada pelo recurso retrô a Sammy Davis Jr., a ironia de expressar a autenticidade de alguém por meio de uma marca de refrigerante convoca outra reviravolta identificatória: você faz parte da multidão daqueles que *realmente* acham que as camisetas do Dr Pepper o tornam único? Ou sua capacidade de entender a piada, de reconhecer que a originalidade necessariamente vai além de qualquer imagem midiática produzida por uma marca, o torna diferente do resto da multidão, até mesmo superior a ela? O fato de alguns dos *slogans* serem reapropriações de rótulos ofensivos – "pantera"* e "filhinho de

---

* No original, *cougar*, gíria para designar mulheres mais velhas que gostam de se relacionar com homens mais novos. (N. E.)

mamãe", por exemplo – permite essa interpretação. Quem veste essas camisas tem força única, é confiante o suficiente para afirmar esses rótulos, para *bancá-los*. Portanto, mais uma camada de ironia: sua coragem é no fundo amplificada pela multidão. A energia do comercial, sua *pegada*, vem menos das mensagens que de fato estampam as camisetas (a maioria nem dá para ler) que do mar de vermelho que arrasta as pessoas. A celebração da diferença e da criatividade vem do entusiasmo de uma multidão na qual as pessoas marcham ombro a ombro, erguendo os punhos e desfrutando da confiança produzida pela coletividade. Ainda que a coletividade enquanto tropo seja cooptada a serviço da amplificação da coragem individual, o simples fato dessa amplificação, a *necessidade* por essa amplificação, trespassa a mensagem individualista na medida em que atesta o poder da multidão.

Da mesma forma, a campanha "Share a Coke" [Compartilhe uma Coca] da Coca-Cola tematiza a individualidade, visando a um público que a empresa apresenta como preocupado com a afirmação da singularidade pessoal.

"Para adolescentes e *millennials*, a personalização não é uma moda passageira, é um modo de vida", explica o comunicado de imprensa da campanha. "É sobre se expressar, contar sua história individual e se conectar com os amigos."[3] Lançada na Austrália em 2011 e expandida para cerca de cinquenta outros países, a campanha altera a iconografia da Coca substituindo o logotipo da marca por nomes próprios. Ela incentiva os jovens consumidores a encontrar latas e garrafas que tragam seus nomes e os de seus amigos, fotografá-las e compartilhar essas imagens na internet.

Na campanha, os nomes próprios ocupam o lugar da marca. Os consumidores não são convocados a vestir a marca para exibir

---

[3] Jay Moye, "Summer of Sharing: 'Share a Coke' Campaign Rolls Out in the U.S."; disponível on-line.

sua individualidade. É a marca que vai até eles, assumindo suas identidades pessoais, permitindo que os indivíduos se identifiquem nela. O ícone torna-se abstrato o bastante para ser portador de identidades individuais, sem, no entanto, deixar de as transcender. O apelo da campanha decorre não só do nome próprio, mas do fato de esse nome aparecer no lugar do conhecido e do popular. A dimensão de mídia social da campanha atesta a continuidade do lugar da marca. O ícone da Coca-Cola continua lá e agora circula por meio de *uploads* individuais de pessoas se expressando: menos marketing viral que uma forma de marketing indireto gratuito no qual o produto é inserido em momentos íntimos do cotidiano.

Quando a esquerda faz eco a injunções de individualidade, quando damos ênfase a perspectivas únicas e experiências pessoais, estamos efetivamente atuando como veículos ideológicos do capitalismo comunicativo. "Esquerda" torna-se nada mais que um nome impresso numa garrafa cuja forma já nos chega definida e que depende da gente para circular. Quando fazemos da diferença individual a base de nossa política, fica difícil distinguir capitalismo comunicativo e política igualitária emancipatória. Pior, fortalecemos a ideologia que desarticula a formação de coletividades politicamente poderosas. Convocar as pessoas a fundamentar sua política nas experiências pessoais que as diferenciam das outras é reforçar a dinâmica capitalista de individuação. Ao oferecer a fantasia de uma política personalizável, esse chamamento está efetivamente dizendo: olhe para si mesmo a partir da posição e dos interesses específicos que lhe foram dados pelo capitalismo e faça o que quiser. Com isso, ele nos afasta da coletividade da qual depende a política de esquerda.

Individualismo sem indivíduos

A injunção à individualidade é tão onipresente que é fácil esquecer que ela tem uma história e que passou por uma série de modulações[4]. Ao se debruçarem sobre as patologias que acompanham os processos capitalistas de individuação, as pesquisas de sociólogos como Christopher Lasch, Richard Sennett, Jennifer M. Silva e Carrie M. Lane traçam um percurso dessa história. Conforme desenvolvo a seguir, os pontos-chave dessa trajetória – indivíduo bruto[5], jogador corporativo, trabalhador temporário flexível e único sobrevivente – jogam luz sobre as maneiras pelas quais as turbulências econômicas, as mudanças na estrutura de autoridade e a perda da autossuficiência conferem uma qualidade tênue à identidade pessoal. As passagens de um para o outro demonstram,

---

[4] Jerrold Seigel fornece uma história abrangente do indivíduo em seu livro *The Idea of the Self: Thought and Experience in Western Europe since the Seventeenth Century* (Nova York, Cambridge University Press, 2005). Ver também o panorama crítico do individualismo competitivo feito por Jeremy Gilbert em *Common Ground: Democracy and Collectivity in an Age of Individualism* (Londres, Pluto, 2014), em especial p. 30-42. Embora o individualismo do presente estadunidense tenda a ser projetado no passado como se ele tivesse sempre acompanhado a história do capitalismo nos Estados Unidos, nas décadas que se seguiram à Guerra da Secessão o setor industrial nacional promoveu um capitalismo monopolista. Nas palavras de John D. Rockefeller, "O dia da combinação chegou para ficar. O individualismo se foi, para nunca mais voltar", em Ron Chernow, *Titan: The Life of John D. Rockefeller, Sr.* (Nova York, Vintage, 2007), p. 148. Sou grata a Corey Robin por ter me apontado isso.

[5] Popularizado originalmente pelo presidente Herbert Hoover no fim dos anos 1920, "rugged *individualism*" remete à experiência da *frontier* estadunidense e refere-se a um indivíduo autossuficiente e resiliente, capaz de se virar em situações de adversidade extrema, independentemente de qualquer rede de assistência estatal, governamental ou mesmo social. O termo é por vezes traduzido como "individualismo áspero" no Brasil. No entanto, embora *rugged* de fato signifique "acidentado", "áspero", "irregular", a palavra é usada em outra acepção no conceito em questão. Diz se de uma pessoa *rugged* que ela é determinada e resistente a ponto de conseguir atravessar situações difíceis por conta própria. Já uma pessoa áspera é simplesmente uma pessoa ríspida, de difícil trato. Por isso, optamos por desviar ligeiramente da tradução mais consolidada e usar o qualificativo "bruto", que ecoa tanto o sentido mais primitivo, mal-acabado e acidentado do conceito (com sua matriz nos primórdios do país) quanto sua acepção de dureza e resistência. (N. T.)

além disso, como as pressões competitivas dos processos capitalistas cada vez mais recaem e se alojam no indivíduo. As forças que impõem a individuação vão progressivamente minando o indivíduo. Quanto mais o indivíduo – esse sujeito fictício do capitalismo – é glorificado, mais sobrecarregado e impossível ele se torna.

Em seu influente *A cultura do narcisismo: a vida americana numa era de esperanças em declínio*, Lasch nos apresenta um individualismo que se autodestruiu. Publicado em 1979, o livro destaca o surgimento de uma sensibilidade terapêutica. O homem econômico do século XIX "deu lugar ao homem psicológico de nossos tempos – o produto final do individualismo burguês"[6]. Para Lasch, as preocupações com o eu, com a autenticidade e com o desenvolvimento pessoal que se tornaram predominantes ao longo da década de 1970 são sintomas de um individualismo desmoronando sobre si mesmo, enquanto a individualidade comandada luta para realizar as expectativas cada vez maiores que recaem sobre ela.

Lasch caracteriza como "radical" sua crítica ao indivíduo terapêutico, mesmo compartilhando certas preocupações conservadoras com o enfraquecimento da família e o aumento da dependência. Essa sobreposição é digna de nota. Além de assinalar uma convergência crescente entre os críticos das instituições básicas do Estado de bem-estar social, ela ainda indexa o objeto para o qual todos eles dirigem sua preocupação: o indivíduo frágil. A diferença entre a análise de Lasch e a crítica conservadora ao social-liberalismo[7] do

---

[6] Christopher Lasch, *The Culture of Narcissism: American Life in an Age of Diminishing Expectations* (Nova York, Norton, 1979), p. xvi [ed. bras.: *A cultura do narcisismo: a vida americana numa era de esperanças em declínio*, trad. Ernani Pavaneli Moura, Rio de Janeiro, Imago, 1983, p. 14].

[7] O sentido estadunidense do termo "liberal" não equivale ao nosso. Historicamente associado às políticas do Partido Democrata, ele pode comportar certo horizonte intervencionista, como no caso do *Welfare State* formulado pelo *New Deal* de F. D. Roosevelt (embora o termo também seja usado para descrever uma figura como Bill Clinton, cujo governo aprofundou o desmonte do Estado de

Welfare State reside no alvo. Se os conservadores dirigem seus golpes à burocracia do Estado de bem-estar social, Lasch vai disparar contra a burocracia da corporação. Ele amplia esse ataque convertendo-o em uma investida total contra o impacto mais amplo da cultura corporativa na vida estadunidense. A inovação de Lasch foi ter diagnosticado a preocupação, própria da "década do eu", com a saúde psíquica como sintoma de um fenômeno mais fundamental: a falência intelectual e política do paternalismo liberal do capitalismo de Estado de bem-estar social. A dissolução do indivíduo no hedonismo narcisista e na agressão é um produto do capitalismo – e isso inclui o social-liberalismo do *Welfare State*, que, aliás, só exacerba esse processo. São as próprias injunções do capitalismo à individualidade que sobrecarregam e minam a forma indivíduo.

Situando as mudanças sofridas pelo indivíduo no contexto das transformações políticas e econômicas mais amplas, Lasch contrapõe a personalidade narcisista do século XX com o indivíduo bruto do século XIX. Sua visão da psique estadunidense do século XIX (claramente uma figura ideológica ou um ideal organizador) vem do colonialismo de ocupação da *frontier*. O pioneiro trava uma luta para domar o Velho Oeste, dominar a natureza e erradicar a ameaça nativa. Essa luta exige uma batalha interna: a dominação sobre apetites e impulsos mais imediatos. Escreve Lasch:

> Por meio de compulsiva diligência e implacável repressão sexual, os americanos do século XIX conseguiram um frágil triunfo sobre o isso. A violência com que se voltaram contra os indígenas e contra a natureza originava-se não do impulso irrefreável, mas no supereu

---

bem-estar social). Se no Brasil e na Europa liberalismo designa um alinhamento mais marcado com os princípios do *laissez-faire*, nos Estados Unidos essa posição encontra maior expressão no chamado "libertarianismo", mais ligado ao conservadorismo do Partido Republicano. Por esse motivo, a presente tradução por vezes optou por acrescentar o qualificativo social-liberalismo. (N. T.)

anglo-saxão branco, que temia a selvageria do Oeste porque esta objetivava a selvageria que havia dentro de cada indivíduo.[8]

Ele continua: "A acumulação de capital por si só sublimava os apetites e subordinava o interesse próprio ao serviço das gerações futuras". O americano da *frontier* é egoísta e brutal, sendo essa brutalidade produto de uma autorrepressão feita em nome da comunidade civilizada. A violência é canalizada e empregada tanto interna quanto externamente.

Para Lasch, a corporação exerce no século XX uma função equivalente à da *frontier*. Mas enquanto os pioneiros ferozes e brutos batalhavam pela própria sobrevivência, os estadunidenses dos anos 1970 se encontravam presos em uma sociedade enfadonha, ordenada e banal. Com a substituição da luta por sobrevivência pela luta para ser bem-sucedido, perde-se a capacidade de desejar. Mas o indivíduo estadunidense da década de 1970 carrega uma raiva interna acumulada que a sociedade burocrática e sua injunção de convivialidade alegre o impedem de colocar para fora, de modo que agora as forças violentas do isso (ou id) encontram-se represadas, sem válvula de escape.

Lasch elege a figura do "executivo" como representativa do narcisismo do século XX. Ao contrário do "homem da organização", figura típica da ansiedade por conformidade de meados do século, o executivo de Lasch é o "jogador" burocrático. Sempre atrás de uma vantagem competitiva, o jogador corporativo quer sair na frente de todo mundo. Ele valoriza agilidade e mobilidade. Seu conceito de poder baseia-se em ímpeto. Ele substitui o domínio do ofício por habilidades sociais que envolvem seduzir, humilhar e manipular os outros. O jogador não interioriza regras como normas socialmente válidas; ele experimenta tanto o

---

[8] Ibidem, p. 10 [p. 31 – a tradução da citação foi ligeiramente modificada].

trabalho quanto as relações pessoais como disputas de poder. A ênfase burocrática nas regras e na cooperação vem acoplada a uma noção de excepcionalismo individual – *as regras não se aplicam a mim*. O jogador procura, portanto, maneiras de se aproveitar das convenções em benefício próprio. "As atividades empreendidas ostensivamente por puro prazer têm, com frequência, o objetivo real de lograr os outros."[9] Um comportamento amigável, um ar de compaixão e uma abordagem aberta e participativa diante da tomada de decisões – tudo isso no fundo esconde um jogo de poder em que a maioria das pessoas sairá perdendo.

A sensação de que há um jogo sendo jogado vai além da corporação. Os de baixo, escreve Lasch,

> internalizam uma ideia grandiosa das oportunidades abertas a todos, junto com uma opinião inflacionada de suas próprias capacidades. Se o sujeito que está numa posição inferior ressente-se dos de cima, é só porque suspeita que estes estejam burlando as regras do jogo, como ele próprio gostaria de fazer, se tivesse a ousadia. Nunca passa por sua cabeça insistir em um novo conjunto de regras.[10]

O "homem humilde" aquiesce custosamente às expectativas de cooperação amistosa, gerando uma crescente sensação de vazio ao reprimir sua insatisfação.

A explicação psicanalítica que Lasch oferece para o surgimento da personalidade narcísica põe em relevo as mudanças ocorridas na função paterna. Se a família da *frontier* gozava de autossuficiência material, a família da segunda metade do século XX já depende da ajuda e das recomendações de especialistas. Seja na forma de orientação médica e terapêutica na criação dos filhos, seja na forma de intervenção educacional e jurídica na esfera doméstica, o saber

---

[9] Ibidem, p. 66 [p. 95].
[10] Ibidem, p. 186 [p. 228 – tradução modificada].

especializado desaloja a autoridade simbólica patriarcal. Esse desalojamento é um desdobramento de um processo mais amplo ligado ao desenvolvimento industrial, mais especificamente a separação entre produção e reprodução, o distanciamento das crianças do trabalho e o fato de serem cada vez mais raras as ocasiões em que os pais efetivamente transmitem aos filhos conhecimentos técnicos ligados a seu ofício. A ausência paterna "encoraja o desenvolvimento de um supereu punitivo e severo, baseado principalmente em imagens arcaicas dos pais, fundido com autoimagens grandiosas"[11]. A criança não se identifica com os pais; ela os introjeta e passa a se medir conforme padrões idealizados, punindo-se quando não os atinge. Dito em termos lacanianos, a mudança na função paterna é um declínio na autoridade de tal forma que a lei simbólica deixa de fornecer um local de alívio das demandas do supereu[12]. O pobre eu está preocupado consigo mesmo porque está sempre sob ataque.

O declínio da autoridade simbólica na sociedade terapêutica liberal induz um narcisismo cultural mais amplo. À medida que a dinâmica dos jogos corporativos assume o lugar da luta por sobrevivência típica da *frontier*, a racionalidade burocrática do capitalismo de Estado de bem-estar social substitui a hierarquia da era anterior com administradores, técnicos e especialistas. Em vez de ter autoridade simbólica, especialistas e gestores têm conhecimento. Esse conhecimento é geralmente contestável e provisório: os especialistas têm discordâncias entre si, e o que um burocrata sabe nem sempre será útil. A cultura da gestão e da *expertise* tecnocrática absolve os indivíduos da responsabilidade, tornando todos vítimas de enfermidades ou circunstâncias. A cultura narcisista

---

[11] Ibidem, p. 178 [p. 219 – tradução modificada].
[12] Ver Slavoj Žižek, *The Ticklish Subject: The Absent Centre of Political Ontology* (Londres, Verso, 1999), p. 322-34 [ed. bras.: *O sujeito incômodo: o centro ausente da ontologia política*, trad. Rogério Bettoni, São Paulo, Boitempo, 2016, p. 339-51].

infantiliza na medida em que promove dependência em relação às burocracias paternalistas do social-liberalismo do *Welfare State* (corporação e Estado) e ao mesmo tempo incentiva a busca pelo prazer. A pessoa narcisista admira os ricos e poderosos – celebridades – por sua independência, sua capacidade de ter e fazer o que quiser. A mídia de massas estimula o fascínio pela celebridade, amplificando a tendência que o narcisista tem de dividir a sociedade entre vencedores e perdedores, entre os "grandes" e o resto da multidão. A autorrealização e o hedonismo são exaltados, por mais insatisfatórios e (cada vez mais claramente) inatingíveis que sejam. Na ausência de autoridade simbólica, as pessoas absorvem-se numa busca por autenticidade, e seu ceticismo em relação à falsidade das ilusões fabricadas da cultura de massa acaba por manifestar-se como um distanciamento irônico que as afasta ainda mais de desenvolver vínculos significativos com os outros.

O que Lasch diagnostica como narcisismo patológico ou secundário é uma individualidade reativa que acompanha as mudanças na sociedade capitalista que dizem respeito à produção e ao consumo em massa. Uma vez que o consumo se tornou um modo de vida, o trabalho já não precisa mais ser algo significativo, justo ou moralmente necessário (como sustentava uma geração precedente). Em vez disso, o objetivo do trabalho passa a ser viabilizar a aquisição. O consumo resolve todos os problemas, preenche todas as necessidades. Em vez de adiar o prazer, a injunção do consumismo é de gratificação imediata. O movimento concomitante de ampliação da gestão e de proliferação de técnicos, especialistas e profissionais do conhecimento apresenta "novas formas de controle capitalista, que se estabeleceram primeiro na fábrica e depois se espalharam por toda a sociedade"[13]. Tendo perdido seu

---

[13] Christopher Lasch, *The Culture of Narcissism*, cit., p. 235 [p. 281 – tradução modificada].

papel na produção, a família também vê seu papel na reprodução sendo esvaziado, uma vez que suas tarefas sociais tornam-se questões que ou bem exigem intervenção especializada ou então se reduzem a problemas resolvíveis pelas mercadorias certas. O efeito desses desenvolvimentos é a realização da lógica do capitalismo de tal forma que "a busca do interesse próprio, anteriormente identificada com a busca racional de ganhos e acumulação de riquezas, tornou-se uma busca por prazer e sobrevivência psíquica"[14]. O resultado, que, segundo Lasch, Marquês de Sade já havia antecipado, é a redução das pessoas a objetos. Cada pessoa deve ser utilizada para usufruto de outra: "O individualismo puro produz assim o repúdio mais radical da individualidade"[15]. A cultura do narcisismo corrói o próprio indivíduo que ela tanto celebra.

Em suma, Lasch vincula as mudanças na forma indivíduo às transformações do capitalismo. A passagem do indivíduo bruto da *frontier* para o jogador corporativo é tanto econômica quanto psíquica. À medida que a luta pela sobrevivência se converte em impulso de consumo, a autoconfiança da *frontier* se transforma em dependência em relação à burocracia corporativa e estatal. Indivíduos frustrados se debatem narcisicamente contra suas armadilhas, identificando-se com celebridades e buscando autenticidade. Querem ser únicos, excepcionais. As regras não se aplicam a eles, por isso não precisam se preocupar com elas. Podem concentrar-se em si mesmos, no próprio bem-estar, valendo-se dos outros como meios para atingi-lo.

Um quarto de século depois, Richard Sennett sugere que o aprofundamento da desigualdade e a insegurança econômica provocaram uma nova transformação no indivíduo contemporâneo. Se Lasch destacava a maneira pela qual a corporação burocrática

---

[14] Ibidem, p. 69 [p. 97].
[15] Ibidem, p. 70 [p. 99 – tradução modificada].

cultivava a dependência e a cultura do jogador, Sennett agora se debruça sobre a chamada "nova economia" de trabalhadores temporários, trabalhadores de tecnologia e empreendedores (antes e depois do estouro da bolha da internet)[16]. Esses trabalhadores já não dependem da burocracia. Não estão presos à segurança banal da corporação e a suas maquinações internas. Sua vida e seu trabalho são instáveis, precários e desprovidos de garantias. Falta-lhes uma narrativa para a vida adulta. Muitos trabalham em contratos temporários de curto prazo. As empresas querem ser flexíveis – e evitar ter que fornecer planos de saúde e aposentadoria. A crítica à dependência tornou-se ela mesma uma norma interiorizada. Quer uma empresa instaure internamente uma dinâmica mercadológica concorrencial de "vencedor leva tudo", quer ela dependa de mão de obra terceirizada e temporária ou recorra a consultores e tenha uma alta rotatividade de executivos, os principais valores empresariais são autonomia e independência. Os trabalhadores se preocupam em manter atualizadas suas habilidades, ter o potencial de aprender novas tarefas rapidamente e cultivar competências facilmente transferíveis para outras áreas, como "resolução de problemas".

O surpreendente, porém, é constatar quanto o diagnóstico de Sennett reverbera o de Lasch. Poderia-se muito bem imaginar que a autoconfiança forçada da nova economia induziria um senso de propósito e de direção à maneira do individualismo bruto da *frontier*. Em vez disso, contudo, as investigações sociológicas de Sennett sobre o capitalismo tardio indicam um eu orientado para o curto prazo, focado em desenvolver seu potencial e capaz de abrir mão do passado. Isso ecoa o destaque dado por Lasch ao

---

[16] Richard Sennett, *The Culture of the New Capitalism* (New Haven, CT, Yale University Press, 2006) [ed. bras.: *A cultura do novo capitalismo*, trad. Clóvis Marques, Rio de Janeiro, Record, 2006].

imediatismo, à flexibilidade e ao fator de ruptura com a continuidade histórica. Assim como Lasch, Sennett também sublinha a separação entre poder e autoridade, a diminuição da confiança e o crescimento da ansiedade. Mas onde Lasch apresenta a pressão que recai sobre o indivíduo como efeito de uma cultura corporativa que gera dependência e uma conduta de jogador, Sennett atribui o problema à *perda* da cultura corporativa e à consequente desancoragem dos indivíduos em relação aos padrões inteligíveis da vida cotidiana. A corporação já não fornece mais um ponto de referência estabilizador para a narrativa da vida profissional. Escreve Sennett:

> No cerne dessa degradação social encontra-se um arco encurtado de tempo institucional; para chegar às instituições de ponta foi necessário capitalizar as relações humanas superficiais. Esse mesmo arco de tempo encurtado desorientou os indivíduos em suas tentativas de planejar estrategicamente suas trajetórias de vida, ao mesmo tempo diminuindo a força disciplinadora da antiga ética do trabalho baseada na gratificação postergada.[17]

Lasch, é claro, tem plena consciência de que a ética protestante de trabalho já se desmanchou décadas atrás. Sennett, no entanto, vincula seus efeitos disciplinares à estruturação corporativa dos padrões de vida (mesmo para quem não trabalha em uma corporação).

Por um lado, na medida em que acusa certa perda, Sennett sinaliza aquele declínio do simbólico subjacente à análise de Lasch sobre a mudança da autoridade paterna. Com o privilégio de uma perspectiva situada duas décadas à frente, Sennett detecta que essa mudança significa uma perda. Ele analisa essa perda em termos de sentido e linguagem: a ausência de um lugar a partir do qual

---

[17] Ibidem, p. 181 [p. 167].

narrar a própria vida. Por outro lado, na medida em que a interpreta, mais concretamente, como uma perda de narrativa, e não de autoridade simbólica, Sennett deixa escapar as mudanças reais que Lasch já havia diagnosticado na forma indivíduo. Sennett quer fortalecer o indivíduo. Lasch reconhece a obsolescência dessa forma. Ao colocar em relevo a ausência de narrativa para a idade adulta, Sennett acaba eclipsando a ruptura mais fundamental ocorrida no nível do simbólico.

Para Sennett, a nova economia tem um lado positivo. Ela permite o surgimento de novas qualidades pessoais, como "o repúdio da dependência, o desenvolvimento das próprias aptidões potenciais e a capacidade de transcender a possessividade"[18]. Ao acentuar o lado positivo da economia tecnologizada pós-Estado de bem-estar social, Sennett busca redimir o projeto da Nova Esquerda, convertendo a crítica que o projeto faz à burocracia, ao culto à individualidade e à celebração da autenticidade emocional em conquistas reais a serem continuadas, não simplesmente mediadores evanescentes do capitalismo comunicativo. As recomendações de Sennett para tal continuidade são apresentadas na forma de um conjunto de valores culturais de que cada trabalhador, tomado individualmente, precisaria para se sustentar nessa nova economia acelerada e volátil: narrativa, utilidade e perícia[19].

Sennett defende um "ancoradouro cultural" para uma economia reconhecida como produtora de extrema desigualdade e instabilidade social, e diante disso a crítica laschiana ao capitalismo monopolista ganha novo relevo: o rechaço de Lasch ao capitalismo é realmente radical. Mais que isso, com sua ênfase em narrativas de vida, utilidade e perícia, Sennett eleva a carga depositada sobre a forma indivíduo. Em vez de construir a coletividade e a

---

[18] Ibidem, p. 182 [p. 167].
[19] Ibidem, p. 185 [p. 168].

solidariedade que poderiam aliviar algumas das demandas impostas aos indivíduos, suas propostas aprofundam o movimento de se voltar para e sobre o indivíduo: tudo se passa como se a ancoragem cultural não fosse mais que um fetiche a ser defendido enquanto se reconhece a impossibilidade do comando de individuação.

Jennifer M. Silva desenvolve uma alternativa à ênfase dada por Sennett à suposta perda de uma narrativa da idade adulta. Para ela, não é que falte uma narrativa. A narrativa mudou, convertendo-se em uma versão mais extrema do eu terapêutico que Lasch já havia identificado em seu diagnóstico do colapso dos suportes materiais e simbólicos do indivíduo. O que importa no século XXI é a própria individuação. "Numa época em que o sofrimento abunda e não dá mais para contar com o trabalho nem com a família", escreve Silva, a idade adulta competente passa a ser definida "não em termos de marcadores tradicionais como independência financeira, carreira profissional ou matrimônio, mas sim em termos de desenvolvimento psíquico: alcançar a sobriedade, superar um vício, combater uma doença mental ou simplesmente não se tornar seus pais"[20]. Silva deriva essa interpretação alternativa das pressões que incidem sobre os adultos contemporâneos de um estudo etnográfico que realizou com adultos da classe trabalhadora nos estados de Massachusetts e Virgínia. Os entrevistados falam muito em não depender de ninguém, fazer as coisas por conta própria. Eles não têm condições de recorrer a especialistas nem instituições. E outras pessoas provavelmente os deixarão na mão, ou então os trairão. O individualismo preserva e protege a melhor coisa que eles têm, a única na qual podem confiar: si próprios. Seu repúdio à dependência é uma reação a uma perda: não há mais com quem contar. Em vez de uma conquista,

---

[20] Jennifer M. Silva, *Coming Up Short: Working-Class Adulthood in an Age of Uncertainty* (Nova York, Oxford University Press, 2013), p. 125.

a independência é um fetiche que mal dá conta de evitar o desmoronamento da frágil forma indivíduo.

Com sua leitura de que a transição para a vida adulta estaria marcada não pelo "*ingresso* em grupos e instituições sociais, mas pela *rejeição* explícita a eles", Silva traz uma réplica pungente à posição de Sennett[21]. Um dos sujeitos que ela entrevista desabafa que "a parte mais difícil de ser adulto é encontrar a porra de um emprego de verdade"[22]. Não falta *uma narrativa* para a vida adulta. O capitalismo apresenta a idade adulta como um projeto individual. Para os jovens trabalhadores que Silva entrevistou, individualismo equivale a dignidade. Eles contam histórias heroicas de não depender de ninguém, voltando-se para dentro enquanto gerenciam sentimentos de traição, aceitam condições de flexibilidade e volatilidade e reforçam a sensação de estarem totalmente sozinhos. Embora as condições de dependência do Estado de bem-estar social e da burocracia corporativa que Lasch associa à sensibilidade terapêutica tenham sido desmanteladas e substituídas por um capitalismo mais duro e competitivo, a linguagem terapêutica continua sendo o vocabulário pelo qual se exprimem o sucesso e o fracasso individuais.

Em vez da tônica de desvencilhamento do passado que Lasch e Sennett apontam, os sujeitos de Silva abraçam o passado ao narrarem os desafios que tiveram que superar para realizar seus eus autênticos. Entendido em termos de experiências familiares e pessoais, o passado fornece um campo aberto de explicações para as dificuldades, o fracasso e a redução daquilo que consideram sucesso. Ao contrário dos narcisistas vazios de Lasch, os jovens adultos de Silva têm a vida dotada de propósito interno: sobreviver por conta própria em um ambiente desfavorável. Eles enfrentam

---

[21] Ibidem, p. 84.
[22] Ibidem, p. 98.

doenças e lutam contra vícios. Superam famílias disfuncionais e relacionamentos do passado. A luta pela sobrevivência é a característica-chave de uma identidade imaginada como digna e heroica porque precisa produzir a si mesma por conta própria.

Os jovens adultos de Silva apontam para uma nova identidade imaginária, para além das figuras do individualista bruto e do jogador corporativo narcisista: o sobrevivente. Ao contrário da identidade simbólica das instituições (o lugar a partir do qual você se vê agindo), a identidade imaginária é a imagem que você adota de si mesmo. Como muitos dos entrevistados de Silva sentem que tiveram que fazer tudo sozinhos e em contextos de pobreza e oportunidades cada vez mais escassas, eles tomam o fato de sua sobrevivência como o dado moralmente significativo: ter conseguido por conta própria é o que confere dignidade. Alguns dos sobreviventes brancos que Silva entrevista ressentem-se de "socialistas" como o presidente Barack Obama por ameaçarem tirar sua melhor coisa, aquela coisinha especial que afinal é tudo que lhes restou, a saber, a dignidade de não depender de absolutamente ninguém. Os sobreviventes negros também narram suas experiências em termos individuais e não coletivos. Também procuram se agarrar à única pessoa com quem podem contar: eles mesmos. Traídos pelas escolas, pelo mercado de trabalho e pelo governo, os jovens adultos da classe trabalhadora que Silva entrevistou em geral dizem se sentir "completamente sozinhos, responsáveis por seus próprios destinos e dependentes de ajuda externa por sua conta e risco". Para eles, sobreviver significa internalizar a dolorosa lição de que "ser adulto significa não confiar em ninguém por conta própria"[23].

O que Sennett elogiava como uma recusa da dependência aparece, na leitura de Silva, como um profundo ceticismo em relação à solidariedade. Depender de outras pessoas implica reconhecer

---

[23] Ibidem, p. 9.

a própria insuficiência enquanto indivíduo, a incapacidade de sobreviver sozinho. A hostilidade que alguns dos entrevistados de Silva demonstram contra os necessitados indica um possível mecanismo de defesa contra o reconhecimento da sua própria necessidade. Essa postura lhes permite deslocar suas necessidades para os outros e, assim, reforçar uma individualidade frágil e impossível. Tendo aprendido que não podem contar com ninguém, esses jovens adultos da classe trabalhadora buscam anestesiar seu sentimento de traição reafirmando os piores motes culturais de individualismo, responsabilidade pessoal e autodependência, endurecendo-se diante do mundo ao redor. A hostilidade que eles demonstram contra várias formas de intervenção governamental, particularmente as ações afirmativas, os torna suportes ideais para o capitalismo neoliberal. E, aliás, aqueles de nós que escrevem e divulgam textos denunciando histórias de corrupção governamental, fracasso universitário e má conduta corporativa podem não estar ajudando nossa causa. Podemos simplesmente reafirmar aquilo que alguns da classe trabalhadora já sabem ser verdade: eles estão sendo traídos.

Outra autora que contraria a maneira positiva como Sennett entende o repúdio à dependência é Carrie M. Lane. Sua pesquisa sobre trabalhadores de colarinho branco do setor de tecnologia em Dallas situa a ênfase em responsabilidade individual no contexto da onda de demissões e desemprego em massa[24]. A insegurança é a principal característica da vida desses trabalhadores do setor tecnológico. A maioria oscila entre cargos de contrato temporário, desemprego e autoemprego[25]. Lane observa como os

---

[24] Carrie M. Lane, *A Company of One* (Ithaca, Cornell University Press, 2011).
[25] Lane estudou homens e mulheres de vinte a sessenta anos de idade, de diferentes recortes raciais e étnicos – afro-americanos, asiático-americanos, latinos, paquistaneses, chineses e japoneses. A maior parte dos entrevistados, contudo, eram homens brancos entre trinta e cinquenta anos de idade.

trabalhadores do setor de tecnologia que ela entrevistou aderem a uma ideologia de "gerenciamento de carreira" que apresenta "a insegurança como uma alternativa empoderadora à dependência de um único empregador"[26]. Para eles, lealdade é coisa do passado: como todos são vítimas de forças econômicas fora de seu controle, nem as empresas nem os funcionários devem nada a ninguém. Todos, sejam eles patrões, sejam trabalhadores, querem ganhar dinheiro da maneira que for possível. Ninguém deve esperar que uma empresa ofereça segurança empregatícia ou oportunidades de desenvolvimento profissional. Essa expectativa, aqui, denota uma atitude infantil de dependência. Nas palavras de um executivo, "dar segurança empregatícia aos meus funcionários seria desempoderá-los e aliviá-los da responsabilidade que eles precisam sentir se quiserem ser bem-sucedidos"[27]. Na outra ponta, os trabalhadores do setor de tecnologia que foram demitidos e estão em busca de emprego incorporam essa mesma mentalidade individualista: o sucesso vem de fazer "o que for preciso" para dar um jeito, se virar, conseguir aquele próximo emprego.

A figura do sobrevivente é uma identidade sedutora sob condições de concorrência e desigualdade extremas. Ela valida o sobreviver a qualquer custo. Sobreviver já é sua própria recompensa. Contratempos e vacilos são novos desafios e, em última instância, provas ainda maiores da capacidade que se tem de sobreviver. A cultura de massas nos fornece todo um leque de exemplos de sobreviventes para emular (bem como exemplos de quem não deu conta e ficou para trás): desde Katniss, a protagonista da franquia *Jogos vorazes*, até os vencedores de incontáveis *reality shows*, passando por jogos eletrônicos como

---

[26] Carrie M. Lane, *A Company of One*, cit., p. 13.
[27] Ibidem, p. 51, citando Andrew Ross, *No Collar* (Philadelphia, Temple University Press, 2003).

Day Z e *Fallout* e vítimas de doenças ou crimes. Sentir raiva, suspeitar de todos e agir na defensiva são condutas e emoções justificáveis – afinal, no fundo só podemos contar com nós mesmos – e potencialmente úteis como armas psíquicas capazes de ajudar a sustentar uma individualidade impossível.

O sobrevivente é figura não de uma cultura do narcisismo, mas de uma cultura psicótica. Se a cultura narcisista é caracterizada pelo desalojamento da autoridade simbólica, a cultura psicótica é caracterizada pela sua foraclusão[28]. Em resumo, Lacan define a psicose em termos da foraclusão do Nome-do-Pai ou significante mestre. Afirmar que o significante mestre está foracluído significa dizer que ele não estabiliza o significado; a cadeia significante carece de uma âncora capaz de manter sua coesão. A perda generalizada de poder simbólico impacta o sujeito de tal forma que ele sente essa autoridade desaparecida como algo ainda mais próximo, poderoso e intrusivo. Em uma cultura psicótica, portanto, a desconfiança é generalizada e tudo consome. Cada um confronta o poder de maneira direta e a sós.

Para compensar a falta de autoridade simbólica, o psicótico se volta para o imaginário. Ele se posiciona em relação a uma "imagem captadora", talvez de alguém que odeie, admire ou de quem sinta medo[29]. Esse Outro imaginário seria, então, um rival a ser derrotado ou destruído. O psicótico pode tentar imitar as pessoas ao redor, principalmente quando está tendo que lidar com uma situação de medo e agressão intensos. Pode também acabar cativado por uma imagem de si mesmo. Aqui o psicótico

---

[28] Ver minha discussão mais extensa deste ponto em: *Democracy and Other Neoliberal Fantasies* (Durham, Duke University Press, 2009), cap. 6.
[29] Jacques Lacan, *The Psychoses: 1955-1956, Seminar III* (org. Jacques-Alain Miller, trad. Russell Grigg, Nova York, Norton, 1997), p. 204 [ed. bras.: *O seminário*, Livro 3: *As psicoses*, org. Jacques-Alain Miller, trad. Aluisio Menezes, Rio de Janeiro, Zahar, 1985, p. 233].

não se imagina *como* alguém ou alguma coisa específica: *eu sou meu pior inimigo*. O que importa é a persistência, a sobrevivência, por si só.

Apareça ela na forma de autocuidado ou na determinação de ser o número um, a imagem captadora do indivíduo impõe sua própria manutenção. Apesar de insistirem tanto na importância de não depender de ninguém, os entrevistados de Silva não deixam de querer ser reconhecidos. Querem que outra pessoa escute suas histórias, valide suas realizações. O capitalismo comunicativo fornece a infraestrutura necessária para tanto: a multidão dos muitos que podem visualizar, curtir ou compartilhar.

O diagnóstico laschiano do narcisismo cultural perdeu sua validade: a sociedade do capitalismo comunicativo é menos narcísica do que propriamente psicótica, pautando-se por uma aliança entre imaginário e Real diante da perda do simbólico. Em vez de sofrermos de um excesso de *expertise*, estamos inundados de múltiplas opiniões, conflitantes e irreconciliáveis. E, sem condições de determinar plenamente qual é a correta, precisamos decidir por conta própria. Algoritmos e dados tornam a ciência social obsoleta. O poder não é respaldado nem por autoridade nem por conhecimento, aparecendo e se manifestando, em vez disso, como violência. Terapia não oferece nem justiça nem cura. No lugar da primeira, temos um policiamento cada vez mais militarizado – prisões, brutalidade e disparos fatais sem justificativa e pelos quais nunca ninguém é responsabilizado; no lugar da segunda, há uma variedade cada vez maior de fármacos, e quando estes falham o resultado é depressão, incapacidade, vício e suicídio. Por fim, a precariedade, a concorrência e as redes sociais suplantam a cooperação antagônica que Lasch associa à vida interior da corporação. Impulsos agressivos já não precisam mais ser reprimidos sob um verniz de positividade. Na extrema desigualdade do capitalismo comunicativo, há uma série de canais que estimulam a expressão desses impulsos: ódio e raiva circulam com facilidade nas redes afetivas[30].

Apesar de tudo, a atenção dada por Lasch às forças que ao mesmo tempo comandam e solapam a individualidade permanece instigante por conta da maneira pela qual seu diagnóstico joga luz sobre o peso cada vez maior depositado na forma indivíduo. Como comprovam pesquisas sociológicas posteriores, a interiorização desse peso segue desonerando as corporações e o Estado de responsabilidades sociais, intensificando a pressão exercida sobre indivíduos já sobrecarregados. Um efeito disso tem sido o rebaixamento de expectativas, de tal forma que a própria sobrevivência passa a aparecer como a conquista digna de ser comemorada.

Individualismo de esquerda

No exato momento em que o capital como classe estava armando aquilo que viria a ser reconhecido como uma investida mortal contra os sindicatos, o Estado de bem-estar social e os pressupostos mais amplos de responsabilidade coletiva, a individualidade comandada apareceu em um lugar surpreendente: o partido comunista. Mais especificamente, seduzidos pela aparente liberdade e criatividade oferecidas pela chamada sociedade em rede, alguns esquerdistas organizados dentro e em torno do Partido Comunista da Grã-Bretanha (CPGB) passaram a apelar para responsabilidades e capacidades individuais em termos muito parecidos com os usados por Sennett. Seria o indivíduo, e não a classe, o lócus da liberdade.

No fim da década de 1980, a *Marxism Today*, uma revista do CPGB, foi palco de uma série de debates da esquerda britânica sobre marxismo, thatcherismo, o legado do comunismo e o futuro

---

[30] Para uma discussão mais detalhada, consultar meu livro *Blog Theory* (Cambridge, Polity, 2010).

do socialismo. No cerne do debate estava a questão dos "novos tempos". De que forma o socialismo poderia e deveria se adaptar frente às mudanças ligadas ao pós-fordismo e ao desafio político do thatcherismo? Para muitos que escreviam na *Marxism Today*, a dissolução do Estado de bem-estar social, a ascensão da tecnologia da informação e, mais tarde, o colapso do bloco soviético exigiam que a esquerda se reconstruísse. A questão, portanto, girava em torno de como seria essa esquerda reconstruída. Para aquela que se tornou a voz dominante do debate, a imagem dessa esquerda tinha muito de liberal e oferecia pouco mais que o capitalismo com uma face humana.

A proposta de um "individualismo progressista", defendida por Charles Leadbeater, colocava os interesses individuais no centro da estratégia socialista: "Se há uma coisa que a esquerda representa, essa coisa deveria ser a seguinte: pessoas assumindo mais responsabilidade por todos os aspectos de sua vida"[31]. Para se contrapor à cultura de "consumismo individual" de Margaret Thatcher, sua esquerda ofereceria uma "cidadania individual". O intuito da ação coletiva seria satisfazer as necessidades individuais. Leadbeater formula a ideia em termos mercadológicos, dizendo que a esquerda "precisa renegociar o contrato entre quem financia os serviços coletivos, quem os fornece e quem os consome, para assegurar bom custo-benefício, eficiência, flexibilidade e escolha"[32]. Essa visão do bem-estar social como um bem de consumo só é possível por meio do esvaziamento da coletividade e da supressão da luta de classes. Leadbeater complementa seu apelo para que a esquerda se reoriente em torno de direitos e responsabilidades individuais com um apelo para que a provisão seja coletiva. No entanto, sua análise replica elementos-chave do thatcherismo, desde o ataque ao paternalismo

---

[31] Charles Leadbeater, "Power to the Person", *Marxism Today*, out. 1988, p. 14.
[32] Ibidem, p. 15.

e à ineficiência do Estado de bem-estar até a afirmação do papel do mercado no atendimento das necessidades individuais.

A linguagem e os valores de Leadbeater são neoliberais. O thatcherismo estabelece o lugar a partir do qual ele vê o mundo. Para ele, o thatcherismo estimula "aspirações de autonomia, escolha, descentralização, maior responsabilidade", e a esquerda precisa saber aceitar e ampliar esses valores: "Enquanto o thatcherismo confina a escolha individual aos limites do mercado, a esquerda deve insistir na importância de uma individualidade social mais ampla, de uma diversidade e uma pluralidade de estilos de vida que o mercado não dá conta de oferecer"[33]. O Estado deve funcionar tanto como ator quanto plataforma, garantindo direitos e oferecendo alternativas em um campo mais amplo de escolhas. Portanto, não é só que o mercado tem seu papel – com a concorrência servindo para coordenar de maneira eficiente "muitas decisões econômicas descentralizadas" –, mas o próprio setor público precisa se tornar orientado para o consumidor, de modo que a secretaria de assistência social tenha os mesmos "padrões do mercado". A involução do bem comum em benefício individual passa batida; não se questiona o pressuposto de que serviços públicos devam ser tratados como escolhas privadas de consumidor. Assim como Thatcher, Leadbeater simplesmente assume o mercado como modelo para as relações sociais[34]. Aqui, os indivíduos não só precisam de direitos de consulta e participação no local de trabalho, como têm a responsabilidade de aceitar "ofertas razoáveis de emprego" e "medidas razoáveis de flexibilidade trabalhista"[35].

---

[33] Ibidem, p. 18.
[34] Para uma crítica desse pressuposto no debate sobre os "novos tempos" mais como um todo, ver Michael Rustin, "The Politics of Post-Fordism: or, The Trouble with 'New Times'", *New Left Review*, n. 175, maio-jun. 1985, p. 54-77.
[35] Charles Leadbeater, "Power to the Person", cit., p. 19.

Para se adaptar aos novos tempos, a esquerda tem que ter cara de direita e enxergar as coisas como ela. Em vez de defender valores de igualdade, solidariedade e coletividade próprios da classe trabalhadora, a esquerda de Leadbeater se pauta por valores capitalistas de eficiência, flexibilidade e descentralização, articulados por uma celebração do indivíduo como agente racional, disciplinado e autônomo dotado do poder de refazer seu mundo[36].

Mais ou menos na mesma linha, Rosalind Brunt também defendeu uma espécie de individualismo de esquerda[37]. Para ela, os "novos tempos" exigiam uma política de identidade. Examinar a própria história pessoal, partir de si mesmo – era isso que tornava interessante a política sexual e era isso que o Partido Comunista precisava abraçar. Brunt argumentava que a política identitária deveria estar no cerne de uma política transformadora porque ela confere um senso de diferença, um senso das muitas identidades oferecidas na e pela cultura contemporânea. Ela ajudaria as pessoas a pensarem sobre como se relacionam com os outros, como vivem e experimentam diretamente a ideologia. Em vez de o partido oferecer uma perspectiva crítica para orientar nosso olhar diante do mundo, rompendo com a cultura capitalista hegemônica e abrindo uma lacuna nela, era a própria experiência vivida que deveria servir de perspectiva política. Na versão de Brunt, que prefigurou aquilo que se tornaria uma característica-chave do pensamento de esquerda por várias décadas, a própria política se volta para dentro, e a tarefa de compreender a si mesmo passa a ter precedência sobre a de mudar o mundo. Depois de listar as identidades e relações importantes para o pertencimento – raça, classe, gênero, nação e colegas, amigos, filhos, amores –, Brunt escreve: "E aí chegamos à noção fundamental do 'verdadeiro eu',

---

[36] Ibidem, p. 17.
[37] Rosalind Brunt, "Bones in the Corset", *Marxism Today*, out. 1988.

o sentimento de que, por mais precárias que sejam essas outras identidades, há um cerne secreto escondido em algum lugar privado e interior, um eu completamente não socializado e essencial"[38]. A implicação é que esse núcleo secreto deveria servir de base para uma nova política de "unidade na diferença", um princípio bolchevique reimaginado pelo prisma de uma política identitária que se recusa a falar de prioridades e do socialismo como um bem maior. O efeito é reverberar tanto a demografia de mercado da sociedade capitalista quanto a ênfase da cultura terapêutica em um eu autêntico. O resultado é uma mudança no foco da política comunista, que, em vez de se ampliar, se contrai.

Embora vocalizem temas que viriam a dominar a esquerda pós-marxista e pós-estruturalista, as posições de Leadbeater e Brunt obviamente não foram as únicas contempladas pelo debate da *Marxism Today* sobre os "novos tempos". Ellen Meiksins Wood, para citar apenas um exemplo, ofereceu uma poderosa crítica da hipótese dos "novos tempos", particularmente conforme formalizado no programático *Manifesto For New Times* [Manifesto para novos tempos]. Wood rejeita a premissa da fragmentação pós-moderna que sustenta a ênfase em identidade pessoal, flexibilidade e diversidade. Esse tipo de ênfase dá a impressão de que o capitalismo "tornou-se infinitamente mais permeável, abrindo enormes espaços para que as pessoas construam suas próprias realidades sociais autônomas"[39]. A realidade, insiste Wood, é que o capitalismo se tornou mais que nunca um "sistema global total". A sujeição à "lógica expansionista do capitalismo" e a suas forças coercitivas de mercado só está crescendo. Sob Thatcher, a política de classe é mais flagrante, mais extrema. Valendo-se de uma contribuição

---

[38] Ibidem, p. 21.
[39] Ellen Meiksins Wood, "Comment on the *Manifesto for New Times*", *Marxism Today*, ago. 1989, p. 31.

de Michael Ruskin para a *New Left Review*, Wood indaga: de quem, afinal, é a visão de mundo expressa nesse *Manifesto*? A resposta: daqueles que tentam administrar o capitalismo em um projeto de modernização. Os novos tempos não têm nada de novo: a esquerda, quando está tendo que recuar, sempre se apresenta como gestora do capitalismo. E a perspectiva do *Manifesto* tampouco é inovadora: é a perspectiva do próprio capitalismo. Retrospectivamente, não dá para negar que Wood estava certa.

Em sintonia com o desmonte das restrições que o Estado de bem-estar impunha à acumulação de capital, visões como essas de Leadbeater e Brunt vieram a caracterizar o chamado "realismo de esquerda". Amplamente compartilhado por toda a esquerda anglo-europeia, ele teve sua expressão teórica desenvolvida por Ernesto Laclau e Chantal Mouffe e depois reforçada pelos estudos culturais e pelo pós-estruturalismo (a teoria crítica habermasiana forneceu o arcabouço filosófico para uma acomodação semelhante). Conforme esmiúço adiante, os realistas de esquerda aceitam o mercado como algo necessário. Rejeitam a revolução, dando prioridade à democracia e à cidadania. Com efeito, eles temem a política e chegam a superar a direita quando o assunto é negar os sucessos do comunismo do século XX e vilipendiá-lo por seus crimes. Abandona-se qualquer coisa que passe perto da visão do comunismo como uma visão de justiça. Ao confinar-se a um campo político restrito e aceitar o Estado e o mercado como dados, os realistas de esquerda abraçam a política de identidade: o indivíduo deve ser investido da energia e da atenção anteriormente dirigidas à construção do povo revolucionário.

No momento em que o capital agia como classe para arrebentar os sindicatos, desmantelar o Estado de bem-estar social, privatizar serviços públicos, impor tecnologias da informação, transferir a produção industrial para mercados de trabalho mais baratos e facilitar ampliações nos serviços financeiros e no fluxo de capital, a *Marxism*

Today estava ocupada tentando descobrir uma forma de tornar o socialismo atraente, em vez de discutir a melhor forma de contra-atacar. Procedendo como se o socialismo não fosse nada além de mais um produto de um mercado político, a perspectiva da *Marxism Today* sobre os desafios políticos e econômicos enfrentados pela esquerda foi determinada por um horizonte capitalista, e não comunista. Ela abraçou o apelo capitalista ao individualismo no exato momento em que deveria ter insistido na solidariedade e na força coletiva. E a tragédia é que esse abraço ajudou a reforçar a forma indivíduo que, como nos ensina Lasch, já estava se autodestruindo. Sem dúvida esse foi um caminho que a muitos pareceu necessário naquele momento – e isso também faz parte da tragédia. Agora sabemos.

A pressão está me matando

A intensificação do capitalismo amplifica as pressões sobre e para o indivíduo. Essas pressões são políticas: o indivíduo é convocado a expressar sua opinião, falar por si próprio, se envolver. Conforme lhe é dito, ele, sozinho, é capaz de fazer a diferença. Suas respostas às demandas onipresentes por *feedback* tomam o lugar da ação coletiva, que por sua vez passa a ser vista como impossível ou repressiva demais para configurar uma verdadeira alternativa. As pressões exercidas sobre o indivíduo também são de ordem econômica: mesmo quando não há mobilidade social significativa, o indivíduo é ofertado como elemento mais determinante do sucesso ou do fracasso. Em um mercado de trabalho competitivo, atrair compradores interessados em adquirir sua força de trabalho é um desafio. É preciso se destacar para ser contratado ou, para alguns de nós, para sustentar a fantasia de algo como uma concorrência justa (seria horrível pensar que criamos todas aquelas dívidas por nada). Não é à toa que o capitalismo comunicativo nos exorta tanto a sermos únicos: somos o produto que fazemos de nós mesmos. Ao mesmo tempo, a especialização corrobora os interesses comerciais de se obter acesso cada vez mais refinado aos consumidores, os esforços policiais de localizar e rastrear e a preocupação do capital em impedir que as pessoas se agreguem em uma luta comum. Identificação é inseparável de vigilância, e a personalização é absorvida pelo mercado. A injunção de individuação é a arma mais poderosa do arsenal do capitalismo.

As pressões também são psicológicas, como vimos. Franco Berardi fala da "conquista do espaço interno, do mundo interior, da vida da mente" endêmica ao capitalismo comunicativo[40]. A intensificação informacional e a aceleração temporal provocam uma saturação da nossa atenção que atinge "níveis patológicos". Berardi associa pânico, agressividade, depressão e medo a essa saturação, e ele vê sintomas dela nas ondas de suicídio, no aumento do uso de Viagra por pessoas sem tempo para afeto, ternura e preliminares sexuais, nas "milhões de caixas de Prozac vendidas todos os meses, na epidemia de transtornos de déficit de atenção entre os jovens, na difusão de fármacos como a Ritalina para crianças em idade escolar e na epidemia generalizada de pânico"[41]. As pessoas respondem à sobrecarga com medicamentos e tecnologia, buscando fazer mais, ser mais, manter-se atualizadas e estar sempre por cima. Mas a pressão é implacável: quanto mais fazem, mais são cobradas. Chafurdado na superprodução de signos, o receptor humano encontra-se sobrecarregado a ponto de colapso.

Concordo em larga medida com a descrição de Berardi, mas quero propor uma maneira diferente de abordar as psicopatologias que ele observa. Fármacos, depressão, TDAH e pânico não são meras patologias. São também defesas. A verdadeira patologia é a própria forma indivíduo. Os fármacos entram para tentar sus-

---

[40] Berardi usa o termo "semiocapitalismo". Ver Franco Berardi, *Precarious Rhapsody* (Londres, Minor Compositions, 2009), p. 69.
[41] Ibidem, p. 82.

tentá-la, mantê-la operante. O indivíduo é patológico no sentido de que é incompatível com seu ambiente, incapaz de responder às pressões que encontra sem sofrimento, sacrifício ou violência (a psicanálise nasce dessa constatação, daí a primazia da castração). O problema da subjetividade contemporânea não é decorrência dos extremos de um capitalismo que se fundiu com os componentes mais fundamentais da comunicatividade. Não é que os circuitos saturados, intensificados e insuportavelmente competitivos do capitalismo comunicativo estejam nos deixando deprimidos, ansiosos, autistas e distraídos e que, portanto, precisamos encontrar maneiras de preservar e proteger nossas frágeis individualidades. Depressão, ansiedade, autismo e hiperatividade sinalizam a desintegração de uma forma que sempre foi por si só um problema, uma mobilização de processos de individuação e interiorização que, em seu movimento reflexivo de voltar-se para dentro, rompem conexões e enfraquecem a força coletiva. A forma indivíduo não está ameaçada. Ela é a ameaça. E agora está fraquejando.

Em *Alone Together: Why We Expect More from Technology and Less from Each Other* [Sozinhos em conjunto: por que esperamos mais da tecnologia e menos uns dos outros], Sherry Turkle documenta algumas das maneiras pelas quais as mídias sociais aliviam expectativas individualistas. É certo que ela não descreve seus achados em termos de um alívio. Em vez de conceber a forma indivíduo como um problema, ela a apresenta como uma vulnerabilidade que necessita proteção. Ela ecoa, portanto, as injunções dominantes de individualidade. Contudo, suas explorações da "vida em rede e seus efeitos na intimidade e na solidão, na identidade e na privacidade", abrem caminhos que ela não trilha, caminhos para a coletividade[42].

---

[42] Sherry Turkle, *Alone Together: Why We Expect More from Technology and Less from Each Other* (Nova York, Basic, 2011), p. 169.

Quando relata as entrevistas que realizou com adolescentes, Turkle descreve uma juventude à espera de alguma conexão, com medo de abandono e dependente de respostas imediatas dos outros até mesmo para ter sentimentos. Por exemplo, Claudia, uma garota de dezessete anos, sente-se feliz assim que começa a enviar mensagens de texto. Se numa geração anterior as pessoas eventualmente ligariam para alguém *para falar sobre* sentimentos, quando Claudia quer *ter* um sentimento, ela manda uma mensagem de texto[43]. Turkle relata as ansiedades que as pessoas expressam em torno de interações cara a cara, bem como sobre as expectativas associadas ao telefone, ou seja, sobre falar com outra pessoa em tempo real[44]. O caráter multitarefa próprio da comunicação contemporânea, o fato de que as pessoas podem estar enviando mensagens de texto enquanto conversam, ou olhando para outra coisa enquanto supostamente estariam escutando o interlocutor, instaura uma incerteza sobre se o outro está prestando atenção. Somando isso à pressão de obter uma resposta imediata e ao conhecimento de que a "internet nunca esquece" (a maioria de nós é incapaz de eliminar todos os vestígios de nossas identidades digitais uma vez que elas foram carregadas, arquivadas e compartilhadas), Turkle demonstra como nossa nova intimidade com a tecnologia está afetando o tipo de eu que nos tornamos. A forma pela qual experimentamos a solidão, a privacidade, a conexão e os outros não é mais a mesma de antes.

Para Turkle, essas novas experiências são patológicas[45]. Partindo do trabalho de Erik Erikson sobre identidade pessoal, ela argumenta que as tecnologias em rede inibem o tipo de separação necessária para o amadurecimento. Os pais estão sempre ao alcance,

---

[43] Ibidem, p. 176.
[44] Ibidem, p. 205.
[45] Ibidem, p. 178.

sempre disponíveis, mesmo que não estejam realmente presentes (muitas vezes estão, eles próprios, sobrecarregados, distraídos e exauridos). Os jovens não aprendem a ficar sozinhos, a refletir sobre suas emoções em particular. Frágeis e dependentes, eles não chegam a desenvolver o entendimento de si que precisariam ter "antes" de poder "estabelecer parcerias de vida bem-sucedidas"[46]. Ao contrário de ser dirigida para dentro e autônoma (Turkle se refere a David Riesman), a cultura de telefones celulares e mensagens instantâneas elevou "à segunda potência" o significado de ser dirigido para o outro[47]. A expectativa de conectividade constante elimina oportunidades de realmente estar sozinho, mesmo que as pessoas estejam "cada vez mais inseguras, isoladas e solitárias"[48]. Turkle conclui: "Solidão é não conseguir estar sozinho. Saber estar sozinho significa ser capaz de convocar a si mesmo por conta própria; caso contrário, você só saberá ser solitário"[49].

Não há nada de surpreendente na descrição que Turkle faz dos "eus atados" contemporâneos. De seus diagnósticos de narcisismo a suas preocupações com o caráter constante e até viciante das comunicações em rede, ela repete críticas já bem conhecidas dirigidas aos adolescentes, à mídia e à cultura contemporânea. Mas a linguagem que ela emprega quando fala de estar sozinho revela algo mais que mera atualização, para a era em rede, da crítica do narcisismo cultural. Ela se vale da segunda pessoa – "você precisa ser capaz de convocar a si mesmo por conta própria" – e passa de um registro descritivo para um registro imperativo: "você precisa", caso contrário nunca sairá

---

[46] Ibidem, p. 175.
[47] Ibidem, p. 167.
[48] Ibidem, p. 157.
[49] Ibidem, p. 288. [A distinção aqui é entre os termos *loneliness* e *solitude*, respectivamente – N. T.]

da solidão. Turkle se vale desse registro porque, no quadro que ela desenhou, o indivíduo reflexivo encontra-se ameaçado pelas tecnologias em rede. Ela quer que nos juntemos a ela na defesa do indivíduo contra essa ameaça. Dirigindo-se diretamente ao leitor, ela insiste na importância de amparar o indivíduo reflexivo (ainda que ela rejeite as formas tecnologicamente mediadas desse amparo e as considere patológicas). Para Turkle, um eu menos delimitado, mais expansivo, menos separado, mais conectado, é um eu imaturo que está sujeito a cair na solidão. Ele precisa formar sua identidade, separar-se dos outros e passar pelas etapas de se tornar um indivíduo.

O que Turkle associa à tecnologia, Dany-Robert Dufour (em *A arte de reduzir cabeças*) vincula à aceleração do processo mais amplo de individuação, particularmente em conexão com o declínio da eficácia simbólica ou mudança na estrutura do simbólico[50]. O sujeito contemporâneo, diz ele, é convocado a criar a si mesmo[51]. Dufour repete, em registro lacaniano, achados que já vimos na pesquisa dos sociólogos Silva e Lane, a saber, a maneira pela qual o indivíduo contemporâneo está sobrecarregado de responsabilidades e expectativas anteriormente de competência coletiva. No fim do século XX, em um cenário que Dufour caracteriza como pós-moderno e neoliberal, o "eu" se tornou completamente autorreferente: não se fundamenta em nada externo a ele e não depende do reconhecimento de nenhum outro. Mas onde Dufour procura enfrentar a impossibilidade de autoindividuação, localizando a intensificação da injunção de ser você mesmo na aliança entre o imaginário e o Real, no rescaldo do declínio da eficácia

---

[50] Dany-Robert Dufour, *The Art of Shrinking Heads: the New Servitude of the Liberated in the Age of Total Capitalism* (trad. David Macey, Cambridge, Polity, 2008) [ed. bras.: *A arte de reduzir cabeças: sobre a nova servidão na sociedade ultraliberal*, trad. Sandra Regina Felgueiras, Rio de Janeiro, Companhia de Freud, 2005].
[51] Ibidem, p. 16 [p. 26].

simbólica, Turkle simplesmente repete o comando: "Você precisa ser capaz de convocar a si mesmo por conta própria".

É possível identificar um atrito entre a maneira pela qual os entrevistados de Turkle se descrevem e as ideias sobre separação e individuação que a própria autora traz. Por exemplo, uma enfermeira conta que, exausta depois de oito horas de serviço e uma segunda jornada de trabalho em casa, entra no Facebook e se sente menos sozinha. Um jovem universitário explica: "Sinto que faço parte de algo maior, a net, a web. O mundo. Vira uma coisa para mim, uma coisa da qual faço parte. As pessoas, inclusive. Deixo de enxergá-las como indivíduos, na verdade. Elas são parte dessa coisa maior"[52]. As palavras desse estudante aqui estão em sintonia com uma observação de Félix Guattari: "O que se tem é um agenciamento coletivo que é, ao mesmo tempo, sujeito, objeto e expressão: o indivíduo não mais é aquele que responde universalmente pelas significações dominantes"[53]. O jovem universitário percebe a si mesmo e aos outros como parte de uma coletividade maior, de tal forma que enxergar a si mesmo e aos outros como separados, como indivíduos, não faz sentido; não contempla a conexão que surge por meio de seu engajamento mútuo.

Turkle, no entanto, considera a conectividade algo tão patológico a ponto de descrevê-la em termos bioquímicos como um vício. Seu argumento baseia-se no trabalho que Mihaly Csikszentmihalyi desenvolveu sobre o "fluxo". A maioria das referências dele ao fluxo são positivas, descrevem uma experiência desejável de foco, envolvimento e imersão. Na argumentação de Turkle, no entanto, o viés já é muito mais crítico: "No estado

---

[52] Sherry Turkle, *Alone Together*, cit., p. 168.
[53] Félix Guattari, *Molecular Revolution* (trad. Rosemary Sheed, Nova York, Penguin, 1984), p. 203 [ed. bras.: *Revolução molecular: pulsações políticas do desejo*, trad. Suely Rolnik, São Paulo, Brasiliense, 1981, p. 178].

de fluxo, você é capaz de agir sem autoconsciência" (como descrevo adiante e depois exploro com mais detalhes no próximo capítulo, essa ausência de autoconsciência é um atributo que os teóricos da multidão associam a quem integra um grupo, massa ou multidão). Para Turkle, agir sem autoconsciência é um problema porque "isso pode acontecer quando você está trocando mensagens de texto, escrevendo um e-mail ou mexendo no Facebook" (mais uma vez, o uso do pronome de segunda pessoa indica como Turkle está tentando nos implicar em práticas ameaçadoras que precisam ser combatidas)[54]. Misturando jogo e vida – isto é, comparando jogos eletrônicos como *World of Warcraft* com e-mail e Facebook –, Turkle explica: "Quando a vida *online* se torna seu jogo, há novas complicações. Se estiver se sentindo solitário, você encontrará conexão a qualquer instante. Mas isso pode deixá-lo ainda mais isolado, sem pessoas reais à volta. Aí talvez você decida retornar à internet para conseguir outra dose do que parece ser uma conexão"[55]. Ela recorre à neuroquímica para justificar o uso da linguagem do vício:

> Nossa resposta neuroquímica a cada notificação e toque de celular parece ser aquela provocada pelo impulso de busca, uma motivação profunda da psique humana. A conectividade torna-se uma ânsia; quando recebemos uma mensagem de texto ou um e-mail, nosso sistema nervoso responde liberando uma dose de dopamina no nosso organismo. Somos estimulados pela conectividade em si. Aprendemos a precisar dela, mesmo quando ela nos provoca esgotamento.[56]

A forma patologizante com a qual Turkle aborda a conectividade confunde a interação com máquinas (telefones, computadores)

---

[54] Sherry Turkle, *Alone Together*, cit., p. 226.
[55] Ibidem, p. 227.
[56] Idem.

com as interações com pessoas. Nosso cérebro reage a estímulos sonoros liberando – injetando – dopamina. Mas, em vez de aparecer como um valioso reforço da importância das nossas conexões com os outros, essa reação é lida como um perigoso estimulante pelo qual ansiamos. Será que também seriam vistas com suspeita as respostas neuroquímicas agradáveis que temos quando encontramos pessoas cara a cara? Será que a emoção que sentimos quando entramos em contato com os outros em uma festa, em um comício, em um show ou em uma multidão também corre o risco de se tornar uma ânsia na medida em que contatos intensos e exigentes como esses também podem esgotar nossas energias?

Se nos abstivermos de conceder prioridade normativa ao indivíduo como forma adequada ou exclusiva de subjetividade, podemos ler as evidências que Turkle oferece de forma diferente. Podemos lê-las como indicação de que uma forma política de separação, cercamento e clausura está se transformando, mutando, tornando-se outra coisa. Michael Hardt e Antonio Negri seguem Gilles Deleuze ao descrever essa mudança como a passagem da sociedade disciplinar para a sociedade de controle. Eles apontam como as lógicas disciplinares funcionaram principalmente no interior das instituições da sociedade civil para produzir sujeitos individualizados[57]. No fim do século XX, as instituições disciplinadoras e mediadoras – a família nuclear, a escola, o sindicato e a igreja – já se encontravam em crise (o narcisismo cultural de Lasch é um diagnóstico dessa crise). Os espaços, as lógicas, as práticas e as normas que anteriormente se articulavam em instituições sociais e econômicas se desconjuntaram e desmoronaram. Liberadas de suas restrições espaciais, as lógicas institucionais em alguns

---

[57] Michael Hardt e Antonio Negri, *Empire* (Cambridge, MA, Harvard University Press, 2000), p. 329 [ed. bras.: *Império*, trad. Berilo Vargas, Rio de Janeiro, Record, 2001, p. 217].

casos ganharam ainda mais força; em outros, ocorreu o contrário. Por isso, Hardt e Negri argumentam que junto com essa dissolução institucional generalizada instaurou-se uma "indeterminação da *forma* das subjetividades produzidas"[58]. Os autores concluem, assim, que o indivíduo burguês – o sujeito-cidadão de uma esfera política autônoma, o sujeito disciplinado da sociedade civil, o sujeito liberal disposto a votar na esfera pública e depois retornar à domesticidade da sua esfera privada – não pode mais servir de pressuposto para a teoria ou para a ação. E o que eles sugerem é que em seu lugar encontramos agora subjetividades fluidas, híbridas e móveis que são indisciplinadas, que não internalizaram normas e restrições específicas e que agora só podem ser controladas.

Hardt e Negri estão certos de apontar as mudanças nas configurações que produziram o indivíduo burguês. No entanto, eles subestimam a ferocidade emergente da individualidade comandada. Suas subjetividades fluidas, híbridas e móveis aparecem como *loci* de liberdade, como se a singularidade delas fosse um atributo natural e não, ela própria, um elemento imposto, inscrito e tecnologicamente gerado a serviço do capitalismo. À medida que o declínio da disciplina enfraquecia as estruturas de individuação, novas técnicas de individuação mediadas tecnologicamente foram tomando seu lugar. Um exemplo fácil disso (e proeminente na discussão de Turkle) é a adoção de telefones celulares como dispositivos de comunicação pessoal para crianças. Na medida em que permitem que os pais acompanhem os filhos a distância, esses aparelhos entram para compensar a redução na supervisão e no contato diretos provocada pelo aumento na demanda de trabalho que recai sobre os pais, principalmente as mães. Outros exemplos de técnicas e tecnologias de individuação incluem a concorrência em mercados de trabalho mais recrudescidos, na medida em que

---

[58] Ibidem, p. 197 [p. 217].

induzem a adoção de práticas de marketing pessoal; anúncios direcionados que incitam os consumidores a se diferenciarem e se especificarem; tecnologias de localização ligadas a aparelhos celulares e GPS; *cookies* e outros mecanismos de coleta de dados associados a transações na internet; injunções políticas à participação pessoal; e, nos Estados Unidos, uma cultura política baseada em direitos e focada em identidade pessoal, dano e exclusão (em vez de concentrar-se em injustiça comum, coletiva e sistêmica) – dentro dessa cultura, problemas sistêmicos como exploração no local de trabalho e aprofundamento do endividamento pessoal são tratados como efeitos de escolhas e preferências individuais, ou mesmo sorte. Ou seja, junto com a fluidez observada por Hardt e Negri vem todo o conjunto de tecnologias e práticas da individualidade comandada. O resultado é que a expectativa de que sejamos indivíduos únicos exerce demandas que são tão constantes e inflexíveis quanto impossíveis de atender.

Não surpreende que os jovens entrevistados por Turkle expressem ansiedades ligadas a autonomia e conexão. Eles são constantemente submetidos à injunção de individualidade, ouvem a todo momento que cada indivíduo é autoidêntico, faz a si mesmo e é responsável por si próprio: você nasce sozinho e morre sozinho; você não pode depender de ninguém além de si mesmo. No entanto, as tecnologias que aprofundam a individuação – *smartphone*, *tablet*, *laptop* – e as plataformas que a incentivam – Twitter, Facebook, Instagram, Tumblr – fornecem ao mesmo tempo uma fuga e uma alternativa à individuação: conexão com os outros, coletividade.

Multidões

Como exploro mais detalhadamente nos capítulos seguintes, a estranha, mas instigante, antropologia das multidões feita por Elias Canetti (Adorno a descreveu como escandalosa) aborda uma ansiedade diferente daquela de que trata Turkle[59]. Ele parte não do medo de ficar sozinho, mas do temor do contato: "Não há nada que o homem mais tema que o contato com o desconhecido"[60]. O único lugar em que o homem se vê livre desse medo é na massa. "E é da massa densa que se precisa para tanto, aquela na qual um corpo comprime-se contra o outro", escreve Canetti, "densa inclusive em sua constituição psíquica, de modo que não atentamos para quem é que nos comprime"[61].

Turkle acredita que a aversão das pessoas diante da ideia de conversar cara a cara e falar ao telefone (em vez de trocar mensagens de texto) reflete uma necessidade por filtros e uma dificuldade de lidar com a sobrecarga sensorial e de informações. Para ela, essa aversão sinaliza não apenas um anseio de estar sozinho, mas também a maneira pela qual, em uma cultura de estímulos e simulação, nos tornamos ciborgues[62]. A abordagem de Canetti sugere outra interpretação: talvez estejamos passando a preferir a massa, aquela presença dos muitos que nos abre para a coletividade e nos alivia da ansiedade. Nesse sentido, as conversas individuais podem, ao contrário, parecer demasiadamente restritivas justamente por reporem as balizas da forma indivíduo. Nelas, em vez de fazermos parte de um grupo, de muitos, somos apenas nós mesmos.

Se isso é plausível, abre-se para nós uma maneira diferente de pensar as preocupações com o número de amigos, seguidores,

---

[59] "Elias Canetti: Discussion with Theodor W. Adorno", *Thesis Eleven*, v. 45, 1996, p. 1-15 [ed. bras.: "Diálogo sobre as massas, o medo e a morte: uma conversa entre Elias Canetti e Theodor Adorno", trad. Otacílio F. Nunes Jr., *Novos Estudos*, São Paulo, 21. ed., jul. 1988, p. 116-32].

[60] Elias Canetti, *Crowds and Power* (trad. Carol Stewart, Nova York, Farrar, Straus and Giroux, 1984), p. 15 [ed. bras.: *Massa e poder*, trad. Sérgio Tellaroli, São Paulo, Companhia das Letras, 2019]. Todos os trechos da obra citados neste livro foram extraídos do *e-book* da edição brasileira.

[61] Idem.

[62] Sherry Turkle, *Alone Together*, cit. p. 209.

visualizações, compartilhamentos e retuítes. Não são indicadores de realização pessoal ou popularidade. São marcadores da nossa incorporação à multidão, assinalando quão densamente estamos enredados nela. Para que fique claro: podemos pensar nessas contagens nos termos individualistas que nos são dados pelo capital. Mas podemos também reconhecê-las como outra coisa, como marcadores de pertencimento a algo maior que nós mesmos. Nesse segundo sentido, elas nos asseguram de que não somos únicos, mas comuns.

Para Canetti, o alívio que sentimos na massa é paradoxal. Ele decorre de um temor dos outros, de um sentimento de que os outros seriam ameaçadores, que se transforma "no seu oposto" na massa[63]. Em uma discussão com Adorno, ele explica que acredita que as pessoas gostam de se tornar massa em razão do "alívio que experimentam por essa subversão do medo do contato"[64]. Desse ponto de vista, o desejo por dopamina que Turkle descreve fica parecendo mais o alívio que eventualmente sentimos quando nos livramos dos medos associados à individuação – isolamento, exposição, vulnerabilidade.

Seria possível objetar que a massa de Canetti é física ao passo que a multidão em rede é virtual. É uma objeção instigante – parte da força das ocupações da praça Tahrir, da praça Syntagma e dos vários parques e espaços do movimento Occupy veio da presença de corpos na rua e em coletividades não autorizadas nem pelo capital nem pelo Estado. Mas a objeção implica uma distinção entre o físico e o virtual que a teoria da multidão reiteradamente desarticula. A maioria dos teóricos da multidão aborda

---

[63] Elias Canetti, *Massa e poder*, cit.
[64] "Elias Canetti: Discussion with Theodor W. Adorno", cit. [ed. bras.: "Diálogo sobre as massas, o medo e a morte: uma conversa entre Elias Canetti e Theodor Adorno", cit., p. 119].

multidões físicas e virtuais. Investigam-na como uma dinâmica de agregação, procurando entender os afetos que atravessam e constituem a coletividade. O próprio Canetti trata de multidões invisíveis quando fala da "massa dos mortos" e da "massa dos espermatozoides", por exemplo. Como detalharei no próximo capítulo, o trabalho influente (embora notoriamente reacionário) de Gustave Le Bon sobre o tema aborda a multidão principalmente como um conceito psicológico. Nessa obra, encontramos inclusive a afirmação enigmática de que "as multidões são, sem dúvida, sempre inconscientes, mas talvez seja nessa própria inconsciência que resida um dos segredos de sua força"[65]. Além disso, as tecnologias de presença vêm se desenvolvendo a ponto de tornarem nossas interações mediadas cada vez mais presentes e intensas. Estamos interagindo com os outros, não apenas com telas. Quando registramos *hashtags* populares ou criamos *stories* que viralizam, estamos experimentando a força dos muitos. Nas mídias sociais, os muitos atravessam nossas telas em fluxo: ondas de imagens e expressões de sentimento com efeitos que se acumulam, reverberam e se consolidam em padrões que não podem ser reduzidos a qualquer posição ou enunciado particular. Canetti observa "como *de bom grado* se deixa cair na massa"[66]. A multidão, virtual e física, se move e intoxica. Ele escreve:

> Foi uma embriaguez em que perdi a mim mesmo, esqueci-me de mim, senti-me imensamente longe e ao mesmo tempo realizado. O

---

[65] Gustave Le Bon, *The Crowd* [1896] (Kitchener, Baroche, 2001), p. 6 [ed. bras.: *Psicologia das multidões*, trad. Mariana Sérvulo da Cunha, São Paulo, WMF, 2021]. Todos os trechos da obra citados neste livro são traduções livres.

[66] Elias Canetti, *The Torch in My Ear* (trad. Joachim Neugroschel, Nova York, Farrar, Straus and Giroux, 1982), p. 148 [ed. bras.: *Uma luz em meu ouvido: história de uma vida 1921-1931*, trad. Kurt Jahn, São Paulo, Companhia das Letras, 2010]. Todos os trechos da obra citados neste livro foram extraídos do *e-book* da edição brasileira.

que quer que eu sentira, não o sentira para mim; era a maior abnegação que eu conhecera, e, como o egoísmo me era exibido, dele me falavam e, finalmente, com ele me *ameaçavam* de todos os lados, eu precisava dessa experiência de fulminante abnegação como do toque de trombetas do Juízo Final.[67]

A experiência de fluxo que Turkle considera tão ameaçadora por sobrepujar a experiência consciente do eu pode, portanto, também ser entendida como uma libertação da ilusão de que o indivíduo é e pode ser um sujeito de ação (e não a forma de clausura e contenção que ele realmente é) e uma entrega a uma multidão.

Nós precisamos ser nós

O desmoronamento do realismo capitalista – o desvencilhamento do mantra destrutivo de Margaret Thatcher de que "não há alternativa" à concorrência capitalista desenfreada – elevou ao *mainstream* o reconhecimento de que o capitalismo é um sistema que tira de muitos e dá para poucos[68]. Hoje ninguém nega o fato de que alguns sempre perdem na economia capitalista. O sistema produz perdedores – os desempregados, as pessoas em situação de rua, os endividados, os enganados, os eliminados, os abandonados, os sacrificados. Ele opera com base em endividamento, execução hipotecária, expropriação, despejo, despossessão, destruição etc. – e essas são simplesmente outras formas de dizer privatização. Mas e aí? Desde que a esquerda começou a olhar para si mesma e para o mundo em termos de especificidade individual e eficiência de mercado, tem parecido mais fácil imaginar o fim do capitalismo que imaginar uma esquerda organizada.

---

[67] Ibidem, p. 94.
[68] Mark Fisher, *Capitalism Realism* (Londres, Zero, 2009) [ed. bras.: *Realismo capitalista*, trad. Rodrigo Gonsalves, Jorge Adeodato e Maikel da Silveira, São Paulo, Autonomia Literária, 2020].

Caracterizado pela perspectiva prenunciada pelo debate da *Marxism Today* sobre os "novos tempos", um realismo de esquerda cristalizou-se em torno de um conjunto de suspeitas vagas. Esse realismo de esquerda pode não ser totalmente endossado por nenhuma tendência política ou teórica específica. Ninguém que eu conheça chegou a publicar uma defesa explícita de uma posição realista de esquerda. No entanto, a fragmentação da política de esquerda em um conjunto cada vez maior de vertentes populistas, progressistas, trans, pluralistas, verdes, multiculturalistas, antirracistas, democratas radicais, feministas, identitárias, anarquistas, *queer*, autonomistas, horizontalistas, anti-imperialistas, insurrecionistas, libertárias, socialistas e comunistas são sintomáticas de tal realismo, cujas premissas se manifestam reiteradamente como suspeitas – em discussões entre ativistas e acadêmicos, réplicas em reuniões e bate-boca nas mídias sociais. Essas premissas são de que a coletividade seria indesejável e impossível.

A coletividade é indesejável porque é suspeita de excluir possibilidades, apagar diferenças e impor disciplina[69]. "A 'gente' quem?" é um conhecido bordão dessa suspeita, tipicamente lançado em contextos e discussões considerados insuficientemente atentos às especificidades da experiência de cada um. Outro chavão que costuma aparecer é o da "diversidade de táticas", ainda mais quando se busca garantir espaço para confrontos de pequenos grupos com a polícia às custas de uma coordenação política mais ampla.

Alguns consideram a coletividade indesejável porque ela se oporia à responsabilidade e à liberdade individuais. Rejeitando o comunismo de Badiou, bem como o de Hardt e Negri, Vanessa

---

[69] Como observa Jeremy Gilbert, "a tradição de representações pejorativas de coletivos – multidões, turbas, massas etc. – sempre inclui uma referência à suposta homogeneidade do grupo em ao menos uma dimensão". Ver, dele, *Common Ground*, cit., p. 70.

Lemm adverte: "Em ambas as vertentes, o processo de subjetivação tende a dissolver o indivíduo em uma 'multitude' ou 'causa' supraindividual que, longe de atribuir responsabilidade pela liberdade de cada um, exige que se abra mão dela"[70]. Lemm oferece uma "contraforça nietzschiana ao igualitarismo radical" dos comunistas, enfatizando como a "concepção aristocrática de cultura" em Nietzsche é calcada no princípio de "cultivar a responsabilidade dos indivíduos singulares". Outros colocam a coletividade como algo indesejável ao insinuar que ela precisaria ser imposta; isto é, que qualquer coletivo implica uma lógica estatal. O melhor exemplo dessa visão é a ousada utilização que Banu Bargu faz de Max Stirner e sua visão egoísta da libertação como um projeto individual de autovalorização: para realizar sua própria singularidade e seu próprio potencial, os egoístas "devem dirigir seus esforços não apenas contra o Estado, mas contra qualquer coletividade e projeto coletivo"[71].

No lugar de uma coletividade indesejável, o realismo de esquerda oferece diversidade, pluralidade e multiplicidade. É nesse sentido que Eugene W. Holland propõe criar uma "multiplicidade de multiplicidades"[72]. Jimmy Casas Klausen e James Martel também incentivam expressões de diversidade humana e consideram prósperas as associações políticas e econômicas que mais são adaptáveis, contingentes e múltiplas[73]. E Andrew Koch

---

[70] Vanessa Lemm, "Nietzsche, Aristocratism and Non-Domination", em James Martel e Jimmy Casas Klausen (orgs.), *How Not to Be Governed: Readings and Interpretations from a Critical Anarchist Left* (Lanham, Lexington, 2011), p. 96.
[71] Banu Bargu, "Max Stirner, Postanarchy *avant la lettre*", em James Martel e Jimmy Casas Klausen (orgs.), *How Not to Be Governed*, cit., p. 114-5.
[72] Eugene W. Holland, *Nomad Citizenship* (Minneapolis, University of Minnesota Press, 2011), p. xxiv.
[73] James Martel e Jimmy Casas Klausen, "Introduction", *How Not to Be Governed*, cit., p. xv.

afirma que o anarquismo é a "única posição política justificável" por causa de sua defesa do pluralismo infinito do significado individualizado[74]. Esses tipos de enfoque partem do pressuposto de que essa multiplicidade seria primordialmente ontológica, e não também promovida pelo próprio capitalismo para se preservar e aprofundar[75]. Também subestimam quanto a pluralidade interessa ao próprio Estado, particularmente nas fragmentações que estorvam a organização de uma oposição coletiva e nas individuações que facilitam tecnologias de direcionamento, isolamento e controle.

A segunda premissa do realismo de esquerda é que a coletividade é impossível. Somos tão diferentes, tão singularizados em nossas experiências e ambições, tão investidos na primazia de um conjunto de táticas sobre outro que não somos capazes de nos unir em uma luta comum. No máximo, conseguimos estabelecer afinidades momentâneas e coalizões provisórias. A política deve, portanto, girar em torno do cultivo de nosso próprio ponto de vista único – ou o ponto de vista de nossa seita, tribo ou localidade – em vez de tentar organizar esses pontos de vista em algo como uma estratégia. O realismo de esquerda insinua que o próprio movimento de se unir deve ser exposto como uma fantasia que encobre um impulso hobbesiano secreto de transcendência, um mito que alguns usam para manipular outros para que lutem por seus interesses.

Outra variação da premissa da impossibilidade é que há mudanças fundamentais na economia mundial que inviabilizam a

---

[74] Andrew M. Koch, "Poststructuralism and the Epistemological Basis of Anarchism", em Duane Rousselle e Süreyyya Evren (orgs.), *Post-Anarchism: A Reader* (Nova York, Pluto, 2011), p. 38.

[75] Como discuto no capítulo seguinte, Silvia Federici e Michel Foucault fornecem poderosas investigações dos processos de diferenciação e individuação próprios do surgimento do modo de produção capitalista.

coletividade[76]. Em vez de concentrar os trabalhadores em locais centralizados, o capitalismo contemporâneo os pulveriza pelo mundo todo. Ele hoje se baseia em longas cadeias de suprimentos e na dinâmica do capital global, valendo-se da complexidade para dissolver instâncias de controle[77]. Trabalhadores de cada vez mais setores da economia capitalista se veem isolados, miseráveis e politicamente desorganizados. Ora, miséria e desorganização política também caracterizaram as primeiras décadas do socialismo revolucionário. Karl Marx, Friedrich Engels e Rosa Luxemburgo já insistiam lá atrás no peso que a concorrência exerce sobre a capacidade de organização dos trabalhadores, mantendo-os isolados e minando sua solidariedade. É justamente por isso que precisamos criar sindicatos e partidos; por isso, também, fazê-lo envolve luta. A ênfase unilateral do realismo de esquerda na dimensão objetiva de nosso cenário capitalista atual ignora a dimensão subjetiva que envolve perspectiva, organização e vontade: nossa perspectiva faz parte do cenário que ela vê. Essa dimensão subjetiva sempre foi crucial para a tradição marxista. A resposta comunista ao isolamento é não deixar que a realidade que produz o individualismo determine nosso horizonte político. Os comunistas respondem ao isolamento construindo solidariedade.

Os pressupostos de que a coletividade seria tanto indesejável quanto impossível derivam de uma suposição ainda mais insidiosa do realismo de esquerda: a de que a política envolve o indivíduo. Manuel Castells, por exemplo, considera ser uma transformação cultural fundamental a "emergência de um novo conjunto de valores definidos como individuação e autonomia, os quais nascem

---

[76] Ver Joshua Clover e Aaron Benanav, "Can Dialectics Break Brics?", *South Atlantic Quarterly*, v. 113, n. 4, outono 2014, p. 743-59.
[77] Ver Jasper Bernes, "Logistics, Counterlogistics, and the Communist Prospect", *Endnotes* 3, set. 2013.

nos movimentos sociais da década de 1970 e, com crescente intensidade, permeiam toda a sociedade nas décadas seguintes"[78]. A forma particular com que a política envolveria o indivíduo varia – *ninguém fala por mim exceto eu; o pessoal é político; se eu não puder dançar, não é minha revolução*. Mas a premissa permanece a mesma: uma política de esquerda precisa estimular e expressar a multiplicidade de projetos individuais. Os indivíduos têm que escolher e decidir – mesmo quando a esquerda não fornece nada que se possa realmente escolher. Líderes, vanguardas e partidos são modos de política de um tempo que não é mais o nosso – assim nos dizem. São resquícios de uma configuração político-econômica que já desmoronou[79].

O realismo de esquerda parece realista para alguns porque ressoa com o *ethos* predominante do neoliberalismo tardio, que está sempre nos dizendo: faça por conta própria, pense pequeno e local, não confie em ninguém porque você só será traído. Ele reafirma a insistência capitalista em imediatismo e flexibilidade e reitera o abandono pelo Estado do modelo de planejamento e serviços sociais de longo prazo em favor de uma lógica de gestão de crise e triagem. O realismo de esquerda é bom em indignação espontânea, mas não dá conta de se organizar de modo a de fato mudar alguma coisa com essa indignação. Desorganizado, ele continua sem conseguir se valer das crises para construir e tomar o poder, muito menos articular arranjos sociais e econômicos mais justos e menos propensos a produzir crises.

O realismo em que a esquerda esteve imersa nas décadas neoliberais fez com que, mesmo nos momentos em que tomamos

---

[78] Manuel Castells, *Networks of Outrage and Hope: Social Movements in the Internet Age* (Cambridge, UK, Polity, 2012), p. 230 [ed. bras.: *Redes de indignação e esperança: movimentos sociais na era da internet*, trad. Carlos Alberto Medeiros, Rio de Janeiro, Zahar, 2013].

[79] Jeremy Gilbert, *Common Ground*, cit., p. 207.

plena consciência da profunda iniquidade do sistema em que nos encontramos, acabássemos reafirmando e nos conformando à ideologia dominante: nos voltamos para dentro, nos fechamos em enclaves, enfatizamos o singular e o momentâneo. Às vezes sentimos que não temos condições de fazer nada a respeito (talvez já estejamos sobrecarregados de trabalho). Ou nos vemos participando de atividades individualizadas, localizadas ou comunicativamente mediadas desprovidas de ímpeto, fôlego ou capacidade de memória política. Ou então presumimos que o certo é nos concentrar em nós mesmos, começar de dentro e, assim, redirecionar a luta política de volta para nós mesmos. Em uma sociedade brutal, competitiva e atomizada, o bem-estar psíquico é algo tão difícil de atingir que qualquer êxito nessa frente pode parecer uma importante conquista. Ao tentar fazer tudo por conta própria, as pessoas vão ficando cada vez mais miseráveis e proletarizadas e ainda precisam enfrentar essa miséria e proletarização sozinhas.

Este capítulo procurou desmantelar o pressuposto da primazia política do indivíduo – pressuposto que prende a política de esquerda ao imaginário capitalista dominante e nos impede de enxergar a concentração da política no indivíduo como um sintoma da derrota da esquerda. Longe de ser um lócus de criatividade, diferença, agência e responsabilidade, o indivíduo é o que restou, sobrecarregado, do desmantelamento das instituições e solidariedades. A individualidade comandada, ainda que intensifique as contradições mal cristalizadas na forma indivíduo, oculta a incapacidade individual. Ao mesmo tempo, esses comandos e incapacidades atestam outra força: o poder da coletividade que se manifesta nas multidões.

2
O CERCAMENTO DO SUJEITO

O conceito de "sujeito" continua gerando complicações para a teoria política. Será que "sujeito" nos conduz à direção de iniciativa e autonomia ou à de subjugação e coerção? Os esforços para descentrar o sujeito – mirando no cartesianismo, no hegelianismo, no marxismo ou no humanismo – precisam dar conta do desafio de pensar ordem *e* iniciativa, submissão *e* resistência, liberdade *e* determinação. Teóricos e atividades inspirados por outras tradições se enredam nesses debates quando concebem a política em termos de pensamentos, ações ou sentimentos de indivíduos. Além de se privilegiar agência sobre estrutura, o pressuposto de que os agentes seriam indivíduos formata a alternativa entre autonomia e subjugação como uma oposição entre individual e coletivo. Coletividade passa a ser associada a limitação, a algo que impede a criatividade e a iniciativa em vez de possibilitá-las. Os teóricos políticos liberais explicitamente concebem a noção de agência política como uma capacidade individual. Outros já presumem de saída a individualidade do sujeito da política. Eu argumento que o problema do sujeito é um problema dessa forma individual persistente, uma forma que enclausura a subjetividade política coletiva na figura singular do indivíduo.

A primeira parte deste capítulo estabelece a ideia de cercamento ou enclausuramento* por meio de uma inversão da famosa afirmação althusseriana de que a ideologia interpela os indivíduos como sujeitos[1]. O intuito dessa inversão não é tanto criticar Althusser, mas fornecer uma heurística capaz de afrouxar o garrote da forma indivíduo sobre nossas concepções de subjetividade política. Demonstro isso colocando a fórmula invertida, "o sujeito é interpelado como indivíduo", em diálogo com trabalhos de teoria pós-estruturalista e psicanalítica. A segunda parte do capítulo rastreia o enclausuramento do sujeito na forma indivíduo tal como ele aparece no encontro entre a psicanálise e a teoria das multidões, mais especificamente na apropriação que Sigmund Freud faz do notório Gustave Le Bon. Dando continuidade ao argumento do capítulo 1, meu objetivo é romper com os pressupostos individualizantes que dificultam a compreensão do sujeito político como um sujeito coletivo. A forma indivíduo enclausura corpos, ideias, afetos e sensações coletivos em um corpo singular e delimitado. O vínculo entre individualidade e subjetividade política,

---

* O termo usado no original, *enclosure*, que também dá título a este capítulo, remete ao processo histórico dos *cercamentos* em que se dão a racionalização e a apropriação privada das terras comunais e designa, por extensão, todo tipo de processo de privatização de bens comuns. O termo em inglês, contudo, possui certos matizes que por vezes correspondem mais às palavras "encerrar", "enclausurar" ou mesmo "conter". Nesta tradução, optamos por variar entre três termos (cercar, encerrar e enclausurar), dependendo do contexto. Mas é interessante ter em mente que a autora se vale dessa polissemia para sugerir uma matriz comum entre as operações psíquicas, ideológicas e materiais que garantem as condições de produção e reprodução do capitalismo, em especial no que diz respeito ao sujeito político. (N. T.)

[1] Ver Louis Althusser, "On Ideology" (cap. 12) e "Ideology and Ideological State Apparatuses" (apêndice), em *On the Reproduction of Capitalism* (trad. G. M. Goshgarian, Londres, Verso, 2014) [ed. bras.: "A propósito da ideologia" (cap. 12) e "Ideologia e aparelhos ideológicos de Estado" (apêndice), em *Sobre a reprodução*, trad. Guilherme João de Freitas Teixeira, Petrópolis, Vozes, 1999, p. 253-94].

porém, não é necessário nem natural. É um efeito contingente ao conjunto de processos que convergem na modernidade burguesa.

Assim como a mercadoria é uma forma para o valor, o indivíduo é uma forma para a subjetividade. É uma forma que bloqueia a subjetividade política coletiva, dividindo-a e contendo-a em corpos e psiques individualizados. A apresentação que C. B. MacPherson faz do liberalismo do século XVII é uma das exposições mais claras dessa visão do indivíduo. MacPherson argumenta que no coração da teoria liberal reside um "indivíduo possessivo" concebido como "sendo essencialmente o proprietário de sua própria pessoa e de suas próprias capacidades, nada devendo à sociedade por elas"[2]. Ele usa Thomas Hobbes e John Locke como exemplos. Na leitura de MacPherson, para esses dois filósofos, a essência humana é "ser livre da dependência das vontades alheias, e a liberdade existe como exercício de posse"[3]. Eles não entendem o indivíduo como alguém que seja primariamente uma parte ou um membro nem como alguém que seja fundamental e irrevogavelmente dependente de relações com outros, sejam eles humanos ou não humanos. Para eles, o indivíduo é essencialmente aquele que possui a si mesmo e suas capacidades.

O que interessa aqui é menos a leitura que MacPherson faz de Hobbes e Locke (que é contestável) e mais a constituição mútua de indivíduo e proprietário que ele identifica no liberalismo. A propriedade depende e é produzida por uma série de separações e cercamentos. As capacidades são separadas umas das outras – e separadas também de um eu, que as encerra dentro de sua pessoa. Em vez de levar à reprodução coletiva para o bem comum, a

---

[2] C. B. MacPherson, *The Political Theory of Possessive Individualism: Hobbes to Locke* (Nova York, Oxford University Press, 1964), p. 3 [ed. bras.: *Teoria política do individualismo possessivo: de Hobbes até Locke*, trad. Nelson Dantas, Rio de Janeiro, Paz e Terra, 1979, p. 15].
[3] Ibidem, p. 3 [p. 15].

capacitação – moral ou técnica – é um trabalho exercido sobre si mesmo e para si mesmo. Dissociadas dos contextos que as produzem e viabilizam, e encerradas no indivíduo, as capacidades são objetos de preocupação individual, como tantos outros objetos disponíveis para troca e, à medida que o capitalismo se expande, para investimento, estilização e *branding*.

Embora a teoria liberal trate o indivíduo como proprietário e, portanto, lócus de liberdade, a dependência mútua entre a forma mercadoria e a forma indivíduo também funciona em outra direção: uma que permite a elisão entre mercadoria e indivíduo. Em seu poderoso estudo do comércio escravista nos Estados Unidos no período pré-Guerra da Secessão, Walter Johnson descreve a importância do papel que a individuação exerceu no desmantelamento das famílias escravizadas e na categorização e adequação de escravizados para o mercado. Escreve Johnson: "Por um lado, eles deveriam ser transformados em exemplares da categoria à qual tinham sido atribuídos; mas, uma vez que as categorias de comparação estivessem estabelecidas e incorporadas, os escravizados deveriam voltar a aparecer como indivíduos"[4]. Para que fossem precificados, os escravizados precisavam ser comparáveis. Para que fossem vendidos, tinham que ser distintos o bastante, individuados o bastante, a fim de se destacar na multidão. A individualidade da pessoa escravizada comercializada era produzida para sua venda.

A elisão entre mercadoria e indivíduo evidenciada no comércio escravista demonstra que a forma indivíduo não tem nada de necessariamente nem essencialmente liberador. Como desenvolvo a seguir, ela surge historicamente como um mecanismo ideológico

---

[4] Walter Johnson, *Soul by Soul: Life Inside the Antebellum Slave Market* (Cambridge, Harvard University Press, 1999), p. 119. Agradeço a Rob Maclean a indicação do trabalho de Johnson e a elucidação da importância da forma indivíduo no comércio escravista.

para a dessubjetificação de coletivos. O indivíduo – e, como veremos, não apenas em sua modalidade liberal, possessiva – é uma forma de captura.

O sujeito é interpelado como um indivíduo

A reelaboração que Louis Althusser faz da noção marxista de ideologia apresenta a categoria do sujeito como constitutiva da ideologia. Ela é constitutiva da ideologia porque a função desta é "'constituir' indivíduos concretos como sujeitos"[5]. Essa função, argumenta Althusser, é uma característica da ideologia em geral; a ideologia "transforma" indivíduos em sujeitos. A operação por trás dessa transformação é o que ele denomina "interpelação". A imagem que Althusser fornece para ilustrar essa interpelação é a de um policial berrando "ei, você aí!" e uma pessoa se virando ao ouvir o chamado. Com esse simples movimento de 180 graus, o indivíduo se torna um sujeito: "Porque reconheceu que a interpelação se dirige 'realmente' a ele e que 'era *realmente ele* que estava sendo interpelado' (e não outra pessoa)"[6]. A interpelação, portanto, é um processo de subjetivação. Ao tornar-se um sujeito, o indivíduo ao mesmo tempo assume e se submete à estrutura de crenças e expectativas da ideologia.

A exposição de Althusser sobre a interpelação não implica que existam indivíduos "lá fora" antes da interpelação. Evocando Freud e os rituais e as expectativas que acompanham o "feliz acontecimento" que é o nascimento de uma criança, ele insiste que, "antes de nascer, a criança é [...] sempre-já um sujeito"[7]. A criança nasce em uma estrutura que já a sujeitou, uma estrutura que lhe

---

[5] Louis Althusser, "Ideology and Ideological State Apparatuses", cit., p. 262 [p. 284].
[6] Ibidem, p. 264 [p. 286].
[7] Louis Althusser, "On ideology", cit., p. 192 [p. 214].

confere um nome, um sexo e um lugar e que espera que ela preencha esse lugar, que ela seja esse sexo e que ela leve esse nome para se tornar o sujeito que ela já é.

Diferente do que pode dar a entender o exemplo do chamado do policial, a interpelação ideológica não é um acontecimento pontual. Trata-se de um processo contínuo e ininterrupto embutido em práticas materiais de reconhecimento e irreconhecimento "que nos garantem que somos efetivamente sujeitos concretos, individuais, inconfundíveis e, naturalmente, insubstituíveis"[8]. Como escreve Elizabeth Wingrove, a teoria da ideologia em Althusser explica assim como a "subjetividade dos atores – isto é, sua consciência de si mesmos como únicos (relativamente independentes) e capazes de fazer escolhas – é alcançada e sustentada em razão de sua sujeição às regras, práticas e relações dos diversos aparelhos de uma determinada formação social"[9]. A subjetividade – ou individualidade, que na discussão de Althusser é a mesma coisa – é um efeito da estrutura ideológica material mais ampla.

A ideia de interpelação ideológica, uma das contribuições mais influentes de Althusser, vem sendo alvo de muitas críticas[10]. Paul Hirst aponta que "o conceito althusseriano de sujeito pressupõe uma correspondência entre sujeitos e indivíduos; que o sujeito seria a 'identidade' unitária do indivíduo, que o efeito-sujeito corresponde à concepção filosófica clássica de consciência"[11]. Judith

---

[8] Ibidem, p. 189 [p. 211].
[9] Elizabeth Wingrove, "Interpellating Sex", *Signs*, v. 24, n. 4, verão 1999, p. 869-93, p. 879.
[10] Para uma discussão detalhada das mudanças e desenvolvimentos na teoria althusseriana de ideologia, ver Warren Montag, *Althusser and His Contemporaries* (Durham, Duke University Press, 2013).
[11] Paul Q. Hirst, "Althusser and the Theory of Ideology", *Economy and Society*, v. 5, n. 4, 1976, p. 385-412, p. 400. Outros comentadores que associam a subjetividade adquirida pelo indivíduo com a identidade são Judith Butler, *Excitable Speech* (Nova York, Routledge, 1997), p. 25 [ed. bras.: *Discurso de ódio: uma*

Butler observa que a descrição de Althusser do virar-se do indivíduo em resposta ao chamado "parece pressupor uma doutrina da consciência anterior e não elaborada" e identifica ali "uma aceitação da lei acompanhada de um sentimento de culpa"[12]. E Jacques Rancière critica a teoria althusseriana de ideologia por excluir a luta de classes, postulando uma função para a ideologia que independe da existência das classes[13]. Ele acusa Althusser de perder de vista algo que já estava claro para Marx: as formas ideológicas "são as formas nas quais uma luta é travada"[14].

Partindo da perspectiva da psicanálise, Mladen Dolar coloca em questão outra linha de ataque, aquela que critica Althusser por postular um "corte limpo", uma passagem repentina do indivíduo – "uma entidade pré-ideológica, uma espécie de *matéria-prima*" – ao sujeito[15]. Essa crítica é mal posta, argumenta Dolar, porque o verdadeiro problema com a versão althusseriana da subjetivação é que a crença ilusória do sujeito em sua própria autonomia nunca é tão total quanto Althusser sugere. A própria interpelação gera um resto que Althusser não dá conta de explicar. A psicanálise opera justamente a partir desse resto, a

---

política do performativo, trad. Roberta Fabbri Viscardi, São Paulo, Ed. Unesp, 2021]; e Richard D. Wolff, "Ideological State Apparatuses, Consumerism, and U.S. Capitalism: Lessons for the Left", *Rethinking Marxism*, v. 17, n. 2, abr. 2005, p. 223-35, p. 226.

[12] Judith Butler, *The Psychic Life of Power* (Stanford, Stanford University Press, 1997), p. 106-15 [ed. bras.: *A vida psíquica do poder: teorias da sujeição*, trad. Rogério Bettoni, Belo Horizonte, Autêntica, 2017]. Todos os trechos da obra citados neste livro foram extraídos do *e-book* da edição brasileira.

[13] Jacques Rancière, "On the Theory of Ideology: Althusser's Politics", apêndice de *Althusser's Lesson* (trad. Emiliano Battista, Londres, Continuum, 2011), p. 149. Ver também as contribuições ao dossiê "The Althusser-Rancière Controversy", *Radical Philosophy*, n. 170, nov./dez. 2011, p. 8-35.

[14] Jacques Rancière, "On the Theory of Ideology", cit., p. 151, grifos do original.

[15] Mladen Dolar, "Beyond Interpellation", *Qui Parle*, v. 6, n. 2, primavera-verão 1993, p. 73-96, p. 76.

partir da falha no cerne do sujeito individual. Escreve Dolar: "Para Althusser, o sujeito é o que faz a ideologia funcionar; para a psicanálise, o sujeito emerge lá onde a ideologia falha. A ilusão de autonomia pode muito bem ser necessária, mas seu fracasso também o é; o encobrimento nunca se sustenta plenamente"[16]. Como sublinha Slavoj Žižek, a diferença entre as visões althusseriana e psicanalítica do sujeito é que a psicanálise salienta a lacuna ineliminável entre ideologia e indivíduo. Mas ela o faz não para naturalizar qualquer especificidade individual perpetuamente fora do alcance da ideologia, e sim para tratar o próprio sujeito como nada mais que essa lacuna[17].

Minha aposta é que Althusser formulou o problema de trás para frente. A interpelação ideológica faz mais sentido como uma teoria da individuação que como uma teoria da sujeição (o que explicaria a problemática identidade entre sujeito e indivíduo que continuou sendo uma questão espinhosa nas diferentes teorizações da ideologia em Althusser)[18]. Warren Montag oferece respaldo para essa ideia de inversão. Ele se concentra na afirmação althusseriana de que a ideologia "recruta" seus portadores: "Os indivíduos são selecionados a partir de uma massa indiferenciada, destacados, removidos dela e dotados de uma identidade única, como se tal singularização ou separação de indivíduos fosse necessária ao funcionamento da economia"[19]. Diante de uma multidão ou massa, a interpelação ideológica a fragmenta em elementos singulares. Montag observa a ressonância específica da escolha de Althusser pelo termo "interpelar" no contexto dos protestos e manifestações

---

[16] Ibidem, p. 78.
[17] Slavoj Žižek, "Class Struggle or Postmodernism? Yes, please!", em Judith Butler, Ernesto Laclau e Slavoj Žižek, *Contingency, Hegemony, Universality* (Londres, Verso, 2000), em especial p. 114-20.
[18] Warren Montag, *Althusser and His Contemporaries*, cit., p. 104.
[19] Ibidem, p. 137.

da década de 1960. Alguém podia ser parado pela polícia "e, portanto, destacado da multidão ou singularizado em relação a um contexto mais amplo"[20]. O que era uma multidão se torna um conjunto de indivíduos separáveis.

Em vez de seguir a ênfase de Althusser na ideologia em geral, inverter sua formulação de modo a pensar a interpelação do sujeito enquanto indivíduo afunila o foco para a ideologia burguesa (e, assim, devolve o conflito de classes à teoria da ideologia). Uso o termo "ideologia burguesa" para me referir ao conjunto solto de ideias e aparatos associados à modernidade europeia, a um conceito instrumental de razão e ao surgimento do modo de produção capitalista. A Reforma Protestante exemplifica a maneira pela qual a ideologia burguesa interpela o sujeito como indivíduo. Rompendo com a equanimidade do catolicismo, as teologias protestantes interpelam os fiéis como almas singulares responsáveis por sua própria salvação. São efeitos da interpelação do sujeito como indivíduo a redução da agência à capacidade individual, a redução da liberdade à condição individual e a redução da propriedade à posse individual. Outra decorrência é a suposição de que agregações – grupos, tribos, coletividades e multidões – são inevitavelmente primitivas, bárbaras, irracionais e atávicas.

A vantagem de inverter a formulação althusseriana é que o sujeito não precisa mais ser previamente constrangido à forma indivíduo, uma forma que, como ensina a psicanálise, será sempre tanto mais falha e impossível quanto mais for cobrada e assumida. Com essa inversão, a própria forma indivíduo torna-se um problema, o produto coercitivo e instável do cercamento do comum em esforços incessantes de reprimir, negar e cercear a subjetividade política coletiva. O indivíduo é uma forma de captura. Longe de ser algo natural ou dado, a forma indivíduo

---

[20] Idem.

encerra, em um corpo singular e limitado, corpos, ideias, afetos, desejos e impulsos coletivos[21].

A afirmação althusseriana de que "a ideologia representa a relação imaginária dos indivíduos com suas condições reais de existência" deve ser relida dando ênfase ao termo "indivíduos". O que é imaginário é que as condições que a ideologia organiza referem-se primordialmente a um indivíduo. O próprio indivíduo é uma figura imaginária, como nos ensina Lacan[22]. A ideologia burguesa trata as condições que são coletivas e sociais – arraigadas em histórias de violência e sistemas de exploração – como se fossem relações específicas a um indivíduo, como se os Estados surgissem por mero consentimento individual, como se a política fosse uma questão de escolha individual e como se desejos e capacidades, afetos e vontade se originassem e residissem naturalmente na forma indivíduo. Mas, do mesmo modo que a experiência coletiva de antagonismo – a "substância social" – subjaz àquilo que Marx denomina a "objetividade fantasmagórica" da mercadoria, ela também subjaz à subjetividade fantasmagórica do indivíduo.

---

[21] Ver também a discussão de Jobst Welge sobre os desafios da representação e da individuação na literatura europeia do início do século XX, em especial no que diz respeito à relação entre o escritor e as massas. Por mais que alguns autores modernistas concentrem-se na busca pelo eu em meio ao turbilhão da cidade, "a multidão existe, vibrando com sua complexa multiplicidade de personalidades, mas existe principalmente no interior do sujeito". Jobst Welge, "Far from the Crowd: Individuation, Solitude, and 'Society' in the Western Imagination", em Jeffrey T. Schnapp e Matthew Tiews (orgs.), *Crowds* (Stanford, Stanford University Press, 2006), p. 335-58.

[22] Lacan apresentou este argumento em "The Mirror Stage as Formative of the *I* Function, as Revealed in Psychoanalytic Experience", em *Écrits: A Selection* (trad. Bruce Fink, Nova York, W. W. Norton, 2002), originalmente publicado em 1949 [ed. bras.: "O estádio do espelho como formador da função do eu", em *Escritos*, trad. Vera Ribeiro, Rio de Janeiro, Zahar, 1998, p. 96-103]. Ver também Jacques Lacan, *My Teaching* (trad. David Macey, Londres, Verso, 2008), p. 79 [ed. bras.: *Meu ensino*, trad. André Telles, São Paulo, Companhia das Letras, 2006].

O cercamento do comum

Inverter Althusser nos ajuda a conceber o indivíduo como uma forma de cercamento. Como Marx descreve n'*O capital*, o cercamento é uma operação por meio da qual o comum é apropriado e colocado a serviço do capitalismo. A maneira pela qual Judith Butler explica a constituição do sujeito na linguagem, aliás valendo-se de Althusser, nos fornece uma forma de acessar essa operação na medida em que a categoria linguística do sujeito designa uma condição de pertencimento comum[23].

Escreve Butler:

> A genealogia do sujeito como categoria crítica [...] sugere que o sujeito, em vez de ser identificado estritamente com o indivíduo, deveria ser descrito como categoria linguística, um lugar-tenente, uma estrutura em formação. Os indivíduos passam a ocupar o lugar do sujeito [...]. O sujeito é a ocasião linguística para o indivíduo atingir e reproduzir a inteligibilidade, a condição linguística de sua existência e ação.[24]

Que os indivíduos venham a ocupar o lugar do sujeito implica que mais de um necessariamente ocupe esse lugar ao mesmo tempo. Se o "sujeito" é a condição linguística para a inteligibilidade e sua função for manter aberto um lugar, o totalmente singular e único sequer teria lugar. O totalmente singular seria ilegível dentro dos termos disponíveis de existência e ação. "Indivíduo" designa, assim, uma ocupação específica do sujeito entendido como um lugar comum. Na condição de sujeito, o indivíduo só pode ser um entre muitos ocupantes. A singularidade de seu estatuto de sujeito é puramente imaginária. "Sujeito" é uma condição para a

---

[23] Pierre Macherey também explora a interpelação em termos da constituição do sujeito na linguagem. Ver, dele, "Figures of Interpellation in Althusser and Fanon", *Radical Philosophy*, maio 2012, p. 9-20.

[24] Judith Butler, *The Psychic Life of Power*, cit., p. 10.

ação porque a individualidade da agência é uma fantasia que oclui as condições materiais e coletivas para a ação, contraindo-as em um ego imaginário.

Butler associa a ocupação da posição do sujeito por parte do indivíduo, sua sujeição, à foraclusão[25]. Ao se subjetivar, o indivíduo perde algo de si mesmo (mesmo que isso seja algo que ele nunca teve). Ser sujeito é, de certa forma, ser desprovido. Butler sugere que o sujeito é uma condição de liberdade à custa da liberdade, em que essa liberdade perdida ou sacrificada é uma espécie de autenticidade ou potencial de amor e desejo que estaria disponível ao sujeito não fosse a lei à qual o sujeito se subordina: "Não podemos criticar demais os termos que garantem nossa própria existência"[26]. Entender que o sujeito é interpelado como indivíduo, porém, abre outra possibilidade. O luto que acompanha a interpelação vem da perda de outros. O indivíduo é aquele que é separado, retirado do coletivo. Preso no isolamento do eu imaginário, o indivíduo se esforça para ser e fazer aquilo que ele só pode ser e fazer junto com os outros.

Em *Vigiar e punir*, Michel Foucault já tratava o indivíduo como um efeito do poder e do saber, ao investigar a criação do indivíduo por meio da extensão das fórmulas disciplinares de dominação na Europa do século XVIII[27]. A disciplina envolve uma

---

[25] Ibidem, p. 23.
[26] Ibidem, p. 29.
[27] Michel Foucault, *Discipline and Punish: The Birth of the Prison* (trad. Alan Sheridan, Nova York, Vintage, 1979) [ed. bras.: *Vigiar e punir: nascimento da prisão*, trad. Raquel Ramalhete, Petrópolis, Vozes, 1987]. Para um panorama esquemático dos individualismos oitocentistas estadunidense e europeu, ver Steven Lukes, *Individualism* (Nova York, Harper & Row, 1973). Montag argumenta que a tese althusseriana de que a ideologia interpela indivíduos como sujeitos "só assume seu pleno significado em relação" à descrição das condições materiais de interpelação desenvolvida por Foucault em *Discipline and Punish* [*Vigiar e punir*], p. 163-70. Ao assinalar como Foucault "abre toda uma dimensão que

série de técnicas que se reforçam mutuamente para resolver o problema que o povo, como coletivo, representa para a autoridade. O Estado precisa do exército, mas um ajuntamento armado do povo pode muito bem derrubá-lo. O capital precisa do trabalho, mas o poder concentrado dos trabalhadores pode inutilizar, destruir e efetivamente anular o investimento capitalista em matéria-prima e meios de produção. No decorrer do século XVIII, foram sendo introduzidos no social processos de cercamento, repartição, funcionalização e classificação de modo a transformar a massa heterogênea, amorfa e indisciplinada em uma combinação dócil e útil de forças. Vagabundos e indigentes são confinados[28]. Os trabalhadores são jogados dentro das fábricas. As escolas secundárias passam a se pautar por um modelo monástico. O "exército, essa massa vagabunda", é regularizado militarmente em tropas mais regimentadas e dividido em quartéis para evitar saques e violência[29]. Os cercados, ou enclausurados, são então separados uns dos outros: "Cada indivíduo em seu lugar; e em cada lugar, um indivíduo. Evitar as distribuições por grupos; decompor as implantações coletivas; analisar as pluralidades confusas, maciças ou fugidias"[30].

Como Foucault deixa bem claro, os processos de enclausuramento e segmentação acompanham não apenas desenvolvimentos tecnológicos, a pontuação e a mensuração do tempo, e a correlação de corpos e gestos, como também importantes alterações no trabalho do poder sobre os corpos. Esse conjunto de mudanças na

---

o ensaio de Althusser, sem saber, pressupõe: uma história do corpo, a história do próprio indivíduo", Montag corrobora ainda mais a utilidade de se inverter Althusser, p. 167.

[28] Em *Madness and Civilization* (trad. Richard Howard, Nova York, Vintage, 1973) [ed. bras.: *História da loucura*, trad. José Teixeira Coelho Neto, São Paulo, Perspectiva, 2020], Foucault já descreve o grande confinamento do século XVII.

[29] Michel Foucault, *Discipline and Punish*, cit., p. 142 [p. 123].

[30] Ibidem, p. 143 [p. 123].

maneira como o poder opera sobre os corpos aumenta as oportunidades de observar e adquirir conhecimento a respeito deles e de usar esse conhecimento para garantir que eles sejam ao mesmo tempo úteis e dóceis. "A disciplina 'fabrica' os indivíduos", escreve Foucault[31]. "A multidão, massa compacta, local de múltiplas trocas, individualidades que se fundem, efeito coletivo, é abolida em proveito de uma coleção de individualidades separadas"[32]. Observados e comparados, corpos, aptidões e capacidades são individuados à medida que "se classificam uns em relação aos outros". Avaliados e recompensados, eles se despojam de sua qualidade como massa e assumem a forma de indivíduos treinados, especificados e cognoscíveis[33]. Como efeito do enclausuramento da multidão, a individuação é fundamentalmente – e deliberadamente – despolitizadora, independentemente do que digam as fantasias dos liberais[34]. Expresso nos termos de uma questão que Althusser coloca em sua

---

[31] Ibidem, p. 170 [p. 143]. Foucault assinala que o poder disciplinar inverte os "eixos da individuação". Procedimentos "ascendentes" de individuação marcam os individuados como grandiosos e privilegiados, dotados de mais poder que outros. Daí que retratos são pintados e histórias são contadas de reis e nobres. A individuação ascendente não é exatamente uma individuação. É uma glorificação, um processo para a geração de prestígio e imortalidade, de modo que o glorificado é um exemplar de um grupo, seja o grupo uma família, uma tribo ou uma nação.

[32] Ibidem, p. 201 [p. 224].

[33] Ibidem, p. 162 [p. 137].

[34] Em uma discussão matizada a respeito das formas pelas quais gênero, raça e classe se imbricam em uma nova noção de identidade individual na Europa do século XVIII, o historiador Dror Wahrman escreve, "No *ancien régime* da identidade [...] a preferência por categorização genérica significou que as categorias coletivas que identificavam os grupos tinham primazia sobre as categorias que identificavam os indivíduos [...]. Mas na nova configuração do final do século XVIII, tais categorias já contribuíam para a geração de uma identidade única antes de gerar o aspecto da identidade de um grupo coletivo, aproximando-se assim de novos entendimentos do eu". Ver, dele, *The Making of the Modern Self* (New Haven, Yale University Press, 2004), p. 278.

discussão sobre aparelhos ideológicos do Estado: "O que as crianças aprendem na escola?". Elas aprendem que são indivíduos.

Silvia Federici aprofunda e amplia a investigação de Foucault sobre a produção material do indivíduo na Europa moderna. Identificando as revoltas camponesas, as heresias populares e as caças às bruxas como inseparáveis dos processos sangrentos de acumulação de capital, Federici vincula o cercamento disciplinar da força de trabalho a "uma acumulação de diferenças, desigualdades, hierarquias e divisões que alienaram os trabalhadores uns dos outros e até de si mesmos"[35]. Ela se debruça sobre as crises demográficas e econômicas ocorridas nas primeiras décadas do século XVII (crises envolvendo reduções populacionais espantosas na Europa e no Novo Mundo e que conduziram ao estabelecimento do comércio transatlântico de escravizados), situando ali o surgimento da reprodução e do crescimento populacionais como questões de interesse intelectual e estatal[36]. Essa preocupação do Estado com o crescimento populacional, algo que interessava especialmente aos mercantilistas, vai resultar nas tentativas de expropriar das mulheres seu trabalho reprodutivo, tornando-as literal e fisicamente uma fonte de força de trabalho, na medida em que diferencia trabalho de homem e trabalho de mulher, desvaloriza o trabalho das mulheres e demoniza seus saberes sobre a reprodução e sobre o corpo. Além disso, à medida que as classes dominantes se dedicam a impor uma disciplina cada vez mais rígida a uma força de trabalho insubmissa, atividades sociais ineficientes, como o jogo e a bebida, passam a sofrer forte escrutínio e regulação; proíbe-se a sexualidade improdutiva.

---

[35] Silvia Federici, *Caliban and the Witch: Women, the Body and Primitive Accumulation* (Brooklyn, NY, Autonomedia, 2004), p. 115 [ed. bras.: *Calibã e a bruxa: mulheres, corpo e acumulação primitiva*, trad. Coletivo Sycorax, São Paulo, Elefante, 2017, p. 232-4; a tradução da citação foi ligeiramente modificada].
[36] Ibidem, p. 86 [p. 167-8].

Federici associa esses desenvolvimentos ao racionalismo de Descartes e Hobbes. Ela atribui a popularidade do cartesianismo nas classes média e alta europeias ao fato de essa filosofia fornecer um modelo de autogestão que é crucial para a necessidade do capitalismo por uma força de trabalho confiável, previsível e calculável. O cartesianismo proporciona "um novo modelo de pessoa", no qual o eu trabalha sobre si mesmo, treinando, controlando e estilizando seu corpo, agora configurado como uma alteridade, como algo possuído. "O produto desta alienação do corpo", escreve Federici, "foi o desenvolvimento da identidade *individual*, concebida precisamente como 'alteridade' em relação ao corpo e em perpétuo antagonismo com ele". E conclui: esse surgimento de um *alter ego* representa "o nascimento do indivíduo na sociedade capitalista"[37]. Em vez de pertencer ao mundo, é o mundo que existe para pertencer a ele.

As investigações de Foucault e Federici sobre a produção disciplinar do indivíduo oferecem motivos de sobra para substituirmos a ideia da interpelação do indivíduo como sujeito pela de interpelação do sujeito como indivíduo. O indivíduo é um produto da modernidade europeia, a forma por meio da qual a força econômica coletiva é politicamente assegurada de modo a facilitar os processos de sua própria exploração. A ideologia burguesa, manifesta nas técnicas disciplinares que fabricam os indivíduos, interpela o sujeito coletivo, a massa de trabalhadores, vagabundos, soldados e estudantes, como indivíduos (ainda que a capacidade de as pessoas comuns realizarem a autodisciplina individualizada a serviço da ordem liberal e da acumulação de capital continue sendo um problema). Ela destaca e separa, produzindo os próprios indivíduos que extrai.

---

[37] Ibidem, p. 151-2 [p. 273 e p. 277].

No entanto, Foucault não dá conta de explicar como as técnicas e os processos disciplinares subjetivam ou dessubjetivam o individuado[38]. Onde está a lacuna da subjetividade na teia de suas determinações? Obtemos uma compreensão do regime de individuação da ideologia burguesa à custa do enclausuramento do coletivo. Federici dá um passo que nos aproxima dessa explicação quando aponta para o aparecimento de um *alter ego* – uma individuação ou um indivíduo de caráter incompleto que permanece de alguma forma plural. A psicanálise, construída em torno de fissuras e fracassos da forma indivíduo, ajuda a levar a explicação adiante. "Para a psicanálise, não existe isso de indivíduo", escreve Dolar. "Só faz sentido falar em indivíduo enquanto nódulo de laços sociais, uma rede de relações com os outros, com o Outro sempre-já social, sendo esse Outro, em última análise, nada menos que uma maneira de designar a instância social como tal."[39] No que se segue, dirijo minha atenção à discussão feita por Freud em "Psicologia das massas e análise do eu" como forma de avançar uma investigação sobre subjetivação política que esteja em sintonia com a psicanálise, buscando desenterrar dessa obra a coletividade enclausurada no indivíduo.

---

[38] Molly Anne Rothenberg escreve, "como produções puramente externas (e discursivas), as posições de sujeito não possuem interioridade a partir da qual armar uma resistência contra suas próprias condições de determinação. Se na concepção de Althusser os sujeitos irreconhecem (e, portanto, são a princípio capazes de reconhecer) a verdade a respeito das condições reais de sua produção, Foucault concebe os sujeitos como nada mais que as próprias condições de sua produção e, portanto, incapazes de irreconhecimento ou reconhecimento". Ver, dela, *The Excessive Subject: A New Theory of Social Change* (Cambridge, Polity, 2010), p. 26. Meu objetivo é demonstrar o sentido em que essa interioridade é transindividual, que ela representa uma multidão no cerne da pessoa.

[39] Mladen Dolar, "Freud and the Political", *Theory & Event*, v. 12, n. 3, 2009, p. 15-29.

O sujeito é a lacuna na estrutura

Antes de entrar em Freud, contudo, quero mencionar outra vantagem de repensar a ideologia como a interpelação do sujeito como indivíduo, a saber, dar sentido político à ideia, presente em Dolar e Žižek, de que o sujeito nada mais é que a lacuna na estrutura. Como Althusser encara seu problema como sendo o de explicar a anuência dos indivíduos a um sistema que os oprime, ele tem dificuldade de conceber o próprio sistema como um produto social (ou produto do conflito). As instituições são externas aos sujeitos que produzem. Ao mesmo tempo, seria possível argumentar que Dolar e Žižek estariam no fundo agravando o problema na medida em que, ao apresentarem os limites da interpelação *como sendo* o sujeito, acabam tendo que postular a continuidade de instituições interpeladoras que sempre fracassam. Afinal, eles sugerem que o sujeito como tal é histórico, resistindo às interpelações e recusando perpetuamente a identidade que lhe é oferecida. Como, então, poderia uma instituição ter continuidade se sua interpelação fosse reiteradamente resistida?

Uma resposta possível seria que o sujeito é raro, o indivíduo *único* (ou indivíduo em seu momento de singularidade), o herói capaz de ir ao limite, fazer o impossível. Nesse caso, só seria possível dizer que as instituições estariam persistindo na medida em que, no mais das vezes, estariam operantes, mas esse funcionamento não ocorreria por meio de uma produção exitosa de sujeitos; ocorreria pela produção de objetos. Outra resposta mudaria completamente de registro, reconceituando o problema em termos do conceito de subjetividade: se para Althusser a subjetividade consiste na identidade que emerge em resposta à interpelação, para Dolar e Žižek ela seria a lacuna produzida e ocluída pela resposta à interpelação. Ambas as alternativas – singular ou vazio, incondicionado ou inelimínavel –

são politicamente insatisfatórias[40]. A política se reduz à espera de uma chegada impossível de alguém que, no fim das contas, também não poderia fazer muita diferença[41]. Felizmente, essas não são as únicas opções disponíveis.

Inverter a formulação de Althusser de modo a entender que a ideologia interpelaria o sujeito como indivíduo oferece uma alternativa: o sujeito emerge ali onde a ideologia falha porque o sujeito é coletivo. Quando a ideologia burguesa falha, a individuação falha, e o fato da coletividade se imprime. Um problema enfrentado por um torna-se uma condição compartilhada por muitos. De modo correlato, o sujeito é uma lacuna na estrutura porque o povo é o sujeito da política. Por conseguinte, o "sujeito" não é primordialmente um lócus linguístico de liberdade, decisão ou escolha individuais. Tampouco indexa as fantasias inconscientes que preenchem e direcionam a sempre incompleta estrutura. O sujeito, na verdade, constitui uma lacuna em três outros sentidos entrelaçados: a incapacidade que a estrutura tem de se fundamentar ou se postular, sua dependência de algo externo a ela e a torção do Real no excesso de sua relação consigo mesmo[42].

A relação das pessoas consigo mesmas sempre acaba produzindo certos choques. Elas se deparam com os limites práticos, materiais, de sua associação, com as pressões psíquicas e afetivas de sua condição de comunidade e com os efeitos de histórias de

---

[40] Ver a crítica de Bruno Bosteels a Žižek nesse quesito em *The Actuality of Communism* (Londres, Verso, 2011).

[41] James Martel, *Textual Conspiracies* (Ann Arbor, University of Michigan Press, 2011).

[42] Ver a discussão de Slavoj Žižek sobre a banda de Moebius em *Organs without Bodies* (Nova York, Routledge, 2003) [ed. bras.: *Órgãos sem corpos: Deleuze e consequências*, trad. Manuella Assad Gómez, Rio de Janeiro, Cia. Freud, 2008]; ver também a explicação de Rothenberg da lógica do conjunto vazio como acréscimo de uma negação, *The Excessive Subject*, cit., p. 30-45.

conflito e conquista. O excesso da relação reflexiva delas consigo mesmas como sendo *o povo* é a torção da política. A política se dá na não identidade, na lacuna ou na torção entre as pessoas e seu autogoverno[43]. A subjetivação política envolve forçar essa não identidade, fazendo com que ela seja sentida como um efeito do sujeito. Como coloca Bruno Bosteels ao discutir a obra de Alain Badiou, "o sujeito consiste na coerência de uma falta forçada"[44]. Mas a lacuna do sujeito não é uma lacuna qualquer. O sujeito aparece através da ocupação ativa da falta constituinte do povo.

Há política porque o sujeito político é coletivo e é cindido. Condição de nosso ser físico, essa cisão é prática e material. As pessoas nunca podem ser politicamente (ou, dito de outra maneira, "pessoas" não é uma categoria ontológica). As pessoas só se fazem presentes como partes, como subconjuntos. É o que ocorre com multidões ocupando praças públicas, assembleias eleitas, exércitos em batalha e pesquisas de opinião. Todos esses são necessariamente partes. Sua parcialidade – a lacuna entre as partes e o todo (imaginário) – constitui a instigante causa da subjetivação política. Além disso, mesmo na condição de partes, as pessoas só estão presentes temporariamente. Elas podem tentar inscrever sua presença, o fato de terem estado lá, em documentos, práticas e organizações que passarão a ocupar e operar em seu lugar, um movimento de ocupação e operação que também é inevitavelmente parcial. Algum grau de alienação é inevitável: fazer algo nós mesmos, construir coletivos, criar novas instituições não pode eliminar a diferença mínima entre a coletividade e as pessoas. A condição da política, então, é essa cisão material prática entre as pessoas e o coletivo que efetivamente se forma.

---

[43] Jodi Dean, "Politics without Politics", *Parallax*, v. 15, n. 3, 2009, p. 20-36.
[44] Bruno Bosteels, "Alain Badiou's Theory of the Subject: The Recommencement of Dialectical Materialism", parte 2, *Pli*, v. 13, 2002, p. 172-208, p. 185.

Dito em termos rousseaunianos: a vontade geral não decorre da vontade de todos.

Essa cisão também é um efeito do grupo sobre seus integrantes no sentido de que as pessoas nunca são totalmente idênticas à sua soberania. O grupal exerce uma força que é mais que a soma das expectativas individuais. As expectativas dos grupos repercutem em seus integrantes. As pessoas têm expectativas em relação umas às outras, bem como de si mesmas – e isso nunca de maneira plenamente consciente. Esse excesso se manifesta no ponto de referência a partir do qual uma coletividade se vê como um coletivo, um ponto às vezes ocupado por um líder ou sustentado por um nome próprio ou comum. Um nome força uma lacuna na coletividade que ele nomeia, inscrevendo o caráter não todo da coletividade e proporcionando uma nova arena de luta: discutimos para definir o nome. O nome comum nunca dará conta de designar totalmente a coletividade – capturá-la, encerrá-la, cercá-la –, assim como a coletividade não é capaz de se relacionar consigo mesma sem uma forma estruturante[45].

A cisão no povo *atravessa todos os níveis*. Ela não pode se reduzir à ideia de que alguns estariam excluídos do povo (e que, portanto, incluí-los resolveria o problema da lacuna). Tampouco pode ser lida pelo prisma do problema da representação (e ser, portanto, abordada via ontologia). Trata-se, na verdade, do seguinte: as pessoas não sabem o que querem. Elas não estão totalmente presentes para si mesmas. Desejos e impulsos conflitantes e contraditórios fazem do povo um sujeito cindido, perpetuamente empenhado em expressar, encontrar e abordar seu próprio não conhecimento. Voltando à ideia introduzida por Žižek e Dolar:

---

[45] Trabalho de maneira mais extensa esse conceito da soberania do povo em *The Communist Horizon* (Londres, Verso, 2012). Agradeço a Jason Jones pela discussão sobre esse ponto.

na condição de sujeito coletivo da política, o povo não é outra coisa que não essa lacuna.

Propus uma inversão da formulação althusseriana da ideologia e indiquei algumas das vantagens conceituais disso. Compreender que é o sujeito que é interpelado como indivíduo ressoa com ideias linguísticas do sujeito, se adequa melhor à própria noção althusseriana de recrutamento ideológico e contempla a historicidade do indivíduo na modernidade burguesa[46]. E mais: essa concepção nos permite começar a explorar as lacunas constitutivas da subjetividade coletiva e, com isso, afrouxar ainda mais o garrote da forma indivíduo. Na medida em que sua teoria não desacopla sujeito e indivíduo nem se debruça sobre a multidão a partir da qual o indivíduo interpelado é recrutado, Althusser naturaliza o enclausuramento. A bem da verdade, ele está trabalhando com base em uma psicanálise que já enclausurou o sujeito coletivo na forma indivíduo. Se voltarmos nossa atenção para a "Psicologia das massas e análise do eu", veremos como esse enclausuramento vem a ser. Lá, Freud apresenta a forma indivíduo como um produto do enclausuramento da multidão[47]. Retornar a Freud, e ao seu principal interlocutor nessa obra, o infame Gustave Le Bon, permite reanimar a multidão na medida em que põe em relevo a maneira pela qual os muitos dão lugar à figura do um. Debruçar-se sobre essa multidão ajuda a desmantelar a subjetividade fantasmagórica do indivíduo ao localizar na multidão a dinâmica de um sujeito coletivo.

---

[46] Étienne Balibar introduz o conceito das "formas diferenciais de individualidade histórica" já na terceira parte de *Reading Capital* (trad. Ben Brewster, Londres, Verso, 2009), p. 282-4. As partes 1 e 2 são de autoria apenas de Althusser.

[47] Gilles Deleuze e Félix Guattari apresentam um argumento semelhante a respeito da multiplicidade do inconsciente freudiano em sua leitura do homem dos lobos em *A Thousand Plateaus* (trad. Brian Massumi, Minneapolis, University of Minnesota Press, 1987) [ed. bras.: *Mil platôs: capitalismo e esquizofrenia 2*, v. 1, trad. Ana Lúcia de Oliveira, Aurélio Guerra Neto e Célia Pinto Costa, São Paulo, Editora 34, 1995].

O inconsciente é uma multidão

Em "Psicologia das massas e análise do eu" (1921), Freud se ocupa do homem como membro, do homem em seu pertencer: de que forma aquilo a que o homem pertence pertence também a ele? Essas preocupações levam Freud a discutir problemas de identificação, apego e intensificação do afeto.

Ao se debruçar sobre a psicologia de grupo, Freud coloca a psicanálise em diálogo com a teoria das multidões, um campo de estudo que emerge nas ciências sociais do fim do século XIX a partir de discussões em biologia, criminologia, psicologia e sociologia e em decorrência dos temores incitados pelas multidões revolucionárias da Comuna de Paris de 1871[48]. Os teóricos da multidão queriam entender aquilo que viam como a perigosa irracionalidade da multidão, o motivo pelo qual as pessoas, quando concentradas em grandes grupos, pareciam se tornar mais emocionais, instintivas e até mesmo primitivas. Em estilo pré-disciplinar ou mesmo interdisciplinar, os teóricos da multidão utilizavam uma régua evolutiva para classificar as civilizações humanas, a hipnose para explicar o fenômeno da imitação nos

---

[48] O título da obra de Freud em alemão traz o termo *Massenpsychologie* [psicologia das massas]. O termo *"group"* [grupo] presente no título em inglês poderia ter sido traduzido como *"mass"* [massa] ou *"crowd"* [multidão]. As leituras do texto em sua relação com a teoria das multidões variam. Serge Moscovici defende que Freud forneceu rigor analítico à teoria das multidões (*The Age of the Crowd: A Historical Treatise of Mass Psychology*, trad. J. C. Whitehouse, Cambridge, Cambridge University Press, 1985); Daniel Pick destaca a relevância do texto para investigar o nacionalismo e a identidade nacional ("Freud's *Group Psychology* and the History of the Crowd", *History Workshop Journal*, n. 40, outono 1995, p. 39-61); Ernesto Laclau lê a teoria de Freud como uma unificação do dualismo na teoria das multidões (*On Populist Reason*, Londres, Verso, 2007) [ed. bras.: *A razão populista*, trad. Carlos Eugênio Marcondes de Moura, São Paulo, Três Estrelas, 2013]. Laclau ressalta a noção freudiana de identificação, mas não dá o passo seguinte: associá-la à maneira pela qual Freud enclausura a multidão no indivíduo.

grupos e a medicina para diagnosticar a patologia das multidões[49]. Quando Freud interveio no debate, a teoria da multidão já era bem consolidada e amplamente aceita. Freud ingressa na conversa visando a expandir a influência do recém-surgido campo da psicanálise ao demonstrar como ela seria capaz de explicar melhor o comportamento de grupo[50].

Embora dialogue com diversos outros teóricos da multidão, Freud apoia-se mais fortemente no trabalho de Gustave Le Bon, que era um conservador pessimista que apresentava suas ideias racistas, elitistas e misóginas como descobertas científicas[51]. Seu extraordinariamente popular *Psicologia das multidões*, de 1895, consolidou uma série de abordagens literárias e históricas da multidão, das obras de Émile Zola e Hippolyte Taine aos estudos criminológicos de Scipio Sighele e Gabriel Tarde[52]. O livro anunciava aos leitores que eles estavam adentrando uma Era das Multidões (as maiúsculas são do próprio autor). Ele os instruía a temê-la. Era certamente possível, alertava Le Bon, "que o advento do poder das massas marque um dos últimos estágios da civilização ocidental, um retorno completo àqueles períodos caóticos de anarquia que parecem sempre destinados a anteceder o nascimento de toda

---

[49] Susanna Barrows, *Distorting Mirrors: Visions of the Crowd in Late Nineteenth-Century France* (New Haven, Yale University Press, 1981), p. 43-4.

[50] J. S. McClelland, *The Crowd and the Mob: From Plato to Canetti* (Londres, Unwin Hyman, 1989), p. 242.

[51] Robert A. Nye, *The Origins of Crowd Psychology: Gustave Le Bon and the Crisis of Mass Democracy in the Third Republic* (Londres, Sage, 1975); Susanna Barrows, *Distorting Mirrors*, cit., p. 162-6.

[52] Gustave Le Bon, *The Crowd: A Study of the Popular Mind* (Kitchener, Batoche, 2001) [ed. bras.: *Psicologia das multidões*, trad. Mariana Sérvulo da Cunha, São Paulo, WMF, 2021]. Todos os trechos da obra citados neste livro são traduções livres. Amplamente traduzida e reimpressa, a obra foi considerada um texto fundador da psicologia social. Ver Robert A. Nye, "Two Paths to a Psychology of Social Action: Gustave Le Bon and Georges Sorel", *Journal of Modern History*, v. 45, n. 3, set. 1973, p. 411-38.

nova sociedade"⁵³. As massas estavam agora no comando, e o resultado mais provável era o colapso da civilização.

Psicologia das multidões surgiu em um momento de crescente militância operária⁵⁴. Na França, o número de trabalhadores sindicalizados triplicou entre 1890 e 1900. Em duas décadas, o número de greves havia quadruplicado. Na dramática greve dos mineiros de Decazeville, em 1886, os trabalhadores chegaram a atirar pela janela um vice-diretor da empresa; a multidão depois o espancou até a morte. Em 1890, quando começaram a ser planejadas enormes manifestações para o 1º de Maio, o governo chegou a mobilizar um contingente de 38 mil tropas em Paris para evitar o que alguns temiam ser um possível ressurgimento da Comuna. Le Bon oferecia sua teoria da multidão como espécie de guia para ajudar a entender essa nova era, ainda que considerasse que não havia muito a fazer para controlar a situação. Seus admiradores fascistas posteriores procuram contestar esse segundo ponto ao recorrerem à obra de Le Bon como fonte de inspiração para seus esforços de agitar e canalizar o sentimento das massas.

A teoria leboniana das multidões surge de uma aversão à transformação das classes populares em classes governantes. Lamentando o fato de que o "direito divino das massas está prestes a substituir o direito divino dos reis", Le Bon condena a maneira pela qual a *associação*, bem mais que o sufrágio universal, está tornando as massas conscientes de sua força. Elas estão fundando sindicatos e agremiações de trabalhadores diante dos quais as autoridades capitulam. Elas visam a restringir as horas de trabalho, nacionalizar as minas, as ferrovias, as fábricas e a terra, tornar equitativa a distribuição de bens e eliminar as classes altas. As reivindicações das massas, adverte Le Bon, "denotam nada menos

---

[53] Gustave Le Bon, *The Crowd*, cit., p. 10.
[54] Este ponto e o seguinte devem muito a Susanna Barrows, *Distorting Mirrors*, cit.

que a determinação de destruir totalmente a sociedade tal como ela existe, com o intuito de fazê-la retornar àquele comunismo primitivo que era a condição normal de todos os agrupamentos humanos antes do alvorecer da civilização"[55]. Os achados de Le Bon confirmaram e amplificaram as ansiedades da elite (que já não eram pequenas).

Uma preocupação central dos teóricos oitocentistas da multidão era explicar como indivíduos cumpridores da lei eram capazes de agir como criminosos quando se encontravam amontoados em uma multidão. A resposta de Le Bon é que uma multidão constitui um ser coletivo novo. O ato de agregar-se em uma multidão produz características psicológicas novas à medida que todos os pensamentos e sentimentos da coletividade passam a se alinhar em uma mesma direção[56]. Sob circunstâncias que Le Bon atribui a "causas excitadoras", surge algo que não está presente nos indivíduos tomados separadamente, "tal como na química, determinados elementos, quando postos em contato – ácidos e bases, por exemplo –, combinam-se de modo a formar um novo corpo, dotado de propriedades muito distintas daquelas dos corpos que serviram para lhe dar forma"[57]. Apesar de reivindicar a originalidade de sua teoria, Le Bon rouba essa ideia de Sighele, que por sua vez estava envolvido em uma disputa pública com Tarde para definir quem merecia ser creditado como o pai da teoria das multidões[58]. Plagiando ambos, Le Bon então esquematiza os temas que àquela altura já haviam se tornado

---

[55] Gustave Le Bon, *The Crowd*, cit., p. 8-9.
[56] Ibidem, p. 15.
[57] Ibidem, p. 16.
[58] Jaap Van Ginneken, "The 1985 Debate on the Origins of Crowd Psychology", *Journal of the History of the Behavioral Sciences*, v. 21, n. 4, out. 1985, p. 375-82; J. S. McClelland, *The Crowd and the Mob*, cit., p. 163-73; Susanna Barrows, *Distorting Mirrors*, cit., p. 137-88.

inseparáveis do conceito de multidão: contágio, sugestão, intensificação afetiva e desindividualização[59].

O veículo para a esquematização de Le Bon é o inconsciente. Escreve: "A substituição da atividade consciente dos indivíduos pelas ações inconscientes das multidões é uma das principais características da época atual"[60]. É essa ênfase no inconsciente que fornece a abertura para a psicanálise. Em "Psicologia das massas e análise do eu", Freud entra no debate sobre a teoria das multidões com uma sacada fundamental: não é só que a multidão é inconsciente, o próprio inconsciente é uma multidão. Dessa forma, Freud ao mesmo tempo aceita e inverte Le Bon. A inversão é possível porque o próprio conceito leboniano de multidão é psicológico.

Le Bon não enxerga as multidões como uma massa de corpos na rua. "Multidão" envolve uma concentração e uma direcionalidade que engloba pessoas reunidas em um lugar específico, mas se estende a um amplo leque de instituições estruturadas (parlamento e júri) e comunidades imaginárias (raça e nação). Mais que um conjunto de relações sociais, a "multidão" para Le Bon é um processo ("tal como aqueles micróbios que aceleram a dissolução de corpos debilitados ou mortos") ou uma força na qual os indivíduos se enredam ("ideias, sentimentos, emoções e crenças exercem nas multidões um poder contagioso tão intenso quanto o dos micróbios")[61]. Os autores contemporâneos neste início de século XXI descrevem os mesmos fenômenos utilizando expressões como "efeito cascata", "efeito manada", "viés de confirmação" e "bolhas". Informado pela ciência do século XIX,

---

[59] Ver também Christian Borch e Britta Timm Knudsen, "Postmodern Crowds: Re-inventing Crowd Thinking", introdução a uma edição especial da *Distinktion: Scandinavian Journal of Social Theory*, v. 14, n. 2, ago. 2013, p. 109-13.
[60] Gustave Le Bon, *The Crowd*, cit., p. 4.
[61] Ibidem, p. 10 e p. 73.

Le Bon associa os processos de multidão a alucinação, a barbárie e à condução da medula espinhal, que estaria emitindo os comandos em lugar do cérebro[62]. Ele correlaciona a força desses processos com os perigos do poder das multidões: a "última força soberana sobrevivente nos tempos modernos" e "a única força que não encontra ameaça"[63].

Le Bon concebe o inconsciente racialmente como um substrato hereditário de semelhança sobre o qual as diferenças individuais são construídas. O inconsciente engloba uma ampla gama de instintos e paixões, afetos e aversões, transmitida de geração em geração. Muito mais influente que a vida consciente da mente, o inconsciente sempre ameaça subsumir as aptidões intelectuais independentes do indivíduo, elas próprias nada mais que frágeis conquistas da razão, da educação e da cultura de elite. Em uma multidão, características comuns sobrepõem-se às raras conquistas da inteligência. Qualidades ordinárias triunfam sobre a distinção e a especialização. Nas palavras de Le Bon, essas qualidades "tornam-se nas multidões propriedade comum"[64]. Sejam quais forem suas diferenças de ocupação, inteligência, caráter ou modo de vida, os indivíduos em uma multidão possuem uma mente coletiva, fenômeno que Le Bon atribui à "lei psicológica da unidade mental das multidões"[65]. Devo acrescentar que a apreensão em torno da sujeição à multidão, ou, dito em outros termos, a apreensão diante da fragilidade do indivíduo enquanto forma de subjetividade, vai caracterizar mais de um século de investigações sobre a multidão, de Durkheim, passando por

---

[62] J. S. McClelland, *The Crowd and the Mob*, cit., p. 168. Este é outro ponto que Le Bon rouba de Sighele.

[63] Gustave Le Bon, *The Crowd*, cit., p. 8.

[64] Ibidem, p. 17.

[65] Ibidem, p. 13. Tarde teoriza os mesmos fenômenos sob o nome "imitação".

Mill, até a ênfase dada pela sociologia estadunidense à massa e à conformidade[66].

Em "Psicologia das massas e análise do eu", Freud trata o inconsciente como uma multidão em dois sentidos. O primeiro é um sentido analítico ou estrutural que se refere ao produto reprimido da história, seja da família, seja da espécie, tal como ele se imprime no indivíduo. Freud elogia a discussão de Le Bon sobre o inconsciente porque ela casa muito bem com a psicanálise (ele inclusive faz questão de pontuar que "na verdade nenhuma das afirmações desse autor traz algo de novo")[67]. O segundo é um sentido mais analógico que descreve o inconsciente em termos da dinâmica afetiva da multidão. As forças no inconsciente são *como* as intensidades direcionadas dos processos de multidão. Freud alterna entre esses dois sentidos em sua tentativa de explicar a natureza dos vínculos grupais e o surgimento do indivíduo a partir da

---

[66] Em uma análise do surgimento da "massa" como categoria sociológica na França, Stefan Jonsson identifica quatro momentos (soltos e que por vezes se sobrepõem): massa como indivíduos inumeráveis, massa como a turba violenta e criminosa dos pobres, massa como movimento organizado dos trabalhadores e, por fim, massa como doença política, a loucura da coletividade. Ver "The Invention of the Masses: The Crowd in French Culture from the Revolution to the Commune", em Jeffrey T. Schnapp e Matthew Tiews (orgs.), *Crowds* (Stanford, Stanford University Press, 2006), p. 47-75. Eugene E. Leach faz um panorama histórico da psicologia das multidões nos Estados Unidos, analisando a recepção da obra de Le Bon e Tarde, bem como a de Boris Sidis, "o único psicólogo das multidões original da América", um aluno de William James que vinculou o "eu-turba" ao altamente sugestionável, imoral, sem vontade própria e desindividuado "eu-sub-acordado". Ver "'Mental Epidemics': Crowd Psychology and American Culture, 1890-1940", *American Studies*, v. 33, n. 1, primavera 1992, p. 5-29.

[67] Sigmund Freud, *Group Psychology and the Analysis of the Ego* (Nova York, W. W. Norton, 1990), p. 19 [ed. bras.: "Psicologia das massas e análise do eu (1921)", em *Obras completas*, v. 15, *1920-1923*, trad. Paulo César de Souza, São Paulo, Companhia das Letras, 2011]. Todos os trechos da obra citados neste livro foram extraídos do *e-book* da edição brasileira.

psicologia do grupo. Essas explicações nunca chegam a ser completamente coesas.

Mikkel Borch-Jacobsen questiona o postulado freudiano da unidade do sujeito do inconsciente, sugerindo, em vez disso, que ele seria múltiplo, inatribuível e inidentificável[68]. Numa leitura desconstrutivista dos binarismos da psicanálise (entre sujeito e outro, desejo e objeto), Borch-Jacobsen se vale de René Girard para tratar o desejo como algo fundamentalmente mimético, postulando uma "tendência primordial" à identificação[69]. Os detalhes dessa discussão estão além de meus propósitos aqui. O intrigante, porém, é a maneira pela qual Borch-Jacobsen atina com o inelutável problema da individuação na psicanálise, o problema de estar separado quando sempre se faz parte. Como partes, permanecemos inextricavelmente interligados: toda tentativa de estar à parte, de separar, envolve uma conexão em outro ponto ou em outro nível[70].

---

[68] Mikkel Borch-Jacobsen, *The Freudian Subject* (trad. Catherine Porter, Stanford, Stanford University Press, 1988). Ele escreve: "A clivagem ou divisão do sujeito na qual a psicanálise insiste ocorre sob um pano de fundo de unidade, um sujeito unitário" (p. 6). Borch-Jacobsen apresenta sua hipótese como uma alternativa à associação lacaniana de desejo com proibição. Ele acentua a diferença entre eles na medida em que tanto ele quanto Lacan concebem o desejo como desejo do Outro, o gozo enquanto algo indiretamente acessível, e o objeto do desejo como algo separado do objeto-causa do desejo. A versão žižekiana de Lacan, ademais, sugere uma compatibilidade ainda maior com Borch-Jacobsen na medida em que também ele ressalta que o desejo não possui objeto anterior a uma intervenção que estabelece a desejabilidade, como nas discussões que Žižek faz da ideologia como matriz do desejo, do gozo como originalmente roubado, e do ideal de eu. Uma exploração rigorosa dessas possíveis convergências está fora do escopo desta minha análise, mas um possível benefício da ênfase que Borch-Jacobsen dedica ao desejo como imaginário é que ela abre um pensamento do desejo na esteira do declínio da eficácia simbólica, permitindo um entendimento da rivalidade, do ódio e da violência que Žižek associa com a aliança do imaginário com o Real.

[69] Ibidem, p. 47.

[70] Borch-Jacobsen escreve: "O assim chamado sujeito do desejo não possui identidade própria anterior à identificação que o leva, cegamente, a ocupar o

Depois de considerar os escritos freudianos sobre o narcisismo como um recurso sintomático à sexualidade no contexto das próprias rivalidades profissionais de Freud, Borch-Jacobsen volta sua atenção para "Psicologia das massas e análise do eu". Ele indaga se a obra não teria como premissa uma possibilidade que Freud não pode se permitir pensar e que ele precisa, portanto, deslocar perpetuamente, a saber, a possibilidade de "um eu-massa, uma multidão primeva"[71].

Há muito a se admirar na leitura de Borch-Jacobsen. Quero assinalar onde a minha diverge da dele. Em vez de contemplar os dois sentidos diferentes do inconsciente como multidão em Freud, Borch-Jacobsen absorve a dinâmica no estrutural. Ele trata o inconsciente multidão (para Le Bon e Freud) como um útero, "um material mole, maleável, plástico, infinitamente receptivo, desprovido de vontade, desejo ou qualquer instinto específico próprio"[72]. A multidão compreendida como "massa matricial" casa muito bem com a ênfase de Borch-Jacobsen no imaginário. Também se encaixa com sua crítica a Freud por tentar encerrar a multidão dentro da forma indivíduo. O problema, porém, é que nem Le Bon nem Freud apresentam a multidão como infinitamente receptiva e incapaz de desejar. Le Bon observa que exercer influência sobre a multidão é algo que exige habilidade; a multidão percebe sua própria força e, por isso, não tolera contradições naqueles que se dirigem a ela[73]. Como nem verdade nem argumentação fazem diferença para as multidões (elas não são infinitamente receptivas), Le Bon destaca afirmação, repetição e contágio como métodos mais promissores

---

ponto de alteridade, o lugar do outro (que portanto não é um outro): uma alienação original (que portanto não é uma alienação); e um logro [*leurre*] original (que portanto também não é um logro)". Ibidem, p. 48.
[71] Ibidem, p. 133.
[72] Ibidem, p. 139.
[73] Gustave Le Bon, *The Crowd*, cit., p. 30-1.

de exercer influência. Da mesma forma, Freud dirá que a multidão deseja "as coisas apaixonadamente" e "não tolera qualquer demora entre o seu desejo e a realização dele"[74]. Seu principal argumento é que os vínculos aos quais as multidões devem sua coesão são libidinais; são produtos do desejo. Em suma, os processos inconscientes associados à multidão são mais subjetais do que reconhece Borch-Jacobsen. A coletividade tem desejo e vontade, ela destrói e cria. Esses atributos são anteriores às tentativas de Freud de contê-los no inconsciente de um indivíduo, que, por sua vez, depende dessa contenção para tornar-se sujeito.

Dolar vai além de Borch-Jacobsen quando sugere que o inconsciente, como Freud o descreve em "Psicologia das massas e análise do eu", se dá *entre* o individual e o coletivo, "no próprio estabelecimento dos vínculos entre um indivíduo (tornar-se sujeito) e um grupo ao qual ele pertenceria"[75]. Dolar se recusa a ler Freud em termos de um inconsciente coletivo porque isso "exigiria uma coletividade definida, uma comunidade à qual ele pertenceria, mas não existe essa comunidade previamente dada". Ora, como as multidões de Le Bon são ao mesmo tempo heterogêneas e homogêneas, criminosas e morais, formando uma mente coletiva "sem dúvida transitória, mas que apresenta características muito claramente definidas", não vejo motivo para presumir uma "coletividade definida"[76]. "Coletividade definida" implica uma coletividade conhecida e inscrita, em oposição a características, dinâmicas e atributos de multidão que em si mesmos são definíveis; sugere grupos delimitados em vez de coletividades momentâneas formadas por meio de uma concentração de forças cujas causas excitadoras só podem ser determinadas

---

[74] Sigmund Freud, *Group Psychology and the Analysis of the Ego*, cit., p. 13.
[75] Mladen Dolar, "Freud and the Political", cit.
[76] Gustave Le Bon, *The Crowd*, cit., p. 13.

retroativamente. Em "Psicologia das massas e análise do eu", o inconsciente é totalmente coletivo, um *insight* que Freud busca reiteradamente reprimir ao enclausurar seus processos em uma forma indivíduo que nunca dá conta da tarefa. A psicanálise é possível enquanto campo e pode contribuir para os debates da teoria das multidões porque as dinâmicas que ela investiga já são coletivas mesmo que estejam encerradas na forma genérica do indivíduo.

"Um ser provisório composto de elementos heterogêneos"

Freud cita longas passagens de *Psicologia das multidões*. Duas ideias importantes do conceito leboniano de multidão aparecem na primeira passagem que Freud destaca: a multidão como fonte de novos sentimentos, pensamentos e ideias; e a multidão como a nova consistência de um ser provisório. Primeiro, os indivíduos que integram uma massa tornam-se

> possuidores de uma espécie de alma coletiva. Esta alma os faz sentir, pensar e agir de uma forma bem diferente da que cada um sentiria, pensaria e agiria isoladamente. Certas ideias, certos sentimentos aparecem ou se transformam em atos apenas nos indivíduos em massa.

Segundo, a massa psicológica é um

> ser provisório, composto de elementos heterogêneos que por um instante se soldaram, exatamente como as células de um organismo formam, com a sua reunião, um ser novo que manifesta características bem diferentes daquelas possuídas por cada uma das células.[77]

Freud não questiona o surgimento de ideias e sentimentos previamente inexistentes. Tampouco se contrapõe à noção de um ser novo, provisório. Ele assume plenamente a ideia de que, em um

---

[77] Sigmund Freud, *Group Psychology and the Analysis of the Ego*, cit., p. 7.

grupo, os indivíduos se agregam em uma unidade temporária, uma coletividade que não existia antes. Freud quer entender o que une as pessoas em uma multidão, qual é o caráter dos laços que as vinculam.

Le Bon não tinha essa preocupação sobre o que une as pessoas porque ele já partia do fato da coletividade – o ser provisório da multidão –, dedicando-se a entender seus efeitos. Seu foco, portanto, era explicar como surgem na multidão ações e afetos que os indivíduos não possuíam anteriormente[78]. Freud reconstitui as três respostas fornecidas por Le Bon. A primeira é que uma multidão sente que tem um poder enorme. Esse sentimento de invencibilidade torna as pessoas menos propensas a se conterem, de modo que elas cedem a instintos que normalmente não viriam à tona. Freud não dá importância a essa explicação: é claro que nossos eus mais profundos não têm responsabilidade; a massa permite ao indivíduo "se livrar das repressões"[79]. Para ele, Le Bon se equivoca ao tomar o sentimento de poder invencível como causa para o aparecimento de algo novo – nada de novo está aparecendo. Na verdade, os impulsos reprimidos no inconsciente simplesmente passam a se manifestar com liberdade. Como observa Freud, essa sua discordância com Le Bon decorre da diferença em seus conceitos de inconsciente. Ancorado nos "traços mais profundos da alma da raça", o inconsciente de Le Bon não tem a dimensão do "reprimido inconsciente" conceituada pela psicanálise, por isso

---

[78] "Como são criadas essas novas características?" Gustave Le Bon, *The Crowd*, cit., p. 17; Sigmund Freud, *Group Psychology and the Analysis of the Ego*, cit., p. 9. Borch-Jacobsen faz uma leitura equivocada de Le Bon e de Freud aqui. Ele trata como características descritivas da multidão o que Freud e Le Bon apresentam como explicações de por que novas características aparecem (*The Freudian Subject*, cit., p. 139). McClelland comete o mesmo erro quando confunde as causas das novas características com as próprias características (*The Crowd and the Mob*, cit., p. 203).

[79] Sigmund Freud, *Group Psychology and the Analysis of the Ego*, cit., p. 9.

no entendimento dele a multidão de fato dá ensejo a algo novo, algo que não pode ser reduzido ao substrato das influências hereditárias. A objeção de Freud, portanto, trata como uma estrutura a dinâmica que Le Bon descreve, entendendo "inconsciente" em outra chave, de modo que o comportamento de uma multidão no fundo manifesta o que já está contido na mente humana.

A Freud interessa muito mais a segunda explicação que Le Bon fornece para dar conta da mudança provocada pelas multidões: contágio. O contágio é uma espécie de primo da hipnose, pois induz as pessoas a agir de maneiras inesperadas. Freud cita Le Bon: "Numa multidão todo sentimento, todo ato é contagioso, e isso a ponto de o indivíduo sacrificar facilmente seu interesse pessoal ao interesse coletivo"[80]. A terceira causa elencada por Le Bon é a sugestão. Freud preenche a página seguinte com uma longa citação da descrição leboniana dos "eflúvios que emanam [da massa]", o desaparecimento da personalidade consciente e a perda de vontade, e como "a influência de uma sugestão [...] levará, com irresistível impetuosidade, à realização de certos atos"[81]. Freud nota uma assimetria na explicação de Le Bon. Contágio refere-se aos efeitos dos membros uns sobre os outros. Sugestionabilidade, particularmente quando compreendida em termos de hipnose, implica algo completamente diferente, a operação de uma relação hierárquica de influência. Quem é o hipnotizador? Devo acrescentar aqui que até hoje quase todos que escrevem sobre multidões as descrevem em termos de contágio e sugestão. Vemos a linguagem do contágio, por exemplo, nas discussões da mídia em rede, bem como nas imagens de movimentos, protestos, ocupações e motins que estão eclodindo nesta segunda década do século XXI.

---

[80] Ibidem, p. 10.
[81] Ibidem, p. 11.

Momentaneamente suspendendo a questão do hipnotizador (assim como fez com a questão dos laços grupais), Freud reproduz outra longa passagem de Le Bon:

> Pelo simples fato de pertencer a uma massa, o homem desce vários degraus na escala da civilização. Isolado, ele era talvez um indivíduo cultivado, na massa é um instintivo e, em consequência, um bárbaro. Tem a espontaneidade, a violência, a ferocidade, e também os entusiasmos e os heroísmos dos seres primitivos.[82]

Freud aprova, elogiando Le Bon não apenas por "identificar a alma da massa com a dos povos primitivos", como também por observar a convergência entre a teoria da multidão e a psicanálise. A teoria da multidão identificou nas massas aquilo que a psicanálise vinha observando "na vida anímica inconsciente dos indivíduos, das crianças e dos neuróticos"[83]. Os processos que Le Bon analisa como transformações do homem na multidão são para Freud indicações da multidão já presente no homem. Ele, então, repete uma série de elementos da descrição de Le Bon, dizendo que o grupo é volúvel, irritável, impulsivo, crédulo, incapaz de perseverar, desejante, não tolera qualquer demora na satisfação de seu desejo, influenciável e que pensa por imagens. "Tem o sentimento da onipotência; [...] nenhum interesse pessoal, nem mesmo o da autopreservação, se faz valer."[84] O grupo tende aos extremos, carece de uma faculdade crítica e respeita a força. Tem sede de obediência: a massa "quer ser dominada e oprimida, quer temer os seus senhores"[85]. Grupos exigem ilusões. Distinções entre verdade e falsidade têm pouca importância. As palavras funcionam mais em

---

[82] Ibidem, p. 12.
[83] Ibidem, p. 15.
[84] Ibidem, p. 13.
[85] Ibidem, p. 15.

chave mágica que racional. Um grupo "não conhece dúvida nem incerteza", um fenômeno da vida inconsciente que, Freud lembra aos leitores, já foi discutido em *A interpretação dos sonhos*.

Para reiterar, na medida em que Le Bon concebe a multidão em termos de uma dinâmica na qual as energias são concentradas em uma única direção, ele vê a força de multidões expressa em raças, castas, classes, nações, júris, partidos e assembleias parlamentares. Todas essas instâncias podem se sobrepor ao juízo e à opinião individuais, produzindo efeitos que vão além daquilo que um indivíduo decidiria fazer racionalmente por conta própria. Trata-se de multidões psicológicas, nas quais "multidão" nomeia a nova consistência temporariamente formada a partir de processos interligados. O último terço de *Psicologia das multidões* examina as características particulares que surgem quando diferentes coletividades são "transformadas em uma multidão sob as influências das causas excitadoras apropriadas"[86]. A maioria dos comentadores de Le Bon não percebe essa dimensão transformadora de seu conceito de multidão. Eles o criticam por esfumaçar os limites do que constitui uma multidão a ponto de não dar conta de diferenciar júris de turbas, quando deveriam elogiá-lo por desenhar a dinâmica que molda coletividades. Freud não perde de vista esse ponto porque não compartilha da preocupação dos sociólogos em classificar grupos. Seu interesse é consolidar a reputação da psicanálise ao demonstrar seu poder explicativo. Para Freud, a mesma coisa está em jogo quando um indivíduo está fisicamente dentro de um grupo – na multidão ou em uma instituição – ou quando o grupo se manifesta no indivíduo – como ocorre com a nação ou a raça. Do ponto de vista da psicanálise, o indivíduo em uma multidão e sujeito à sua dinâmica emergente é apenas mais um exemplo do indivíduo como tal, um ego frágil lutando contra desejos e impulsos desigualmente reprimidos.

---

[86] Gustave Le Bon, *The Crowd*, cit., p. 90.

Da psicologia de grupo à psicologia individual... e de volta

Apesar de elogiar o brilhantismo da descrição leboniana da mente grupal, Freud considera que a discussão que Le Bon faz sobre o vínculo que fornece coesão ao grupo deixa a desejar. É aqui que Freud acredita que a psicanálise pode contribuir para a psicologia das massas: ela tem condições de *explicar* os desejos e instintos que subjazem à coesão grupal em vez de simplesmente *pressupor* a primazia de um instinto de socialidade. A suscetibilidade aos afetos e a inibição intelectual que alteram o indivíduo em uma multidão, argumenta Freud, não devem ser atribuídas ao número, à quantidade de pessoas. Elas podem ser explicadas por conceitos psicanalíticos básicos. Passando dos muitos ao um, a explicação de Freud encerra as intensidades direcionadas da multidão de Le Bon em um inconsciente individual. O desejo coletivo é reduzido a uma ampliação do desejo individual frustrado. As forças associadas à multidão tornam-se processos inconscientes no interior de um indivíduo. Todo o trabalho de Freud vai na direção de tentar evitar que esses processos rompam o indivíduo, mas seus esforços de contenção nunca chegam a dar conta totalmente da tarefa – de modo que o que vai garantir sua sustentação, em última instância, é a reafirmação do "mito científico" da horda primeva.

Em seu primeiro movimento de cercamento, Freud critica as autoridades do campo da psicologia de grupo por tentarem entender processos de multidão tais como imitação e contágio apelando para a "sugestão" – isto é, influência "sem fundamento lógico"[87]. Freud considera circulares essas explicações: elas se baseiam na ideia de que a sugestionabilidade é um fato mental fundamental (*ein weiter nicht reduzierbares Urphänomen*). Como

---

[87] Sigmund Freud, *Group Psychology and the Analysis of the Ego*, cit., p. 29.

escreve Borch-Jacobsen, "quando Freud se levanta contra a tirania da sugestão, ele está, naturalmente, militando em favor da autonomia do sujeito individual"[88]. Na própria mudança terminológica em que substitui o processo ativo da "sugestão" (*die Suggestion*) pelo termo mais passivo, receptivo, de "sugestionabilidade" (*die Suggerierbarkeit*), Freud já está pegando um processo grupal e o transformando em atributo de um indivíduo[89].

Freud então encontra, "oculto por trás da tela, do biombo da sugestão", o amor. Os laços de grupo são laços libidinais. O indivíduo renuncia àquilo que o distingue em nome do grupo, porque quer estar em harmonia com seus membros. Se pensarmos nas multidões violentas, perturbadoras e voláteis que Le Bon descreve, esse movimento parece muito estranho. Freud o justifica, por um lado, acusando Le Bon de não dar a devida atenção à figura do líder e, por outro, concentrando-se em dois grupos que a teoria da multidão normalmente ignora: a Igreja e o Exército. Isso lhe permite edipizar a multidão, encerrá-la nas relações edípicas cruciais para sua teoria da psicologia individual. À frente tanto da Igreja quanto do Exército há um líder "que ama com o mesmo amor todos os indivíduos da massa [...] (na Igreja católica, Cristo, num exército, o general)". A ilusão dessa partilha igualitária do amor, insiste Freud, é absolutamente essencial. Tudo depende dela. A relação que Cristo estabelece com os indivíduos na Igreja é como a de um "bondoso irmão mais velho" ou um "substituto paterno". É por causa da igualdade de seus membros – todos partilham igualmente do amor de Cristo – que a Igreja cristã se assemelha a uma família. Os membros chamam uns aos outros de irmão: "A ligação de cada indivíduo a Cristo é também a causa da

---

[88] Mikkel Borch-Jacobsen, *The Freudian Subject*, cit., p. 157.
[89] Sigmund Freud, *Group Psychology and the Analysis of the Ego*, cit., p. 27; parágrafo 40 no original em alemão.

ligação deles entre si"[90]. No Exército ocorre basicamente a mesma coisa, com a diferença fundamental de que nesse caso a estrutura familiar se repete de maneira hierárquica (seções, destacamentos, esquadrões etc.). O que interessa a Freud aqui é o caráter duplo do vínculo libidinal do grupo: indivíduo com líder, indivíduo com indivíduo. As ligações de grupo precisam ser libidinais para que sejam fortes o suficiente para limitar o narcisismo que Freud atribui ao indivíduo.

No entanto, as forças que Freud descreve excedem a estrutura na qual ele quer encaixá-las. Sua estratégia é apelar para a libido como forma de tentar remediar o problema da circularidade da sugestão. Para consolidar seu argumento, ele introduz um elemento complicador: o fenômeno do pânico (conforme discutido por outro teórico da multidão, William McDougall). Por um lado, diz ele, "não é possível duvidar que o pânico signifique a desintegração da massa". Por outro, trata-se de uma intensificação do afeto por meio do contágio. Isso produz o paradoxo de que aquilo que vincula também desvincula. Freud pensa que entender os laços de grupo em termos libidinais resolve o problema na medida em que o pânico seria análogo à ansiedade e, portanto, se manifestaria por causa de um aumento do perigo ou por uma cessação dos laços emocionais. Borch-Jacobsen assinala as contorções que Freud acaba tendo que fazer por conta disso:

> O desaparecimento do vínculo político-libidinal que garantia a coesão do grupo não liberta os eus narcísicos em um processo puro e simples de desvinculação. De certa forma, ele não liberta nada, muito menos sujeitos autônomos (indivíduos), uma vez que o pânico consiste precisamente de um transbordamento indomável do eu por meio dos (afetos dos) outros; ou, dito de outra maneira, o pânico é um narcisismo epidêmico contagioso. O exemplo do pânico não

---
[90] Ibidem, p. 33.

é, portanto, o contraexemplo do grupo, e o argumento de Freud pode ser facilmente invertido: ao fazer do pânico o caso exemplar da psicologia individual, chega-se a um resultado paradoxal – a saber, que o narcisismo anula a si mesmo em uma de suas manifestações mais marcantes, já que o pânico equivale a uma abertura completa, estonteante, aos outros.[91]

Outra maneira de descrever essa mesma contorção é notar que ela decorre da forma pela qual Freud estrutura o processo. O pânico é uma força afetiva, um fluxo que acarreta perturbações à medida que avança. Não constitui o contraexemplo do grupo ou da multidão porque ele no fundo é um fenômeno desencadeado como dispersão de intensidade da própria multidão. O problema com o qual Freud se depara é resultado de sua tentativa de encerrar essa intensidade na forma do indivíduo. Freud se concentra nos elementos dispersos, em vez de olhar para a dinâmica comum que os dispersa.

Há outros desafios que Freud encontra à medida que contrapõe a psicanálise à psicologia das massas e explica os laços de grupo como sendo uma combinação entre amor objetal inibido em sua meta e identificação mútua, que se autorreforçam. Em pontos-chave, ele ilustra seu argumento apelando para garotas e mulheres: a dinâmica da histérica identificação simpática por meio da qual garotas de pensionato reagem coletivamente ao desdobramento de um caso secreto de amor de uma delas; e o "bando de mulheres e garotas" que se amontoam em cima de um cantor ou pianista por quem estão todas apaixonadas. As multidões ferozes e poderosas de Le Bon, dispostas a "saquear um palácio, ou morrer em defesa de uma fortaleza ou de uma barricada", são rebaixadas e truncadas, enclausuradas nos espaços burgueses do pensionato e da sala de concerto; a ferocidade do poder coletivo

---

[91] Mikkel Borch-Jacobsen, *The Freudian Subject*, cit., p. 166-7.

agora se volta para dentro como uma identificação através de um amor por um objeto compartilhado. O desejo coletivo se converte em nada mais que uma frustração comum.

Borch-Jacobsen explora a discussão de Freud sobre a imbricação entre identificação e amor objetal, demonstrando as estranhas voltas que Freud dá em seus esforços de sustentar um eu individual cuja emergência perpetuamente lhe escapa. Freud oferece uma representação gráfica dessas voltas no fim de seu capítulo 8. Limito-me aqui a notar como Freud reconhece que por pouco tempo gozaremos da ilusão de haver solucionado o enigma da massa com essa fórmula"[92]. Ele reconhece que sua discussão sobre a Igreja e o Exército destacou "de maneira unilateral a relação com o líder, menosprezando indevidamente o fator da sugestão mútua"[93]. E ele se pergunta se não teria sido mais simples, mais modesto, apenas aceitar a ideia de um instinto de rebanho (ele evoca a obra de 1916 de Wilfred Trotter, *Instincts of the Herd in War and Peace*). Mas a conclusão a que chega é de que não. Não existe isso de instinto de rebanho primário. O que está em operação é a estrutura mais complexa que ele delineou anteriormente, aquela em que vários indivíduos se identificam uns com os outros em seu amor pelo mesmo objeto. O motivo pelo qual o instinto de rebanho não explica os grupos é que ele não deixa espaço para a figura do líder, que Freud já afirmou ser crucial. O líder é necessário porque ele constitui aquele ponto em relação ao qual todos os outros são iguais uns aos outros. Os membros afirmam sua igualdade entre si à luz da superioridade do líder em relação a todos. Freud apresenta a demanda por igualdade como uma formação reativa decorrente da inveja; se eu não posso ter uma relação especial com o líder, então ninguém mais vai ter. A igualdade da

---

[92] Sigmund Freud, *Group Psychology and the Analysis of the Ego*, cit., p. 62.
[93] Ibidem, p. 63.

multidão é, portanto, uma espécie de solidariedade negativa dos rivais. Freud substitui o instinto de rebanho por uma horda. O homem é um animal de horda, um "membro individual de uma horda conduzida por um chefe"[94].

Para Freud, a horda primeva é a forma originária que a multidão revive. Ele observa que as dinâmicas associadas às multidões – "a atrofia da personalidade individual consciente, a orientação de pensamentos e sentimentos nas mesmas direções, o predomínio da afetividade e da psique inconsciente" – estão contidas em sua ideia da horda primeva[95]. Freud, assim, transforma os processos de multidão em uma *ur*-forma de socialidade, fechada e mítica. O comportamento grupal corresponde a uma regressão a um estado mental primitivo.

De acordo com o mito freudiano da horda primeva, por causa dos fortes laços emocionais conectando o grupo, "havia apenas uma vontade comum, nenhuma singular"[96]. Freud, portanto, postula que a mais velha psicologia humana é a psicologia de grupo. A psicologia individual "emergiu somente depois, aos poucos, e como parcialmente ainda, a partir da velha psicologia de massa"[97]. Mas ele rapidamente se corrige, tornando coprimárias a psicologia individual e a de grupo. Por quê? Por causa da figura do líder, o pai livre, forte e voluntarioso da horda. Isso reintroduz o problema da psicologia individual em outro patamar: cumpre explicar não apenas de onde esse pai primordial vem, mas também de que forma um membro pode se tornar um líder. "Logo, deve haver a possibilidade de transformar a psicologia da massa em psicologia individual" – que é precisamente a tarefa a que Freud se propõe

---

[94] Ibidem, p. 68.
[95] Ibidem, p. 70.
[96] Idem.
[97] Ibidem, p. 71.

em "Psicologia das massas e análise do eu"[98]. Mas sua resposta é quase um disparate. Ela se volta contra si mesma, sugerindo que os filhos eram inicialmente indivíduos que foram depois forçados à psicologia de grupo pelo ciúme sexual do pai primordial, o que significaria que a psicologia individual vem primeiro. E, postula um sucessor a quem será permitido o acesso às mulheres, rompendo seus laços libidinais com o grupo. A sucessão representa a força invertida, como se os filhos da horda retivessem seus desejos individuais iniciais, em vez de fundi-los completamente à psicologia de grupo. Freud recorre a esse mito para sustentar a forma indivíduo e ocultar o desconcerto que os processos de multidão provocam nela. O mito narra esses processos conjuntamente em uma história na qual divisão e conexão são igualmente forçadas e na qual as dinâmicas afetivas que promovem a desarticulação são as mesmas responsáveis pela coesão.

Em um pós-escrito a "Psicologia das massas e análise do eu", como impelido a tornar esse mito mais dinâmico, Freud fornece complementos a sua breve discussão sobre a horda. Ele introduz a história patricida de "Totem e tabu", o que lhe permite acrescentar ao mito elementos de insatisfação, novos desenvolvimentos, colapso e compensação. Freud o faz para fornecer outra narrativa de origem – e um mito mítico – para o surgimento do indivíduo a partir do grupo.

No mito elaborado, o primeiro a se libertar do grupo é o poeta. O poeta disfarça a verdade do assassinato do pai, colocando um herói no interior da multidão (presente nos contos de fadas na figura dos grupos de pequenos animais e insetos que ajudam o herói a realizar suas tarefas). Ao criar o mito do herói, o poeta confere ao grupo um indivíduo idealizado com quem cada um pode se identificar. Cada um pode imaginar-se como o herói, agindo sozinho e

---

[98] Ibidem, p. 72.

abolindo aquele que oprime a todos. Por sua escrita, o poeta, uma figura imaginária da fantasia, cria o indivíduo, da mesma forma que faz o próprio Freud quando postula a primazia do pai da horda.

As figuras do líder e do poeta tomam o lugar da multidão, tornando-se, eles próprios, modelos de subjetividade em sua forma individualizada. Como mencionei, Freud considera insuficiente a discussão que Le Bon faz sobre o líder. Em *Psicologia das multidões*, Le Bon só começa a falar sobre líderes na metade do texto. Quando o faz, ele trata o líder como o núcleo da vontade em torno da qual se forma uma multidão – aquilo que em lacanês poderíamos chamar de objeto-causa do desejo da multidão. A multidão não deseja o líder; o líder incita e dirige o desejo da multidão. O líder é um instigador, um agitador cuja intensidade inspira a multidão e concentra a atenção dela. E ainda que Le Bon admita raros grandes líderes da história, aqueles cuja vontade é tão poderosa e duradoura que "nada resiste a ela; nem a natureza, nem os deuses, nem o homem", ele se concentra principalmente no fato de que o líder começa como um dos liderados e que ele próprio é conduzido, hipnotizado pela ideia, da mesma forma que Robespierre o foi por Rousseau[99]. A ideia possui o líder de modo que nada mais existe para ele, o que explica por que os líderes da multidão "são recrutados das fileiras das pessoas morbidamente nervosas, excitáveis e semiperturbadas que se encontram à beira da loucura". Para Le Bon, o líder concentra e transmite uma ideia, transformando-a em causa de ação. Aliás, ele ainda chega a considerar a possibilidade de que os periódicos de massa até talvez estejam substituindo o líder, na medida em que também podem simplificar, consolidar e transmitir ideias.

Em vez de conceber o líder como um hipnotizado, Freud o trata como um hipnotizador: "O hipnotizador afirma estar de posse

---

[99] Gustave Le Bon, *The Crowd*, cit., p. 71 e p. 68.

de um poder misterioso, que rouba ao sujeito a vontade própria, ou, o que é o mesmo, o sujeito acredita isso dele"[100]. Ele argumenta, ainda, que o próprio caráter inquietante (*Unheimlichen*) da hipnose indica algo familiar mas reprimido, seja da relação da criança com os pais, seja da relação da horda primitiva com o pai primevo. Freud, assim, transfere para a multidão certa passividade presente no líder de Le Bon – o fascínio do líder em relação à ideia. O líder torna-se ativo no lugar da multidão. Na condição de pai primevo, o líder adquire uma liberdade, independência e capacidade intelectual completamente ausentes em Le Bon, ainda que também carregue vestígios dos excessos da multidão em sua própria forma furiosa de gozo. Freud enfatiza que o pai da horda não precisa de nenhum reforço dos outros. Le Bon faz do próprio líder um seguidor, um canal para os instintos naturais de uma multidão que já não obedece à autoridade do governo.

Da mesma forma que Freud transpõe a atividade da multidão à figura do líder, ele transfere a criatividade da multidão à figura do poeta. Logo nas primeiras páginas de "Psicologia das massas e análise do eu", ele reconhece que os grupos são capazes de "geniais criações do espírito, como a própria língua demonstra, acima de tudo, e também o canto popular, o folclore etc."[101]. Para Le Bon, as multidões eram responsáveis pela criação da linguagem. Ao fim de "Psicologia das massas e análise do eu", a criatividade já é uma província do indivíduo, o poeta único que inventa o mito heroico do assassinato do pai.

Freud apresenta a psicanálise como uma teoria capaz de explicar aspectos do comportamento grupal que são centrais à teoria da multidão. Lá onde os teóricos da multidão veem números, contágio e sugestão como fatores inovadores, geradores de ações

---

[100] Sigmund Freud, *Group Psychology and the Analysis of the Ego*, cit., p. 73.
[101] Ibidem, p. 20.

inesperadas e incontroláveis, Freud identifica os padrões explicáveis da psicologia individual: não há nada de novo aqui, exceto as próprias descobertas freudianas. A subjetividade coletiva da poderosa e soberana multidão de Le Bon, muitas vezes criminosa e por vezes heroica, é incorporada a um indivíduo figurado como líder ou poeta, e a própria forma indivíduo torna-se a arena de disputa de desejos, pulsões, ideais e ansiedades, processos orgânicos localizados, na melhor das hipóteses, em um ser provisório formado por elementos heterogêneos. Ou seja, em vez de explicar a multidão, o que Freud faz é encerrá-la, de maneira frágil e desajeitada. Onde havia muitos, agora aparece um só. A tentativa da psicanálise de dar conta do desejo coletivo condensa-o e desloca-o para a forma indivíduo. Por mais surpreendente que possa parecer, no fim das contas o infame Le Bon talvez nos ensine mais sobre a subjetividade coletiva que Freud.

Conclusão

Se o sujeito é interpelado como indivíduo, as forças dos muitos tornam-se atributos imaginários de um. O indivíduo aparece como lócus de uma capacidade para inovação e de interrupção que no fundo é apenas efeito das coletividades. Se a ideologia burguesa é a relação imaginária dos indivíduos com suas condições reais de existência – como aprendemos com Althusser –, essas condições serão representadas repetidamente como questões individuais de preferência e escolha, crença e circunstância. As contradições constitutivas das relações capitalistas seguirão existindo lado a lado, manifestando-se na forma de sonhos ou neuroses. A coletividade, por sua vez, será figurada de maneira derivativa, à sombra do indivíduo, de modo que a subjetividade que ela evidencia não apareça como efeito de um sujeito. Em vez de se apresentar como a força dinâmica da multidão que é, o desejo aparece como anseio pessoal. A pulsão deixa de se apresentar como um circuito inescapável de atividade para aparecer como vício. Ainda que o sujeito da psicanálise não seja o sujeito razoável e autoconsciente do liberalismo, quando a psicanálise interpreta o inconsciente como predicado de um indivíduo, ela está efetivamente operando a serviço do liberalismo ao fornecer apoio velado à subjetividade individualizada concebida em termos de uma vontade racional e cognoscível. Nessas condições, fica ainda mais difícil reconhecer o coletivo como um sujeito, porque os termos do que conta como ato de um sujeito aparecem truncados e distorcidos. Entendido pelo prisma do indivíduo, o sujeito é impossivelmente, fantasticamente independente e duradouro – em vez de heterogêneo, conflituoso, temporário, incircunscrito e dependente de objetos e figuras que o ultrapassam. A multidão volta a se tornar inconsciente na operação contínua de enclausuramento efetuada pela forma indivíduo.

Althusser indaga por que a relação dada aos indivíduos de sua vida material coletiva é uma relação imaginária. Minha resposta é que ela é imaginária justamente porque é dada a eles na condição de indivíduos. Althusser, porém, tenta uma explicação diferente, que enfatiza a dimensão prática da crença: ajoelhar-se, rezar, fazer um aperto de mãos. Ele quer chegar à dimensão material da ideologia nas práticas, mas ele perde de vista como essas práticas são coletivas, genéricas. Em si mesmas, elas não são práticas individuadoras, mas, sim, práticas de um corpo de crentes, de uma coletividade. Mobilizando Freud como reforço, Althusser afirma, no entanto, que o indivíduo é sempre-já um sujeito, particularmente na medida em que nasce em uma família, um lugar, e "ficamos sabendo antecipadamente que terá o nome do pai, portanto, terá uma identidade e será insubstituível"[102]. Essa sua afirmação aponta não para a inevitabilidade da subjetivação, mas para a especificidade

---

[102] Louis Althusser, "On Ideology", cit., p. 20 [p. 214].

da interpelação como indivíduo na família burguesa. Nesse quesito, Althusser mistura práticas genéricas e práticas de nomeação, de modo que se perde a diferenciação entre as que envolvem grupos e as que interpelam um único indivíduo pelo nome.

Le Bon é um reacionário detestável. Através de *Psicologia das multidões*, ele aciona o alarme, alertando as elites para a ameaça representada pelo poder das massas, e nos fornece aos demais uma janela para a vontade formada, expressa e liberada na forma de um sujeito coletivo. A coletividade traz consigo uma sensação de invencibilidade, uma coragem imensa, e a capacidade de deixar o interesse próprio de lado. Ela vem junto com uma igualdade inabalável, uma demanda por justiça que o próprio Freud reconhece, ainda que a derive de uma inveja originária. As "causas excitadoras" da intensidade dirigida da multidão são imprevisíveis e temporárias, o que aumenta ainda mais a ansiedade das elites desesperadas para se agarrar ao privilégio que elas associam à sua individualidade antes de serem varridas, compelidas por pensamentos e ações que abominam. Destrutiva, criativa, imprevisível, temporária e intensa: a multidão exprime o poder paradoxal do povo como sujeito.

3
O POVO COMO SUJEITO: ENTRE MULTIDÃO E PARTIDO

Atentar para o acontecimento de multidão disruptivo rompe o impasse que o indivíduo coloca para a política de esquerda. Sinalizando o poder paradoxal do povo como sujeito político, a multidão introduz uma pressão inesperada, depois se dissipa. Sentimos a força dos muitos, mesmo sabendo que não se trata de todos. Há sempre mais. Insistente e opaca, a multidão ilumina atributos de subjetividade política que são próprios da unidade contingente e heterogênea dos coletivos, atributos que se perdem nas representações equivocadas do campo político como constituído por indivíduos. A política não é uma questão de deliberação, escolha e decisão; ela se manifesta na forma de brechas e rupturas, na imprevisibilidade de uma causa excitadora e por meio de coragem coletiva, intensidade direcionada e capacidade de coesão.

Isso não significa, contudo, que a multidão seja de fato um sujeito político. Defendo neste capítulo que a ruptura da multidão é o Real que incita a subjetivação política. A multidão é um componente necessário, mas incompleto, da subjetividade política, é a abertura rasgada pela pressão concentrada exercida por muitos, é o poder disruptivo da quantidade. Se esse ímpeto terá sido uma expressão emancipatória igualitária do povo como um sujeito político coletivo, isso depende do partido. A multidão não é o povo.

A multidão não é um sujeito político. Na verdade, o povo aparece como o sujeito da política quando a ruptura do acontecimento de multidão puder ser atribuída a ele retroativamente como um efeito da (e em fidelidade à) descarga igualitária da multidão.

O que querem as multidões?
A partir da leitura que fizemos do infame Le Bon no capítulo anterior, abrimos uma via de acesso às dinâmicas políticas, aos fluxos afetivos de contágio, sugestão e imitação que excedem a vontade consciente dos indivíduos, pois formam um ser provisório a partir de elementos heterogêneos. Os fenômenos de multidão não podem ser reduzidos a "conteúdos" específicos, isto é, às pautas ou às queixas ostensivas que ocasionam seu surgimento. Eles têm dinâmicas próprias, impulsos e desejos coletivos. Le Bon apresenta o inconsciente político como a multidão de outros diversos e indeterminados a quem pertencemos e a força que esse pertencimento exerce. Às vezes a multidão se faz presente fisicamente. Às vezes não.

Freud encerra o tumultuoso pertencimento da multidão na estrutura frágil, mas duradoura, da psique. Ele transforma os muitos em um e, com isso, perde a capacidade de analisar a força da coletividade. No entanto, na medida em que trata a multidão como produto de desejos individuais, Freud não deixa de adquirir a capacidade de dizer algo a respeito do desejo coletivo. Os laços de grupo se formam a partir da identificação de um indivíduo com outro com base no amor por um objeto comum.

Le Bon não teoriza o desejo da multidão. Ele o pressupõe como algo dado, incorporando-o na determinação das massas em destruir a sociedade e restaurar o comunismo primitivo. O desejo da multidão é inseparável da vontade de coletividade formada a partir de seu ser provisório. Os fenômenos de multidão que interessam a Le Bon definem uma nova era política marcada por um envolvimento inédito das massas. O próprio fato de que as multidões se acumulam, de que é nítido que as pessoas deixaram seu devido lugar, perturba uma ordem social e cria a possibilidade de outra. O que as pessoas desejam importa menos que o simples fato de que elas desejam. O desejo da multidão registra-se na concentração que nega, na positividade de uma negação das fronteiras e das separações que conferem ordenamento ao ser social.

Observadores e comentaristas geralmente reagem a grandes multidões políticas com uma mescla de ansiedade e entusiasmo. Com a ordem social desarticulada, tudo pode acontecer. Um caso exemplar aqui é a descrição de Hippolyte Taine das multidões na Revolução Francesa. Escrita no rescaldo da Comuna de Paris de 1871, o texto de Taine foi uma das influências de Le Bon. Até hoje ele serve de protótipo para a descrições de multidões. É possível identificar ecos dele nos comentários contemporâneos sobre os motins do século XXI. Taine descreve um enxame tumultuoso. "Os famélicos, os rufiões e os patriotas formam um só corpo e, doravante, a miséria, o crime e o espírito público se unem para proporcionar uma insurreição sempre pronta para os agitadores que desejam incitar uma."[1] A multidão de Taine não *tem* uma política. É uma *oportunidade para* a política. Necessidade, violência e senso de justiça reforçam-se mutuamente. A multidão manifesta o desejo do povo, mas sem nos dizer para que serve, dizendo-nos, em vez disso, que ele nunca pode ser uma coisa, nem *uma* nem *coisa*, e que até que seja dispersa ela permanecerá para além de satisfação. Como num truque de ventriloquia, Taine vocaliza comentários que poderiam muito bem ser lidos em textos de internet do século XXI:

> Nessa baderna de políticos improvisados, ninguém sabe quem está falando; ninguém é responsável pelo que diz. Cada um está lá como

---

[1] H. A. Taine, *Origins of Contemporary France*, t. II: *The French Revolution*, v. 1 (trad. John Durand, Londres, Daldy, Isbister & Co, 1878), p. 30-1.

se estivesse em um teatro, um desconhecido entre desconhecidos, exigindo estímulos e êxtases sensacionais, suscetível ao contágio das paixões ao seu redor, arrastado no turbilhão de bordões sonoros, de notícias prontas, rumores crescentes e outros exageros por meio dos quais os fanáticos ficam tentando superar uns aos outros.[2]

Aqui, no levante da multidão política, não há demanda clara ou pauta única, ninguém reconhecidamente responsável. O clima é de rumores sem conhecimento e de retórica sem base. As pessoas na multidão estão falando, e seu desejo coletivo vai além do que é dito individualmente.

Nos Estados Unidos de hoje, pode parecer que o que as pessoas mais desejam são bens de consumo baratos. Nossa imagem mais presente de multidões é a manada de clientes atravessando os portões do Wal-Mart na *Black Friday*. Telas onipresentes nos mostram hordas caóticas de pessoas espremidas diante dos portões fechados de grandes varejistas, aglutinadas em torno de vontades pessoais por coisas, mas nada que se pareça muito com um desejo coletivo. Nessas imagens de multidão, o capitalismo formata nosso cenário para que apareçam apenas consumidores e mercadorias: os consumidores fundidos em uma massa única por causa do apagamento do espaço social, as mercadorias agora tão desejáveis como se tivessem a capacidade mágica de efetuar esse apagamento. Aqui, ocupa o lugar do objeto do desejo coletivo uma fantasia de demandas que as mercadorias podem satisfazer. Os clientes da *Black Friday* sabem o papel que desempenham. Décadas de cobertura da mídia deixaram isso mais que claro, em entrevistas com caçadores de pechinchas enfrentando filas enormes, passando frio na porta de lojas, animados espremidos contra as vitrines e desesperados o bastante para se acotovelar, chutar e agarrar uns aos outros nessa cena de compras encenada com todos

---

[2] Idem.

os elementos de um saque. Que alguém possa acabar pisoteado até a morte só aumenta a animação dessa debandada de entusiasmo capitalista. A forma de ação de multidão que o capital espera nesses espetáculos de consumo – esperar, se espremer, correr – já foi devidamente estabelecida, roteirizada para gerar uma energia de multidão que o capital possa direcionar e explorar.

A Inglaterra do fim do século XX oferecia uma experiência de multidão semelhante para aqueles que assistiam a partidas de futebol nas arquibancadas de estádios. Bill Buford descreve a situação:

> A fisicalidade era constante; era inevitável – a menos que você literalmente escapasse ao resolver ir embora. Você podia sentir, e não tinha como não sentir, cada momento importante do jogo – através da multidão. Um chute ao gol era uma experiência sentida. A cada nova tentativa, a multidão audivelmente suspirava, prendendo o fôlego e, então, depois de outra defesa atlética, exalava de maneira igualmente exagerada. E cada vez as pessoas à minha volta se expandiam, suas caixas torácicas visivelmente inflando, e nos espremíamos mais um pouco. Eles ficavam tensos – com os músculos dos braços ligeiramente flexionados e os corpos endurecidos, ou talvez esticassem o pescoço para a frente, tentando determinar naquela estranha iluminação eletrônica noturna, sem sombras, se aquela bola entraria no gol. Dava para sentir a antecipação da multidão em todos os lados do corpo como uma série de sensações.[3]

Buford busca entender a violência dos torcedores ingleses, uma violência que se expressa não só nas brigas (pancadaria, chutes, facadas) e em danos materiais (quebrar, queimar ou atirar coisas), mas também envolve esmagamento, pisoteamento, acotovelamento, desmaios e sufocamento. A violência da multidão é

---

[3] Bill Buford, *Among the Thugs* (Nova York, Vintage, 1993), p. 166. Agradeço a Joe Mink a indicação desse livro.

mais um produto de design, arquitetura, padrões de bilheteria e transporte que propriamente uma expressão espontânea de raiva.

Uma multidão se forma em um lugar. Ela depende da limitação de um cenário para concentrar sua intensidade. Por um lado, os limites demarcam o permissível: "A multidão pode ficar aqui, mas não pode ir ali"[4]. Eles estabelecem as divisões que dão forma à multidão. Por outro lado, esses mesmos limites encorajam sua transgressão, direcionando a atenção da multidão. Eles fornecem os limiares que, uma vez cruzados, permitem que a multidão sinta sua força e renove sua afirmação de poder. Buford aborda esse sentimento de multidão, aquele momento eletrizante em que se oblitera certo senso de individualidade, à medida que todos os mediadores de intercâmbio social que sustentam nossa existência separada dão lugar à "autoridade jubilante de estar de repente em uma multidão"[5]. Carga, atmosfera, pressão, expectativa, excitação: a sensibilidade afetiva do coletivo torna-se desejável em si mesma, o sentimento compartilhado do poder da quantidade. Essa sensação nos permite interpretar a multidão como a positividade da negação, como uma expressão positiva da negação da individualidade, da separação, das fronteiras e do limite.

A descarga igualitária

A representação de Buford das multidões violentas associadas aos torcedores ingleses repete elementos-chave do clássico *Massa e poder*, de Elias Canetti. Mencionei no capítulo 1 que Canetti associa a multidão a um medo primitivo, o temor do contato, particularmente com um estranho ou desconhecido. É só na multidão – quanto mais densa melhor – que nos liberamos desse medo. "Tão logo nos entregamos à massa não tememos seu contato", escreve

---

[4] Ibidem, p. 190.
[5] Ibidem, p. 194.

Canetti. "Subitamente, tudo se passa então como no *interior de um único corpo*. Talvez essa seja uma das razões pelas quais a massa busca concentrar-se de maneira tão densa: ela deseja libertar-se tão completamente quanto possível do temor individual do contato." A multidão se aglutina provisoriamente em seu ser heterogêneo. Dissolvem-se as normas sobre a distância apropriada a se manter. Desmoronam-se as hierarquias convencionais. No lugar das distinções mobilizadas para produzir a forma indivíduo, há um ser temporário de múltiplas bocas, ânus, estômagos, mãos e pés, sendo composto de dobra sobre dobra de peles que se tocam.

Canetti descreve o momento do surgimento da multidão como a "descarga". Este é o ponto em que "deitam-se abaixo as separações, e todos se sentem iguais"[6]. Antes de atingir esse ponto, pode até haver muitas pessoas, mas ainda não se trata daquela concentração de corpos e afetos que é uma multidão. A densidade, porém, à medida que aumenta, produz efeitos libidinosos:

> Nessa sua concentração, onde quase não há espaço entre as pessoas, onde os corpos se comprimem uns contra os outros, cada um encontra-se tão próximo do outro quanto de si mesmo. Enorme é o *alívio* que isso provoca. É em razão desse momento feliz, no qual ninguém é *mais* ou melhor que os outros, que os homens transformam-se em massa.[7]

Canetti nos apresenta uma multidão como um estranho atrator de *jouissance*, uma figura de gozo coletivo[8]. A energia

---

[6] Elias Canetti, *Crowds and Power* (trad. Carol Stewart, Nova York, Farrar, Straus and Giroux, 1984), p. 17; publicação alemã original de 1960 [ed. bras.: *Massa e poder*, trad. Sergio Tellaroli, São Paulo, Companhia das Letras, 2019]. Todos os trechos da obra citados neste livro foram extraídos do *e-book* da edição brasileira.

[7] Ibidem, p. 18 (grifos do autor).

[8] Para uma discussão sobre atratores estranhos, ver meu livro *Democracy and Other Neoliberal Fantasies* (Durham, Duke University Press, 2009), p. 67-70.

libidinal da multidão lhe garante o vínculo para "um momento feliz", um momento em que, segundo ele, "todos se sentem iguais" na intensidade compartilhada do pertencer. Esse sentimento não é duradouro. A desigualdade voltará à tona com a dissipação da multidão. Pouquíssimos abrem mão das posses e associações que os separam (são os que de fato correspondem ao que Canetti denomina "cristais de massa"). Mas, na descarga orgástica, "um estado de absoluta igualdade" suplanta as distinções individuantes[9].

A igualdade das multidões em Canetti não tem nada a ver com a igualdade imaginária dos rivais em Freud. Tampouco se assemelha à *igualdade burguesa* problematizada por Marx na *Crítica do programa de Gotha*. Não se trata aqui da igualdade formal de um padrão comum aplicado a diferentes pessoas, objetos ou dispêndios de trabalho. Na verdade, o tipo de igualdade que Canetti invoca é aquele em que "uma cabeça é uma cabeça; um braço é um braço – as diferenças não importam"[10]. A desindividuação acompanha o pertencimento intenso. Assim como Marx observa entre parênteses que indivíduos desiguais "não seriam indivíduos diferentes se não fossem desiguais", também Canetti associa desigualdade a diferenciação, drenando a substância fluida e móvel da coletividade à forma de indivíduos distintos. A força da igualdade na multidão rompe o cerco sempre frágil e imaginário da forma indivíduo, possibilitando ao coletivo experimentar sua coletividade. Canetti argumenta que a igualdade da multidão impregna todas as demandas por justiça. É a igualdade entendida como pertencimento – e não separação, sopesamento e mensuração – que confere "energia" (o termo é do próprio Canetti) ao anseio por justiça. Como discuto adiante, um partido comunista organiza a

---

[9] Elias Canetti, *Crowds and Power*, cit., p. 29.
[10] Idem.

fidelidade a essa igualdade, a essa justiça, a esse feliz e prazeroso momento de pertencimento.

São muitos os que condenam a multidão por sua destrutividade sem investigar por que ela destrói. Canetti associa a destrutividade à descarga, quase como se a multidão estivesse gritando em êxtase: "O ruído da destruição [...] contribui de modo considerável para o prazer que se tem nela". Barulhos de vidros estilhaçando aumentam o júbilo da multidão, atestando sua força e prolongando o gozo através da promessa de um crescimento e movimento continuados: "O tinir é o aplauso dos objetos"[11]. É particularmente satisfatória a destruição de barreiras. Nada está fora dos limites porque não há limites. Arrebentam-se janelas e portas que fazem com que as casas sejam espaços separados, espaços para indivíduos afastados da multidão.

> O próprio indivíduo tem a sensação de que, na massa, ele ultrapassa as fronteiras de sua pessoa. Sente-se aliviado por se terem eliminado todas as distâncias que o compeliam de volta a si próprio e o encerravam. Com a eliminação das cargas da distância, ele se sente livre, e sua liberdade consiste nesse ultrapassar das fronteiras.[12]

A multidão de Canetti é desejante. Ela quer crescer, aumentar e se alastrar. Persistirá enquanto estiver se movimentando em direção a um objetivo. Além de igualdade e densidade, portanto, Canetti atribui às multidões traços sugestivos daquilo que a psicanálise trata como desejo: crescimento e direcionalidade. O desejo de aumentar é um impulso para ser mais, eliminar barreiras, universalizar e estender o sentimento de multidão de tal modo que nada fique fora dela. A existência de uma direção intensifica a igualdade na medida em que fornece um norte comum. Se a

---

[11] Ibidem, p. 19.
[12] Ibidem, p. 20.

multidão continuar existindo, a meta deve permanecer inalcançada. Dito em termos lacanianos: o desejo é um desejo de desejar.

Nos Estados Unidos de hoje, multidões políticas, isto é, multidões não autorizadas pelo capital nem pelo Estado, raramente se manifestam na rua. O aumento parece um desejo limitado ao capital. O ano 2011 foi de esperança e ruptura porque os manifestantes de Madison (Wisconsin) e, na sequência, os vários acampamentos do movimento Occupy abriram um buraco na parede de expectativas que nos permitiu vislumbrar possibilidades coletivas radicais. No mais das vezes, porém, multidões políticas são fenômenos que ocorrem em outros lugares: Tunísia, Egito, Grécia e até Canadá. A edição de 2 de dezembro de 2013 do programa de notícias *Democracy Now!* expressou bem esse *status quo*: as manchetes destacaram milhares de pessoas protestando contra a possível expulsão de árabes beduínos dos territórios ocupados por Israel, milhares de pessoas que se manifestavam em Honduras exigindo novas eleições, dezenas de milhares de mexicanos protestando contra seu presidente, centenas de milhares de ucranianos se manifestando contra a recusa do governo em reforçar os laços com a União Europeia... e um "tuíte republicano que sofreu gozações por afirmação racista". O Comitê Nacional Republicano havia tuitado uma foto de Rosa Parks com a seguinte mensagem: "Hoje honramos a valorosa postura de Rosa Parks e seu papel no fim do racismo". Milhares de pessoas retuitaram a postagem acrescentando a *hashtag* #RacismEndedWhen [#oRacismoAcabouQuando].

Nas manchetes do *Democracy Now!*, esse deboche de rede social, contido e canalizado através de comunicações em rede, aparece no mesmo nível de protestos em massa em outros países, como procurando compensar a multidão ausente – e é possível perceber o eco dos muitos na escolha de termos como "*crowdsourcing*". Mais uma vez, os circuitos pulsionais do capitalismo comunicativo capturam energia política. Mas esse momento midiático, contido e limitado, não deixa de indicar a necessidade da multidão em relação à política. Milhões de repetições sob um termo comum – assinalado pela *hashtag* – fazem frente contra as tentativas do Partido Republicano de se repaginar, sublinhando como ele não percebe o racismo em curso nos Estados Unidos. Por um breve momento, a multidão do Twitter transforma a falta em um objeto comum. Ela desarticula a estratégia republicana de mídias sociais, e sua intrusão através de um termo comum nega a mínima diferença dos meios de comunicação personalizados do capitalismo comunicativo. Sua força vem de seu estatuto como ser provisório que comporta "muitos em um" – até ser engolido de volta pelo fluxo midiático. Mesmo aqui, mesmo nas multidões virtuais do capitalismo comunicativo, é possível vislumbrar uma expressão de desejo de multidão, um desejo que não pode ser reduzido a um objeto específico nem a indivíduos específicos contados separadamente, visto que a força de sua agregação não conta para nada. As mídias sociais são, portanto, um segundo local de crescimento, este permitido e louvável: todos querem mais amigos, compartilhamentos e seguidores.

Multidões exercem força, ou melhor, elas são uma força de desejo exercida pela coletividade. Quando se acumulam em espaços não avalizados pelo capital nem pelo Estado, elas rasgam o existente, instalando uma lacuna de possibilidade. A presença de uma multidão é uma expressão positiva de negação. Juntas, as pessoas agem de maneiras que seriam impossíveis para indivíduos isolados, um fenômeno que preocupava os teóricos da multidão do início do século XX. Exercendo pressão contra as configurações dominantes, a multidão prefigura uma possibilidade coletiva, igualitária – mas "prefigura" de uma maneira absolutamente literal: "Antes da figuração". A multidão por si só, sem nome, não representa uma alternativa; ela rasga uma abertura rompendo os limites que definem a experiência permitida. Ela baralha o existente e ameaça aquilo que ainda não se fez presente (eu digo "baralha" porque "montar" implicaria ordem e "desmontar" implicaria destruição sem subjetividade)[13]. As pessoas estão lá, mas, por causa do desejo ativo da multidão, sua presença tem outro estatuto: estão reunidas em um estado tão absoluto de igualdade que "uma cabeça é uma cabeça; um braço é um braço – as diferenças não importam"[14]. Juntas, pessoas anteriormente separadas imprimem a possibilidade do povo como o sujeito coletivo de uma política.

A energia da multidão se abre para a subjetividade política, mas não é o mesmo que a subjetividade política. É necessária, mas insuficiente, parte incompleta de uma política que ainda não é a política de uma parte, metade de um sujeito dividido. Para que a multidão se torne o povo, é preciso representação, representação fiel à igualdade, ao "momento feliz" da descarga. Alguns do campo da esquerda – autonomistas, insurrecionistas, anarquistas e comunistas libertários – abraçam de tal forma a energia liberada pela multidão que eles confundem aquilo que é uma abertura, uma oportunidade, com um fim. Imaginam o objetivo da política como a proliferação de multiplicidades, potencialidades, diferenças. A liberação do lúdico, do carnavalesco e do espontâneo é lida como indicador de sucesso político, como se a duração não passasse de uma multiplicação de momentos em vez de ser, em si mesma, uma mudança qualitativa. Para os fantasiadores da política como um momento belo, qualquer interpretação de um acontecimento de multidão deve ser contestada em virtude de sua inevitável incompletude, ou parcialidade. Esquecem, ou renegam,

---

[13] Aqui o jogo proposto pela autora é entre os termos *assemble*, *disassemble* e *misassemble*, onde o prefixo *mis-* (ausente na língua portuguesa) confere significado de "errôneo", "mal" ou mesmo "inadequado", no sentido de reorganizar de maneira dissonante. (N. T.)

[14] Elias Canetti, *Crowds and Power*, p. 29.

o fato de que o caráter não todo do povo é a condição irredutível da luta. E assim veem organização, administração e legislação como um fracasso da revolução, como um retorno da dominação e hierarquia inadmissíveis, em vez de como efeitos e arranjos de poder ou atributos de uma intervenção política bem-sucedida.

A política do belo momento sequer é política. Política combina a abertura com uma direção, com a inserção da disrupção da multidão em uma sequência ou um processo que força em uma direção em vez de outra. Não há política enquanto não for anunciado um significado e não tiver início uma luta em torno desse significado. A maioria de nós tem experiências na vida cotidiana que confirmam esse ponto: nos deparamos com um monte de gente em um lugar inesperado e queremos saber o que está acontecendo. O que fazem? Para onde está todo mundo olhando? Por que a polícia está lá? Estamos diante de um protesto, um crime, um acidente, um set de filmagem? As explicações para o que está acontecendo podem divergir. É essa divergência, o conflito entre as versões, que assinala a divisão política. Insistir em permanecer na fantasia infantil do belo momento de indeterminação é uma tentativa de adiar a política e sua necessária divisão. Mais que isso, é uma negação ou mesmo uma traição da expressão de igualdade da multidão, do desejo coletivo por coletividade que incita a multidão.

Uma multidão proporciona uma oportunidade para o surgimento de um sujeito político. Ela não determina esse surgimento. Não tem como controlar a política que enseja. Mas essa política, por sua vez, pode proceder com maior ou menor fidelidade ao acontecimento de multidão, procurando dar continuidade e levar a cabo essa sua igualdade ou tentando a reprimir, negar e dissipar[15]. O momento caótico da multidão é indeterminado,

---

[15] "Ser fiel a um acontecimento é mover-se na situação que esse acontecimento suplementou *pensando* (mas todo pensamento é uma prática, um pôr à prova) a

mas fetichizar essa indeterminação efetivamente desmaterializa a multidão, isolando da própria ruptura as intensidades afetivas que rompem determinado cenário, como se um acontecimento de multidão não passasse de uma confusão semântica. A cacofonia de impressões e transes do desconhecido entre os desconhecidos libera um sentimento dos muitos que, no cotidiano, se canalizam em determinadas vias, deflagrando possibilidades que, em retrospecto, parecerão ter estado ali o tempo todo. O desafio político é manter a fidelidade a esse sentimento dos muitos – a descarga da multidão – sem fetichizar a ruptura cacofônica. O partido é uma forma de responder a esse desafio, sustentando a fidelidade mesmo que sua posição seja, ela mesma, um efeito da própria multidão. Na teoria marxista, os tratamentos dados à Comuna de Paris – pedra de toque para pensar a forma política do governo dos trabalhadores – ilustram este ponto.

A Comuna de Paris

Toda discussão sobre a Comuna de Paris inclui a multidão, o povo, a classe trabalhadora, a presença política chocante daqueles que foram excluídos da política e a consequente reconfiguração da própria política. No acontecimento Comuna, multidão e comuna se sobrepõem em uma expressão do desejo do povo. As interpretações da Comuna leem esse desejo e formulam afirmações sobre quem eram e o que queriam aquelas pessoas.

Não é muito correto dizer que o que aquelas pessoas queriam era a Comuna: antes de 18 de março de 1871, clubes e associações de diversas partes de Paris haviam repetidamente

---

situação 'segundo' o acontecimento." Alain Badiou, *Ethics* (trad. Peter Hallward, Londres, Verso, 2001), p. 41. [ed. bras.: *Ética: um ensaio sobre a consciência do mal*, trad. Antônio Trânsito e Ari Roitman, Rio de Janeiro, Relume-Dumará, 1995, p. 54-5].

convocado eleições para estabelecer uma nova Comuna. As pessoas já tinham se amotinado. Mas os protestos e a dissidência ainda não tinham rompido a conexão com o governo nacional. Isso só acontece quando o governo nacional tenta desarmar a Guarda Nacional de Paris e a multidão se insurge para impedi-lo. Na esteira dessa ruptura, os defensores de um novo governo municipal apresentam a Comuna como resposta e objeto, isto é, resposta à questão da forma política para Paris (e talvez para toda a França) e objeto do desejo do povo. O povo desejante é um efeito desse ato de postulação do objeto de seu desejo. O povo não o precede. O que o precede é a multidão.

Uma testemunha ocular descreve a multidão no dia 18 de março defendendo os canhões das tropas enviadas para retirá-los:

> Um enxame de mulheres e crianças subia a lateral da colina em uma massa compacta; os artilheiros tentavam em vão abrir caminho em meio à multidão, mas as ondas de pessoas engoliam tudo, brotando nas montarias de canhão, sobre as carroças de munição, sob as rodas, sob os pés dos cavalos, paralisando a ação dos oficiais a cavalo, que ficaram girando em falso, esporando suas montarias. Os cavalos recuavam e avançavam, seus movimentos repentinos afastavam a multidão, mas o espaço aberto era imediatamente preenchido de novo pelo movimento ondular daquele mar de gente.[16]

O povo coletivo se manifesta como uma força da natureza. Tal como o mar, ele engole em ondas tudo o que estiver ao redor. Canetti descreve o mar como um símbolo de multidão. Nas palavras dele:

> A densa coesão das ondas expressa algo que [...] os homens, quando reunidos numa massa, sentem muito bem: uma condescendência do

---

[16] Stewart Edwards (org.), *The Communards of Paris, 1871 [Documents of Revolution]* (Ithaca, Cornell University Press, 1973), p. 62-3.

indivíduo para com os demais que é como se ele fosse os outros, como se não possuísse mais fronteiras a delimitá-lo; uma dependência, pois, de que não há escapatória e, em decorrência disso, uma sensação de força, um ímpeto que todos os outros juntos lhe conferem.[17]

O ímpeto e o sentimento de força, a vontade, surgem do coletivo. Tentar reduzi-lo aos pensamentos ou às decisões dos indivíduos é tão absurdo quanto querer tratar o mar em termos de gotas de água agregadas. O movimento ondular dos corpos espremidos se sobrepõe ao pensamento e à decisão individuais. Os sons, os cheiros e a reação combinada reforçam a sensação de se tratar de um novo e poderoso coletivo.

A Guarda Nacional cede à multidão. As tropas são absorvidas nela, tornando-se não tropas à medida que se despojam de suas distinções de lugar e patente: confraternizam e se misturam[18]. A multidão oferece vinho e rocambole de carne, que são prontamente aceitos por homens que não tomaram café da manhã e estavam plantados havia horas naquele frio[19]. O jornal londrino *The Times* informou:

> Havia algo intensamente eletrizante na cena. A incerteza momentânea sobre se os homens estavam se encontrando como amigos ou inimigos, o entusiasmo escancarado dos gritos de confraternização, o bracejar dos mosquetes erguidos de cabeça para baixo, as mulheres ousadas e destemidas às gargalhadas, provocando os homens contra a vontade de seus oficiais, tudo isso combinado para produzir uma sensação de perplexidade não desprovida de certo alarme quanto à estranha e inesperada reviravolta das coisas.[20]

---

[17] Elias Canetti, *Crowds and Power*, cit., p. 80.
[18] Prosper Olivier Lissagaray, *History of the Paris Commune of 1871* (trad. Eleanor Marx, Londres, New Park, 1976), p. 65.
[19] Frank Jellinek, *The Paris Commune of 1871* (Nova York, Grosset and Dunlap, 1965), p. 112.
[20] Stewart Edwards (org.), *The Communards of Paris*, cit., p. 59.

Conforme a multidão vai crescendo e engolindo as tropas, ela se intensifica. Com cada acréscimo, com a abolição de seu exterior, a multidão se torna mais forte, mais confiante. Quando o general Lecomte chega, ele manda suas tropas dispararem contra a multidão. As tropas se recusam. Ele repete a ordem duas vezes. "E então as tropas viraram para cima o cabo dos rifles e, em meio à alegria selvagem do alívio da situação, passaram a entregá-los à multidão em troca de uma caneca de vinho, uma palavra gentil, um abraço fraterno. 'Vida longa à República!', eles gritaram; e a multidão respondeu: 'Viva a Linha!'"[21]. O relato da testemunha ocular que mencionei há pouco também evoca algo do poder igualitário da multidão em suas palavras finais: "O general cedeu. Ele percebeu plenamente o significado da situação. Sua fé no poder militar, seu desprezo pelo povo, suas esperanças e suas ambições – tudo isso tinha desaparecido diante da dura realidade: ele havia sido capturado como prisioneiro"[22].

Depois do dia 18 de março, haveria discussão sobre o que é e a que veio a Comuna – um governo da classe trabalhadora? –, mas ninguém questionaria o fato de que a situação era produto da realidade de uma insistência e de um desejo. A multidão força uma abertura, uma interrupção que muda o cenário político. Ela rompe os pressupostos da ordem, incitando assim tentativas de expandir, enclausurar ou capturar as intensidades liberadas em determinado sentido.

O fato de a Comuna ter se seguido ao acontecimento de multidão do 18 de março não significa que a multidão crie a Comuna nem que a Comuna expresse o poder constituinte do povo. A forma Comuna precede o acontecimento de multidão. Ela já era uma possibilidade política existente que havia sido ensaiada em

---

[21] Frank Jellinek, *The Paris Commune of 1871*, cit., p. 113-4.
[22] Stewart Edwards (org.), *The Communards of Paris*, cit., p. 65.

revoltas fracassadas em outubro e janeiro. Durante o outono e o inverno de 1870-1871, os militantes organizados como comitês de vigilância nos distritos de Paris debateram propostas e planejaram manifestações. No entanto, quando, em seus esforços de estabelecer a Comuna, tentaram forçar uma revolta, o povo não estava com eles. No plebiscito organizado depois do levante de 31 de outubro no Hotel de Ville, mais de 322 mil parisienses votaram em apoio ao governo nacional; 54 mil votaram contra[23]. Em janeiro, só algumas centenas de pessoas responderam à convocatória insurrecional do *affiche rouge* [cartaz vermelho] distribuído pela delegação dos vinte *arrondissements*, que "se via como a Comuna a ser constituída"[24]. Mesmo com milhares morrendo por causa do cerco prussiano, apenas alguns poucos insurgentes compareceram para uma nova insurreição planejada para o dia 22 de janeiro. A insurreição foi brutalmente reprimida, e o governo nacional caiu em cima de clubes, reuniões públicas e jornais. Nas eleições nacionais realizadas em fevereiro, no entanto, ficou claro que a maior parte das zonas rurais da França apoiava a monarquia e que as cidades eram mais favoráveis à república. A consequente ansiedade em torno de uma restauração da monarquia, a reunião da Assembleia Nacional em Bordeaux, o fato de ela deixar de remunerar a Guarda Nacional parisiense e o êxodo da burguesia – sem falar da pauperização do povo em curso por conta do cerco – produziram condições mais auspiciosas para um levante. Os esforços anteriores em nome da Comuna estabelecem antecipadamente a ideia do que uma revolta produziria, mesmo que eles não possam produzi-la. Comuna podia, assim, nomear uma divisão, "a antítese direta do Império", nas palavras

---

[23] Martin Breaugh, *The Plebian Experience* (trad. Lazer Lederhendler, Nova York, Columbia University Press, 2013), p. 177.
[24] Ibidem, p. 178.

de Marx[25]. Contudo, enquanto a multidão não criasse a abertura para tanto, isso não passava de uma "aspiração vaga" denotando uma oposição fundamental. Como antítese e aspiração, a forma Comuna precede sua chegada.

A luta pela Comuna também é uma disputa em torno de seu significado. Ela já foi apresentada como figura de republicanismo, nacionalismo patriótico, federalismo, centralismo, comunismo, socialismo, anarquismo e até mesmo secessionismo. Marx vê essa multiplicidade de interpretações "e a multiplicidade de interesses que a interpretam em seu benefício próprio" como indicações da enorme expansividade da forma Comuna[26]. Esse mesmo excesso também pode ser lido como uma falta, como a lacuna da política. Por exemplo, embora o discurso de abertura de Charles Beslay tenha retratado a Comuna como um governo municipal concentrado em assuntos locais, seus decretos logo passaram a abranger assuntos nacionais. Como observa Prosper Olivier Lissagaray em seu tratado definitivo sobre a Comuna, ela era "comuna pela manhã, Assembleia Constituinte de noite"[27]. Esse aspecto contencioso da forma política da Comuna é inseparável do acontecimento Comuna – e indicativo dele[28]. A multiplicidade não é atribuível a

---

[25] Karl Marx, "Civil War in France" em Lawrence H. Simons (org.), *Selected Writings* (Indianapolis, Hackett, 1995), p. 304 [ed. bras.: *A guerra civil na França*, trad. Rubens Enderle, São Paulo, Boitempo, 2011, p. 56].

[26] Ibidem, p. 307 [p. 59].

[27] Prosper Olivier Lissagaray, *History of the Paris Commune of 1871*, cit., p. 130.

[28] Frederick Busi escreve: "Desde seu princípio, a comuna esteve atormentada por indecisão e por uma diversidade confusa de objetivos e ideias. Um observador americano em Paris comentou: 'É um hospício habitado por macacos'. Desde o início, falta de disciplina e direção estorvaram seu desenvolvimento, e de maneira compreensível, pois ela nunca se mostrou capaz de decidir de fato se ela era a vanguarda da luta contra a injustiça social ou se era a favor da restauração da honra nacional por meio da guerra". "The Failure of Revolution", em John Hicks e Robert Tucker (orgs.), *Revolution and Reaction: The Paris Commune*

inovações institucionais específicas da Comuna. É um índice de divisão política e da disputa em torno do nome Comuna: seria a Comuna animada pela fidelidade à descarga da multidão? Ou será que outra política se apropriaria da energia da multidão em uma direção antitética à igualdade e à coletividade?

Consideremos a recepção da Comuna nos Estados Unidos. Em vez de ser animada pela fidelidade ao igualitarismo do acontecimento de multidão, ela se configurou pelo prisma da política da Reconstrução[29]. Projetos políticos antitéticos à igualdade e à coletividade tentaram se apropriar da energia da multidão parisiense. No Norte dos Estados Unidos, houve quem condenasse a Comuna por ver ali uma Paris despropositadamente separando-se da França, assim como os estados do Sul haviam descabidamente deixado a União. Tanto a Comuna quanto a Confederação rejeitavam um governo centralizado legítimo. Outros no Norte, cada vez mais desconfiados da soberania popular, usaram a Comuna como emblema do fracasso da Reconstrução. Um editor do jornal *The Nation* disparou contra o "socialismo na Carolina do Sul", que viria de "permitir que homens negros incompetentes governem e votem"[30]. A seu ver, nem Paris nem o Sul tinham a capacidade política de governar a si mesmos. Alguns sulistas abraçaram o paralelo entre Paris e a Confederação, particularmente a revolta contra uma autoridade governamental repressiva. Bizarramente, em 1880, um ex-vice-presidente da Confederação chegou a se identificar como comunista: Alexander Stephens, que se tornou membro do Congresso depois da guerra civil. Para Stephens, ser comunista

---

1871 (Amherst, The University of Massachusetts Press, 1973), p. 14-25, p. 19. O livro é uma reimpressão de *The Massachusetts Review* v. XII, n. 3, verão 1971.

[29] Philip M. Katz, *From Appomattox to Montmarte: Americans and the Paris Commune* (Cambridge, Harvard University Press, 1998).

[30] Ibidem, p. 97.

significava ser a favor da autonomia doméstica, apoiar a soberania do governo local[31]. Ele explicitamente rejeitava a abolição da propriedade privada, capturando o desejo comunista em um *ressentiment* racista que passou a ocupar o lugar da luta de classes e tentou tirá-la de cena. De qualquer forma, a questão aqui é evidente: contra Marx, a multiplicidade de interpretações da Comuna não tem nada a ver com a expansividade da sua forma política. Na verdade, essa multiplicidade aponta para a disputa em torno do nome incitada pela ruptura do acontecimento de multidão.

Marx sugere que a Comuna de Paris fornece um vislumbre de solução para o problema da forma política do povo. Enquanto todas as formas anteriores de governo tinham sido repressivas, a Comuna seria uma "forma política completamente flexível"[32]. A retórica de Marx é provocativa, polêmica e, como tal, bastante adequada para a disputa em torno do significado da Comuna. "Comuna" nomeia aspiração e antagonismo; designa a alternativa ao Império. Dentro da luta em curso em torno da realização positiva dessa alternativa, Marx prioriza um dentre os múltiplos interesses que tentavam se ver refletidos na forma Comuna, apresentando a Comuna "essencialmente" como a forma política "enfim descoberta para se levar a efeito a emancipação econômica do trabalho".

Em termos analíticos, o ensaio de Marx é menos satisfatório na medida em que equipara o autogoverno proletário com um sistema federal composto de comunas locais, assembleias distritais (compostas de delegados eleitos de cada comuna) e uma delegação nacional de deputados enviados dessas assembleias a Paris. O fato de esse arranjo ter se apresentado não o torna, em si, singularmente adequado para a emancipação do trabalho. Os arranjos políticos federais e distribuídos já serviram muito bem

---

[31] Ibidem, p. 108-10.
[32] Karl Marx, "The Civil War in France", cit., p. 307 [p. 59].

ao poder burguês e imperial. Marx ainda chega a reconhecer que no esquema de governo da Comuna os produtores rurais ficavam a reboque das cidades, de modo que a Comuna não eliminava a repressão. Na medida em que "Comuna" nomeia um corpo, aparelho ou esquema de governo que é composto de certo arranjo de escritórios, suas regras de manutenção e distribuição, bem como um conjunto de ditames que conectam esse arranjo às pessoas que governaria, "Comuna" institucionaliza algumas possibilidades e exclui outras. Ela coloca a repressão para funcionar. Marx, fiel à ruptura da multidão, apresenta a Comuna como continuação do momento igualitário. O que quero dizer é que a especificidade institucional da forma política da Comuna importa menos que a fidelidade de sua apresentação. Devemos prestar mais atenção à retórica de Marx que à sua análise (fraca). A retórica de Marx sinaliza sua fidelidade à ruptura igualitária do acontecimento de multidão. A Comuna incita uma subjetivação partidária, um acontecimento na expressão política da classe trabalhadora.

Nos diferentes relatos da Comuna de Paris, o referente "Comuna" é instável. Por vezes ele se refere a toda a Paris, por vezes ao povo parisiense que elegeu representantes para a Comuna, à classe trabalhadora, aos eleitos para a Comuna, aos que nela serviram ou até mesmo a conjuntos particulares de vozes no Conselho. Embora possamos e devamos traçar uma política a partir dessas variações – pois esse movimento não é nada menos que a expressão de um sujeito político e o cerco a ele –, vale notar que o próprio fato de haver esse tipo de mudança já indica uma característica irredutível do povo como não todo, não totalizável e nunca totalmente presente a si mesmo. O povo só está presente como poucos, alguns ou muitos. O perigo do substitucionismo para o qual Trótski alertava não é exclusivo aos partidos comunistas ou de classe trabalhadora. Trata-se de uma condição inevitável de qualquer política popular com pretensões emancipatórias igualitárias.

Nem o povo nem a classe (nem movimento nem massa) existem como unidade. Toda tentativa de invocar, criar ou falar em nome de tal unidade está fadada a se deparar com uma divisão ineliminável e constitutiva.

Em vez de resolver um problema político, o que a Comuna faz é instaurar um: o problema da soberania do povo. Ela é possível? E que formas pode assumir? O caráter não todo do povo tem sido um ponto recorrente de atrito no campo da teoria da democracia. Se o povo não constitui uma unidade, como pode governar a si mesmo? Como pode falar ou legislar? Como sabemos? As discussões teóricas ocorrem sob várias rubricas: fundação democrática, poder constituinte e a possibilidade de trazer algo novo à existência. Assumindo o lugar do mítico contrato social, o poder do povo de fazer sua própria história esbarra em seu enraizamento naquilo que só pode ser um crime contra a ordem anterior.

Em contraste, a teoria marxista faz da ordem anterior o próprio crime, repetindo a série de necessidade, crime e justiça que Taine associa à multidão. A classe revolucionária confere a suas ideias "a forma da universalidade" e as representa como "as únicas racionais, universalmente válidas". Marx explica: "A classe revolucionária, por já se defrontar desde o início com uma *classe*, surge não como classe, mas sim como representante de toda a sociedade"[33]. É nesse sentido que a luta de classes é uma luta política. Em vez de ser determinada dentro das condições econômicas em que classe confronta classe como duas forças distintas com interesses particulares, a classe revolucionária representa seus interesses como gerais, acima da vontade particular da classe opressora

---

[33] Karl Marx e Friedrich Engels, "The German Ideology", *Selected Writings*, cit., p. 130 [ed. bras.: *A ideologia alemã: crítica da mais recente filosofia alemã em seus representantes Feuerbach, B. Bauer e Stirner, e do socialismo alemão em seus diferentes profetas*, trad. Rubens Enderle, Nélio Schneider e Luciano Cavini Martorano, São Paulo, Boitempo, 2007, p. 48-9].

e contra ela. Mais precisamente, os partidários de classe e seus aliados lutam para apresentar o Real da interrupção destrutiva da multidão como expressões do desejo do povo.

Marx ancora a ruptura revolucionária nas condições de produção existentes. Ainda assim, a teoria marxista não escapa do problema do povo. Seja nos limites da luta da classe trabalhadora pela consciência sindical, no fracasso das massas em se revoltar, seja nas traições dos partidos de vanguarda elitistas, a teoria marxista e o movimento comunista se deparam com o povo desorganizado, desagradável e dividido. O povo resiste e se esquiva das próprias formas das quais depende a sua subjetividade política. Quando aparece, o que é raro, o movimento pela maioria não se dá necessariamente no interesse imediato da maioria. Não há revolução nem movimento revolucionário que possa realmente *ser* do povo, uma vez que ele não pode nunca estar plenamente presente. Implica sempre a imposição das ideias de alguns a muitos.

Em suma, a Comuna dá forma à ruptura com o governo nacional efetivada pela multidão, mesmo que o desejo ilusório do povo impulsione um novo processo subjetivo, um processo de inserção do povo na história como sujeito ativo e de releitura da história em termos das ações desse sujeito[34]. As interpretações da Comuna, assim, precisam lidar com o problema de entender o poder do povo. É efetivamente o que Marx sugere na carta a Kugelmann que Lênin cita em *O Estado e a revolução*: "nossos heroicos correligionários de Paris" estão ensaiando uma "revolução popular efetiva"[35]. Como argumentei, a existência de

---

[34] Alain Badiou, *Theory of the Subject* (trad. Bruno Bosteels, Londres, Continuum, 2009) [ed. bras.: *Para uma nova teoria do sujeito*, Rio de Janeiro, Relume-Dumará, 1994]. Todos os trechos da obra citados neste livro são traduções livres.
[35] Vladímir Lênin, "The State and Revolution", em Robert C. Tucker (org.), *The Lenin Anthology* (Nova York, Norton, 1975), p. 336 [ed. bras.: *O Estado e a revolução*, trad. Edições Avante!, São Paulo, Boitempo, 2017, p. 61-3].

tratamentos variados e conflitantes do fenômeno da Comuna não é indicação de uma forma política expansiva, tampouco reflexo de características específicas de desenho institucional. O que isso revela, na verdade, é a irredutibilidade da *lacuna entre o povo e suas formas políticas, a lacuna constitutiva da subjetividade do povo*. Badiou escreve: "O sujeito desliza entre as sucessivas representações parciais daquele cuja falta radical o institui como desejo articulado"[36]. Badiou está glosando Lacan. O que considero sugestivo é enxergar nas representações parciais da Comuna traços do povo como sujeito político. O ponto não é fetichizar a ruptura nem celebrar a pluripotencialidade dos infinitos modos de tornar-se. É identificar na sobreposição da forma Comuna e do acontecimento de multidão a especificidade de uma política igualitária emancipatória. Por ser uma forma para a expressão do desejo do povo, a Comuna é necessariamente faltante.

A destruição do espaço social

Em seu clássico sobre a Comuna de Paris como transformação do espaço social, Kristin Ross nos permite sentir a Comuna como a expressão de uma nova política[37]. Essa sensação política, no entanto, não é exatamente a política de um sujeito. É mais um prenúncio da política que sequestrou e desmantelou o senso de que a coletividade é um atributo necessário do sujeito político. A Comuna de Ross se parece com a Paris de 1968, mais especificamente com a Comuna de Paris representada pelos situacionistas em suas "Teses sobre a Comuna". Os situacionistas falam

---

[36] Alain Badiou, *Theory of the Subject*, cit., p. 138.
[37] Kristin Ross, *The Emergence of Social Space: Rimbaud and the Paris Commune* (Londres, Verso, 2008); originalmente publicado pela University of Minnesota Press em 1988.

do "maior festival do século XIX". A Comuna teria sido uma explosão de inventividade, um experimento de urbanismo revolucionário que, para aqueles que o viveram, foi uma experiência política totalmente consumada (e não uma tentativa fracassada de estabelecer uma nova forma de governo da classe trabalhadora). Essa versão da Comuna, desenvolvida e ampliada por Ross como celebração da individualidade, permanece uma imagem-chave da política radical hoje. É como imaginamos a revolução. E é o que temos que superar, uma possibilidade latente na própria atenção que Ross dá à multidão.

Para Ross, os elementos mais profundos da Comuna são a horizontalidade, a emancipação da divisão social e a politização da vida cotidiana. Ela identifica a horizontalidade da Comuna em seu "governo revolucionário em grande parte desprovido de lideranças". Essa horizontalidade teria se manifestado simbolicamente na destruição da Coluna de Vendôme. As divisões sociais foram desmoronando à medida que os trabalhadores se afirmavam como artistas e autores, que todos os agentes governamentais passaram a receber salários de classe trabalhadora e que novos padrões de circulação foram desenhados pelas barricadas, que bloqueavam os padrões anteriores. Tanto a horizontalidade quanto a eliminação da divisão social figuram na politização da vida cotidiana à medida que o poder estatal centralizado é substituído pela Comuna, uma forma política que não concentrava o poder em uma excrescência parasitária da sociedade, mas que operava como a própria politização da sociedade.

Crítica do que ela denomina "o Marx 'maduro', autor do socialismo científico", Ross distancia a política da Comuna da política de uma classe trabalhadora marchando inexoravelmente rumo ao comunismo. Superando os limites de classe e de propriedade, a práxis revolucionária da Comuna teria vindo de seu "desafio aos limites *entre* trabalho e lazer, produtor e consumidor, trabalhador e burguês, trabalhador e intelectual"³⁸. Esse desafio interrompe o movimento linear e centralizador do desenvolvimento do capitalismo ao comunismo, uma interrupção que Marx reconhece em *A guerra civil na França*. Ross coloca *O capital* entre parênteses a fim de vincular o relato de Marx sobre a Comuna à crítica inicial que ele fez a Hegel. Para ela, a relevância desses escritos reside no fato de Marx reconhecer um deslocamento da política, que passa de "um conjunto especializado de atividades, instituições e ocasiões" a "problemas concretos de trabalho, lazer, moradia, sexualidade e relações familiares e bairristas"³⁹. Assim, ela mobiliza Marx contra Marx a fim de apresentar a Comuna em termos de uma revolução variada e multiforme que atravessa o campo social. Ross escreve:

> A luta revolucionária é ao mesmo tempo difusa e direcionada, exprimindo-se por meio das diversas esferas culturais e contextos institucionais, em conflitos específicos e nas diversas transformações dos indivíduos, em vez de em alguma oposição rígida e polarizada entre capital e trabalho.⁴⁰

A revolução, aqui, não é expressão da luta de classes. É uma questão de múltiplas "transformações" diferenciadas. Na versão de Ross da revolução, aquilo que acontece com um indivíduo toma o lugar daquilo que uma classe faz acontecer.

Se a contribuição única da Comuna foi ter desafiado as fronteiras entre trabalho e lazer, produtor e consumidor, trabalhador e burguês, trabalhador e intelectual, então ela antecipa o capitalismo comunicativo. Ver na descrição de Ross da Comuna um precursor de nosso presente mediado não é nem forçar a barra. Ela enfatiza a "incrível abundância de jornais, panfletos, tratados,

---

[38] Ibidem, p. 20.
[39] Ibidem, p. 23 e 33.
[40] Ibidem, p. 33.

folhetos de propaganda, profissões de fé, declarações de intenções, manifestos"[41]. Durante os dois meses da Comuna, foram introduzidos mais de setenta novos periódicos. A política da Comuna era de "informação instantânea". Cartazes cobriam os muros de Paris. Proclamações eram lidas em voz alta nas ruas. Charges, caricaturas, sátiras e insultos – muitas vezes altamente sexuais – circulavam amplamente.

Em um ambiente onde dispositivos personalizados de mídia em rede nos servem de amarras para um trabalho sem fim, onde nossas atividades de consumidor são rastreadas, cruzadas e revendidas como tantos outros dados pesquisáveis e onde as conquistas da vida burguesa, da classe média, colapsaram em uma proletarização dos assalariados e dos endividados que enfrentam novas formas de desigualdade extrema, falar em eliminação de fronteiras soa mais como subsunção real capitalista que práxis revolucionária dos oprimidos. As próprias categorias de Ross reforçam a redução das questões de capital e trabalho: ela quer arrefecer essa oposição para que possam aparecer outros espaços de política. Retroativamente, essa redução se revela como o gesto de restauração capitalista efetuado sob a rubrica do neoliberalismo. A canalização da política nas esferas culturais e em conflitos específicos foi a forma de sua dispersão em *loci* que o capital poderia engolir com maior facilidade. O cerco da política nos indivíduos foi o índice da derrota da classe trabalhadora. Ross nos dá a revolução em (e como) uma forma já capturada pelo capitalismo, facilmente dispersada ao longo de fantasias do poder da criatividade para transformar os indivíduos.

A versão de Ross sobre o que foi a Comuna também é uma versão do que é a multidão[42]. Sua leitura matizada da multidão

---
[41] Ibidem, p. 136.
[42] Ibidem, p. 100-21.

na poesia de Arthur Rimbaud abre a possibilidade de repetirmos o movimento que ela faz com Marx, de modo a usar Ross contra Ross. Ross levanta as maneiras pelas quais os poemas de Rimbaud representam a multidão como um enxame. Alguns motes são acústicos: o rumor distante, um zumbido indistinto que reverbera ao fundo, "a frenética e inquieta imobilidade da latência", o farfalhar das árvores, do material contra si mesmo, das estrelas, o murmúrio da agitação que atravessa uma multidão. Outros são táteis: "a sensação de estar coberto de enormes enxames de insetos minúsculos", o "despertar das colônias da pele", "a dispersão da superfície do corpo em mil microssensações". Outros, ainda, são lexicais, justaposições fantásticas de palavras (como "estrelas sussurrantes") em um "enxame de relações" que sugere "a premonição de uma mudança nas relações dos elementos consigo mesmos"[43]. Para Ross, tratar Rimbaud como um poeta da sensação generaliza uma característica mais específica de sua poesia: o erótico "predicado na efetuação do poder da multidão, um poder ao mesmo tempo destrutivo e generativo"[44]. A multidão decompõe o corpo, fazendo com que o próprio corpo se torne uma multidão, "como se ele fosse povoado por multiplicidades".

Ross vincula a multidão de Rimbaud a mudanças no nível do indivíduo. A multidão efetua uma desindividuação "que sinaliza uma desvalorização da subjetividade individual em favor da construção de um sujeito (virtual) de grupo"[45]. Ela continua: "Está acontecendo algo que não pode ser apreendido sem que se abra mão do poder de dizer 'eu'". Não sei por que Ross inclui o "virtual" entre parênteses. Suspeito que tenha algo a ver com sua crítica ao Marx "maduro" e à sua rejeição à política de classe. Ross

---

[43] Ibidem, p. 103.
[44] Ibidem, p. 113.
[45] Idem.

está procurando uma subjetividade emancipada dos confinamentos da vida burguesa, das expectativas estruturadas do capitalismo e da "desorganização ordenada" da cultura de consumo. Ela associa essa subjetividade à "noção anarquista de liberdade individual, de individualidade" contra o individual*ismo* capitalista (grifo do original)[46]. Ross quer afirmar essa individualidade anarquista, retê-la como um lócus de emancipação acima e em contraposição a uma ênfase marxista na dimensão do trabalho. Nessa visão, o problema do capitalismo não é a exploração de alguns em benefício de outros; o problema é a violência contra a individualidade. O capitalismo reduz tudo e todos a mercadoria e ao anonimato. Ele embota a percepção, encerrando o desejo em uma estreiteza apta unicamente para o trabalho e o consumo. A poesia de Rimbaud multiplica os sentidos a fim de quebrar o domínio do capitalismo sobre o corpo individualizado. Ela oferece o "mais que humano" do "corpo utópico e transformado de sensação e possibilidade libidinal infinitas como figura da comunidade aperfeiçoada, da vida associativa ou coletiva"[47]. O sujeito de grupo é virtual porque ele é um marcador de uma potencial coletividade de individualidade ilimitada.

Um quarto de século depois da publicação original da interpretação de Ross sobre Rimbaud, as ênfases em individualidade e potencialidade ressoam menos com liberdade que com o domínio do capital. A individualidade é o valor primordial do capitalismo comunicativo. Ouvimos sempre que cada um de nós é único e recebemos a injunção para amplificar, propagandear e acelerar essa singularidade. Nossa mídia é personalizada, e somos estimulados a personalizá-la ainda mais, por exemplo, com aplicativos e capinhas de celular que correspondem a nossas necessidades singulares

---

[46] Ibidem, p. 101.
[47] Ibidem, p. 120-1.

e expressam nossa individualidade, nossa marca única. Quem está à procura de trabalho é aconselhado a se destacar da multidão, a se diferenciar dos outros ao oferecer algo especial que chamará a atenção de um empregador. A acumulação de capital depende de cultivar e monetizar o novo e o diferente. Em um ambiente informacional no qual imagens e acontecimentos são rapidamente absorvidos em um fluxo midiático ininterrupto, é extraordinariamente difícil atrair e reter atenção. Especialistas em mídias sociais e análise de dados se dedicam a colher e tirar proveito de possibilidades futuras, lembrando-nos de que criar uma marca pessoal única, ser notado e ser ouvido é uma tarefa nada elementar. "Potencial" é o termo da moda do universo do empreendedorismo e é uma aposta securitizável. As corporações o capturam e os fundos de cobertura (*hedge*) operam apostas a partir de suas variações algorítmicas. A individualidade e a potencialidade apontam menos para novas experiências de liberdade que a novos meios de aprisionamento no interior de circuitos capitalistas.

Quando o grupo não faz outra coisa além de marcar o potencial de individualidade ilimitada, ele perde sua eficácia política. Ele deixa de trazer à tona a divisão, encobrindo-a com o manto unificador da multiplicidade[48]. Na versão de Ross, a sensação corporificada substitui o corpo coletivo da classe trabalhadora. O afeto de multidão se impõe sobre a associação política militante.

Ao mesmo tempo, os achados de Ross sobre a figuração rimbaudiana da multidão sugerem outro tipo de leitura dela: uma interpretação que trata a desvalorização da subjetividade individual como componente de um processo de subjetivação coletiva. Algo está acontecendo de modo que a capacidade de dizer "eu" está sendo substituída pela vontade de dizer "nós". Esse algo é o efeito

---

[48] Ver Gavin Walker, "The Reinvention of Communism: Politics, History, Globality", *South Atlantic Quarterly*, v. 113, n. 4, outono 2014, p. 671-86.

de multidão rompendo a forma indivíduo. Em outro parêntese, Ross escreve:

> O rosto anônimo e borrado na multidão, o "homem na rua", como dizemos, está sempre a um passo de se tornar "gente nas ruas": a multidão, a manifestação, a insurreição. O homem na rua, o elemento indistinto em um enxame de pessoas, despojado da subjetividade individual, sem rosto, está sempre a ponto de tornar-se "homem político", sempre à beira da ação.[49]

O anonimato marca a desindividuação necessária para a subjetividade coletiva, o poder que a quantidade exerce para além da decisão consciente individual. O esfumaçamento das distinções que concentravam a vida urbana coloca as cidades à beira do motim. Por um lado, a expressão "homem político" é equivocada visto que uma única figura passa a ocupar o lugar do enxame rebelde. Por outro, o fato de que o enxame ainda não é um sujeito político – ainda não é uma coletividade, ainda não está presente para si como um ser provisório – faz transparecer o caráter indeterminado da multidão. Ross enxerga um potencial no não formado. Ela valoriza a latência. Suas ricas descrições das multidões de Rimbaud trazem à tona as capacidades desestruturantes dos enxames de maneiras que não precisam ser rearticuladas com uma libertação da individualidade, podendo, em vez disso, ser associadas ao surgimento da subjetividade coletiva.

Ross posiciona a multidão "meio real, meio fantástica" como uma alternativa a uma política enraizada nos interesses bem definidos da classe. Não é alternativa alguma. O belo estado intermediário de potencialidade infinita não pode durar para sempre. As pessoas se cansam. Algumas querem um pouco de previsibilidade, fontes confiáveis de alimento, abrigo e cuidados médicos. Outras

---

[49] Kristin Ross, *The Emergence of Social Space*, cit., p. 108.

se dão conta de que estão fazendo todo o trabalho. Sem uma política que se dirija contra os capitalistas como uma classe, o resto de nós continua sendo explorado (mesmo quando essa exploração é autoexploração). Trabalho, conquistas, recursos e conhecimento comuns são expropriados de nós e canalizados para os cofres dos muito, muito poucos. A própria Ross reconhece plenamente a brevidade do momento da Comuna. Dois meses depois da revolta de 18 de março, 25 mil comunardos foram executados em um massacre que mais que excedeu qualquer um dos episódios do Terror[50]. A multidão não é um arranjo político alternativo; ela é a abertura para um processo de rearranjo.

O que Ross celebra é a causa excitadora da ruptura popular em relação a uma ordem dominante, o acontecimento de multidão que deflagra um processo subjetivo. O que ela evita, e às vezes renega, é que esse processo conta com um apoio subjetal na forma de um corpo coletivo, partidário. Por exemplo, mesmo quando Ross sublinha o apagamento de divisões e a proliferação de engajamentos políticos através de diversas classes sociais, ela não deixa de ressaltar o caráter de classe trabalhadora da Comuna, como que secretamente em fidelidade àquele partido que insistiria no vínculo igualitário entre a descarga da multidão e a forma Comuna. Ela elogia a reapropriação da embriaguez, da preguiça e da licenciosidade em nome dos trabalhadores contra aqueles que os desprezam. O texto de Ross está impregnado de uma posição partidária (o prefácio é de Terry Eagleton), e no entanto ela a afasta em um abraço fetichista de desestabilização como um fim em si mesmo. Ela conclui: "A força de uma ideia reside principalmente em sua capacidade de ser deslocada". À primeira vista, a afirmação não convence muito e exige que aceitemos que a força da ideia de Comuna, por exemplo, se encontraria em sua capacidade de

---

[50] Ibidem, p. 4.

ser deslocada, não em sua expressão do poder popular. Qualquer ideia, imagem ou símbolo pode ser deslocado, ressignificado, reapropriado, reutilizado ironicamente, transformado em meme. À segunda vista, a alegação de Ross se mostra simplesmente equivocada: a força de uma marca como a Coca-Cola persiste em sua capacidade de resistir ao deslocamento, sua capacidade de reter sua eficácia simbólica em diversos registros e continuar a designar um nó entre refrigerante, cultura e contemporaneidade refrescante corporativizada, mesmo quando outras palavras e nomes próprios ocupam o lugar de sua marca, como vimos no início do capítulo 1. Mais vale, então, nos apropriarmos da formulação de Ross contra ela mesma: a força de uma ideia aparece na luta travada em torno dela, em sua capacidade de servir de local que vale a pena disputar. A força exprime a subjetividade de um coletivo.

Nosso partido

Em *Théorie du sujet* [Teoria do sujeito], livro feito a partir de um seminário realizado entre 1975 e 1979, Alain Badiou afirma que a tradição marxista nos deu duas avaliações da Comuna de Paris. A primeira, de Marx, considera a Comuna objetivamente em termos dos objetivos políticos da classe trabalhadora em relação ao Estado. O proletariado tem de esmagar a velha maquinaria estatal e construir novos órgãos de poder político. Precisa assumir um lugar e exercer força. Marx só não chega a explicar como, exatamente, essa força vem a se concentrar.

A segunda avaliação da Comuna, oferecida por Lênin, se ocupa dessa concentração. Lênin traz à tona o aspecto subjetivo da força. Ao ler a "avaliação tácita" da experiência da Comuna contida em *O que fazer?*, Badiou nos diz que Lênin extrai quatro consequências da derrota da Comuna: 1) "é necessário praticar a política marxista, e não uma espécie de revolta romântica local"; 2) "é necessário ter algum tipo de visão geral das coisas [...] e não ficar fragmentado no federalismo das lutas"; 3) "é necessário forjar uma aliança com as massas rurais"; e 4) "é necessário romper a contrarrevolução por meio de um processo ininterrupto, militarmente ofensivo e centralizado"[51]. Lênin concebe o partido inferindo certo tipo de força subjetiva da Comuna. Ou seja, ele lê a Comuna como efeito ou consequência de um sujeito político e constrói sua ideia do partido a partir dessa leitura. O partido é um "operador de concentração" das quatro consequências, "o sistema de possibilidade prática para avaliar a Comuna". O partido fornece o veículo que permite a avaliação da Comuna, mesmo sendo ele um efeito dessa mesma avaliação. Ou: o próprio lugar a partir do qual a Comuna é avaliada é um resultado dela.

Badiou usa a noção lacaniana de Real para expressar a função da Comuna para os marxistas. Mais que um acontecimento histórico ou instituição política, a Comuna serve como conceito que nos permite "pensar a relação do sujeito político com o real". Escreve Badiou: "O estatuto marxista das revoluções reside no fato de terem ocorrido, o que é o real com base no qual um sujeito político se pronuncia no presente". Dito nos termos que venho desenvolvendo aqui: a ruptura da multidão pode ser a causa excitadora de um sujeito político, mas seu pronunciamento ou sua aparição como tal causa é um movimento separado e analiticamente distinto. A ruptura da multidão tem que ser politizada, vinculada a um sujeito. A multidão oferece uma oportunidade material para que um sujeito político se expresse, um momento que aconteceu e cuja ocorrência pode ser atribuída à dinâmica desse sujeito político. Vimos isso na maneira como Marx atribuiu à classe trabalhadora o acontecimento da Comuna.

O sujeito político vai além da combinação entre acontecimento e interpretação. Badiou demonstra que a abordagem marxista

---

[51] Alain Badiou, *Theory of the Subject*, cit., p. 46.

permanece incompleta. Se formos entender um acontecimento como causa de um sujeito, cumpre saber também *como* se dá essa combinação entre acontecimento e interpretação. O Real do acontecimento Comuna consiste na ruptura da multidão com o Estado – tanto com o Estado oficial quanto com a concepção marxista de Estado. Marx se surpreende diante do acontecimento que é a Comuna. Ele se vê obrigado a mudar suas ideias. Escreve Badiou:

> É por colocar em prática um ponto do impossível nessa teoria que [a Comuna] revela seu caráter de real, de tal sorte que Marx, que logicamente desaprova a deflagração da insurreição, não pode evitar de *encontrar* nela as massas parisienses desaparecidas. Daí a obrigação, à qual ele permanece fiel, de estar inteiramente do lado daquilo que desaprova em teoria, de modo a encontrar o conceito novo e retroativo que corresponde à sua aprovação prática.[52]

O povo como sujeito coletivo aparece por meio da disrupção efetuada pela multidão, na medida em que há algo na insurreição que era inimaginável antes de sua eclosão. O impossível acontece, obrigando Marx a tomar uma posição: de que lado ele está? O sujeito força uma interpretação anteriormente inimaginável de um acontecimento; a multidão não se parece mais com o que ela tinha sido antes. Agora ela parece o povo. Com o aparecimento do povo como sujeito político, a situação toda muda.

Eis a imprevisibilidade de uma causa excitadora, o povo forçando uma mudança de teoria e prática. Multidão tumultuosa, forma política disponível, força do impossível: o sujeito político se imprime no local efervescente de sua convergência. Marx responde a essa aparição do povo com fidelidade. Como ele diz em sua carta a Kugelmann, independentemente dos vários erros táticos e políticos da Comuna, "esse levante de Paris – ainda que derrubado

---

[52] Ibidem, p. 220.

por lobos, porcos e cães abjetos da velha sociedade – é o ato mais glorioso de nosso partido desde a Insurreição de Junho em Paris"[53].

Marx, ainda assim, critica a Comuna nessa mesma carta. Depois de elogiar a elasticidade, a iniciativa histórica e o sacrifício dos parisienses, ele os repreende, primeiro, por terem deixado passar o momento e não terem marchado sobre Versalhes. Ele os culpa, em segundo lugar, por eliminarem o Comitê Central da Guarda Nacional e convocarem eleições para instituir a Comuna.

A ordem com que Marx elenca suas críticas é estranha, aparentemente invertida, visto que a primeira é uma consequência da segunda; a segunda aconteceu primeiro. Valendo-se da discussão de Lacan sobre antecipação e certeza em "O tempo lógico e a asserção de certeza antecipada"*, Badiou nos explica por que esse não é o caso. Marx está usando a reação de Versalhes (ou o que ele imagina que a reação de Versalhes teria sido) para registrar o acontecimento Comuna. A reação de Versalhes valida o movimento precipitado ou antecipatório que produziu a Comuna. Um sujeito tinha agido, e Versalhes não teve escolha a não ser responder. Escreve Badiou:

> Quando Marx, que julga que a Comuna foi precipitada – subjetivizante em sua precipitação política –, censura-a por não marchar sobre Versalhes, é para indicar retroativamente o caráter de certeza (da vitória) de que essa mesma pressa poderia ser a portadora, tão logo fosse decifrada no outro: na desordem inicial dos versalheses, na surpresa e na possibilidade de transformar a falta em razão através de uma segunda ação precipitada, a da ofensiva militar contra Versalhes,

---

[53] "Marx to Dr Kugelmann Concerning the Paris Commune", 12 abr. 1871; disponível on-line [ed. bras.: "Marx a Ludwig Kugelmann", 12 abr. 1871, em Karl Marx, *A guerra civil na França*, trad. Rubens Enderle, São Paulo, Boitempo, 2011, p. 208].

* Jacques Lacan, "O tempo lógico e a asserção de certeza antecipada", em *Escritos* (trad. Vera Ribeiro, Rio de Janeiro, Zahar, 1998), p. 197-213. (N. E.)

finalmente enredada no processo subjetivo, isto é, em uma direção política consequente, que seria a única validação da álgebra evanescente das massas parisienses como sujeito consistente.[54]

Em outras palavras, para entender um acontecimento como efeito de um sujeito político, Badiou conjuga duas operações: subjetivação e processo subjetivo. *Venceremos. Será demonstrado que estávamos certos.* A certeza do sujeito político – venceremos – sempre se dá cedo demais, uma antecipação de resultados que ele não tem condições de garantir, mas que ainda assim persegue. Certeza precipitada é outra forma de dizer vontade política. Em vez de ser uma combinação amorfa de múltiplas possibilidades, o que não passa de uma descrição do diverso, o sujeito é uma direção que rasga um caminho nesse diverso. A evidência dessa direção nós encontramos no outro. A resposta do outro, sua reação de desordem e surpresa, indica a presença de um sujeito. É o outro que, em sua reação, lê a desordem como efeito de um sujeito. Ele atribui a esse sujeito uma coesão de ação, propósito e vontade. Que o outro não pode fazer outra coisa que não responder, que ele não pode simplesmente prosseguir como vinha fazendo, isso é obra do sujeito. Na formulação de Badiou: "Na subjetivação, antecipa-se a certeza. No processo subjetivo, a coesão é retroativa. *Dar coesão à precipitação da causa*: aí reside o enigma todo do sujeito"[55].

Cada operação – subjetivação e processo subjetivo – envolve luta política. Militantes, organizadores, agitadores e vanguardas tentam colocar coisas em movimento. Produzem ações. Tentam mobilizar as pessoas, fazer com que elas sintam seu poder coletivo e incitá-las a usá-lo. São atentos às possibilidades, aos protestos que podem se tornar rupturas. E, com a abertura de uma lacuna,

---

[54] Alain Badiou, *Theory of the Subject*, cit., p. 251.
[55] Idem (grifo do autor).

os militantes, organizadores, agitadores e vanguardas trabalham para tornar essa disrupção efeito de um sujeito. Eles travam uma luta no terreno do outro, esforçando-se para garantir que a lacuna permaneça e para conferir significado e direção a ela, torná-la coesa. Os inimigos revidam. Os inimigos – e até mesmo os aliados – podem negar que tenha ocorrido uma disrupção: nada significativo aconteceu; a manifestação ou acontecimento estava dentro do campo demarcado pelo capital e pelo Estado, parte do *business as usual*, um protesto esperado e permitido, tranquilo para levar as crianças, e no interior da zona demarcada da liberdade de expressão. Ou então podem negar que a disrupção tenha sido efeito de um sujeito: foram *hooligans*; foi um amontoado de vozes díspares e desconexas (aqui os dados sociológicos empíricos que identificam e fragmentam elementos da multidão são úteis). Talvez atribuam a disrupção ao sujeito errado, a outro Estado, classe ou agência. Para militantes, organizadores, agitadores e vanguardas, estabelecer a coletividade como sujeito de uma política, inscrevendo-a em um processo e tornando-a consistente, politiza a ruptura, forçando-a em uma direção e não em outra.

Subjetivação e processo subjetivo estão conectados por uma antecipação e uma defasagem. Para provocar uma disrupção e surpreender, a subjetivização precisa vir cedo demais. Não pode ser prevista, esperada, ou natural, pois isso significaria que ela permaneceu no interior da ordem das coisas. Em vez de termos a intrusão de um sujeito, o sujeito sequer apareceria. Correlativa à antecipação há uma defasagem, a lacuna entre um movimento que pode ou não provocar uma disrupção e a disrupção tal como ela é registrada no outro. A defasagem significa que os efeitos parecem preceder suas causas. É somente depois que um efeito é sentido que sua causa pode ser incorporada de maneira coesa com ele.

Badiou associa à subjetivação e ao processo subjetivo quatro "categorias do efeito-sujeito". Ansiedade e coragem respondem à lacuna de antecipação. A primeira quer preencher o vácuo da ordem antiga, restaurar as coisas a seu devido lugar, devolver a lei para onde ela pertence. A segunda quer ampliar o buraco, forçá--lo mais na direção da justiça. A coragem deixa para trás (e não sente mais) a antiga noção de devido lugar. Ela olha para a frente, visando à construção de algo novo. Correlativos à ansiedade e à coragem, então, temos o supereu e a justiça, que são eles mesmos efeitos do processo subjetivo, reações à ruptura da antecipação.

Essa perspectiva que dá corpo ao sujeito político é o partido. Marx descreve a Comuna como uma gloriosa conquista do "nosso partido". Não se trata de uma afirmação descritiva empírica a respeito da adesão a uma organização política. É o ponto a partir do qual ele responde à subjetivação efetuada pelo acontecimento Comuna, posicionando-a no interior de um processo orientado para a justiça.

Politizando o povo

Trinta anos depois de se debruçar sobre a Comuna, o sujeito e o partido, Badiou revisou sua análise. Em um ensaio incluído em *A hipótese comunista* (versão ligeiramente revisada do material apresentado em *Logiques des mondes*), Badiou apresenta a discussão marxista da Comuna nos termos do Estado. Em vez de ler o partido como o apoio subjetal de uma política, ele o figura como a realização da ambiguidade do tratamento marxista da Comuna[56]. Por um lado, a Comuna é um claro avanço da luta proletária na medida em que esmaga a maquinaria estatal. Por outro lado, em última instância, ela fracassa *porque* esmagou a maquinaria do Estado – ela carece de organização, é incapaz de

---

[56] Alain Badiou, *The Communist Hypothesis* (trad. David Macey e Steve Corcoran, Londres, Verso, 2010), p. 182 [ed. bras.: *A hipótese comunista*, trad. Mariana Echalar, São Paulo, Boitempo, 2012, p. 105].

decidir e não tem condições de se defender. Para resolver esses problemas, o partido assume uma forma estatista. Ele é um veículo de destruição e reconstituição, mas de reconstituição dentro das balizas fornecidas pelo Estado.

A rejeição de Badiou ao partido e ao Estado é familiar. Bruno Bosteels e Slavoj Žižek demonstram bem a inadequação política de tal rejeição. Defendendo a atualização e organização do comunismo em um movimento real, Bosteels critica o idealismo esquerdista na ênfase que o Badiou tardio confere à Ideia pura[57]. Žižek igualmente rejeita como falso o dilema entre tomar ou abandonar o Estado: o verdadeiro desafio é transformar o próprio Estado[58]. Concordo com Bosteels e Žižek. E quero acrescentar, além disso, que tornar o centramento no Estado o problema agora é curto-circuitar a discussão que realmente importa. Nos Estados Unidos, no Reino Unido e na União Europeia, a esquerda – sem falar dos comunistas – está batalhando para simplesmente conseguir se colocar como uma força política. A preocupação com nossa tomada do Estado numa hora dessas, portanto, é uma piada, uma fantasia, que nos distrai da tarefa em questão. Em vez de constituir uma concentração de vontade política, a possibilidade comunista permanece difusa, dispersa em uma política de inúmeras pautas setoriais, identidades e momentos de ação que ainda estão por se consolidar no poder coletivo do povo dividido. O que importa para nós aqui e agora é a galvanização dessa vontade comunista.

Em seu esforço para reduzir a discussão marxista da Comuna ao problema do Estado-partido, Badiou ignora a questão mais

---

[57] Bruno Bosteels, "The Leftist Hypothesis: Communism in the Age of Terror", em Costas Douzinas e Slavoj Žižek (orgs.), *The Idea of Communism* (Londres, Verso, 2010).

[58] Slavoj Žižek, "How to Begin from the Beginning", em Costas Douzinas e Slavoj Žižek (orgs.), *The Idea of Communism*, cit.

fundamental posta pela Comuna, a saber, a relação do partido com o povo, o sujeito político coletivo. A Comuna é menos a forma de um Estado que a forma de uma ruptura com um estado anterior – tanto o Estado no sentido de governo nacional quanto o estado de incapacidade política associado aos trabalhadores, como o próprio Badiou enfatiza em seus trabalhos posteriores. Enquanto ruptura, ele provoca aberturas e desordena. As pessoas estão soltas, sugestionáveis, fortes e móveis como multidões. Badiou erra, portanto, quando reduz a Comuna a uma forma estatal (como Ross demonstra poderosamente) e a tradição marxista a um comentário e uma reação a essa forma Estado. Badiou parece ter caído na armadilha do fatalismo que ele mesmo havia criticado anteriormente: partidos serão sempre partidos; "a gente vai sempre se foder"[59]. O próprio Marx analisa a Comuna em termos de subjetivação do povo. Na carta a Kugelmann, Marx trata os parisienses, o povo de Paris, como "nossos heroicos correligionários de Paris". Seus avanços ensinam novas lições de luta política, a saber, que esmagar a máquina burocrático-militar "é a precondição de toda revolução popular efetiva no continente"[60]. Em *A guerra civil na França*, ao apresentar a Comuna como a "antítese direta do Império", Marx a descreve como a forma positiva de uma república na qual o próprio governo de classe é superado. Ele vai delineando a política da constituição do povo sob a liderança da classe trabalhadora, assinalando a substituição do exército permanente pelo povo armado, o estabelecimento do sufrágio universal, a abertura da educação a todos e, é claro, a substituição da excrescência parasitária da antiga organização estatal pelo autogoverno dos produtores. Escreve Marx: "A grande medida social da Comuna foi sua própria existência produtiva.

---

[59] Alain Badiou, *Theory of the Subject*, cit., p. 328.
[60] "Marx a Ludwig Kugelmann", 12 abr. 1871, cit. [p. 208].

Suas medidas especiais não podiam senão exprimir a tendência de um governo do povo pelo povo"[61].

O povo que protagoniza o "assalto ao céu" não preexiste ao acontecimento revolucionário da Comuna. A Comuna o produz retroativamente como sua causa. A classe média, que ajudou a esmagar a insurreição dos trabalhadores de junho de 1848, se vê "enrolando a si mesma na bandeira da Comuna e defendendo-a contra as desfigurações intencionais de Thiers". Marx atribui esse apoio ao fato de a Comuna ter abolido os juros sobre as dívidas e prorrogado os prazos de quitação. O campesinato tinha Louis Bonaparte, mas esse apoio começou a ruir sob o Segundo Império. Não fosse o cerco a Paris, argumenta Marx, o campesinato francês teria sido obrigado a reconhecer que a Comuna era sua única esperança, sua única fonte de libertação da taxa de sangue, da tirania do gendarme e do pagamento do pároco. Mais uma vez, a temporalidade é importante: "a Comuna teria isentado o camponês", se tivesse continuado, um processo que Marx apresenta como a subjetivação do povo como partido[62].

Em sua discussão sobre a Comuna em *O Estado e a revolução*, Lênin se ocupa de uma problemática semelhante envolvendo povo e partido. Lênin observa que a "noção de revolução 'popular' parece estranha na boca de Marx"[63]. Mas, para Lênin, trata-se de uma ideia crucial – e crucial para entender o papel do partido – na medida em que aponta para a atividade ativa e independente da maioria, "as 'camadas inferiores' mais profundas da sociedade, esmagadas pelo jugo e pela exploração", imprimindo na revolução

---

[61] Karl Marx, *A guerra civil na França* (trad. Rubens Enderle, São Paulo, Boitempo, 2011), p. 56 e 64. (N. T.)

[62] Ibidem, p. 61-2. (N. T.)

[63] Vladímir Lênin, "The State and Revolution", p. 337, cit. [ed. bras.: *O Estado e a revolução*, cit., p. 62].

suas próprias demandas. Como em 1871 o proletariado não constituía maioria em nenhum país da Europa, uma "revolução popular" teria que englobar também os camponeses. Escreve Lênin: "Ambas as classes constituíam, então, o 'povo'. Ambas as classes estão unidas porque a 'máquina de Estado burocrático-militar' as oprime, as esmaga, as explora"[64]. Para Lênin, a Comuna fracassa justamente na constituição do povo, isto é, na produção real da aliança entre camponeses e proletariado necessária para a revolução; é ali que seu fracasso se imprime no partido (enforma-o). Lênin elogia Marx por perceber que, na medida em que se exigia "'quebrar' a máquina de Estado pelos interesses tanto dos operários como dos camponeses", isso os unia e colocava diante deles uma tarefa comum. Esmagar o Estado, ou eliminar uma "força especial" de opressão, exige que a maioria (operários e camponeses) suprima a minoria (a burguesia), o que significa que a maioria precisa estar organizada para conseguir realizar isso. Esse é o papel do partido: concentrar e dirigir as energias do povo. O partido molda e intensifica as lutas práticas do povo.

Dado o interesse de Lênin em estabelecer a ação revolucionária da classe trabalhadora russa no interior da trajetória histórica da luta proletária, não surpreende que ele destaque a ideia de uma revolução popular. O paralelo com a Comuna o ajuda nesse quesito, fornecendo uma forma de entender a Revolução Russa de 1905. Em texto anterior, "Lições da insurreição de Moscou", publicado em 1906, Lênin examina os acontecimentos revolucionários ocorridos em dezembro de 1905[65]. E, embora não olhe especificamente para a Comuna, ele não deixa de destacar a ação da

---

[64] Idem.
[65] Vladímir Lênin, "Lessons of the Moscow Uprising", *Proletary*, n. 2, 29 ago. 1906, em *Lenin's Collected Works*, v. 11 (Moscou, Progress, 1965), p. 171-8; disponível on-line.

multidão, identificando na multidão a marcha da prática à frente da teoria, ou o efeito de antecipação do sujeito.

Para Lênin, o movimento dezembrista em Moscou demonstra que a greve geral, como modo predominante de luta, está fora de moda: "O movimento está rompendo esses limites estreitos com uma força elemental e irresistível, dando origem à mais elevada forma de luta: uma insurreição". Ele argumenta que, mesmo quando os sindicatos e os partidos revolucionários "sentiram intuitivamente" que a greve que haviam convocado para 7 de dezembro se transformaria em uma revolta, eles não estavam preparados para tanto; falavam disso como algo remoto. Ao mesmo tempo, uma greve geral era algo que já estava contemplado nos parâmetros do esperado. O governo estava preparado para a greve e seguia organizando as devidas contramedidas. Essas medidas contrarrevolucionárias por parte do governo forçaram as massas populares à insurreição. À medida que o governo intensificou sua repressão, "as multidões desorganizadas de rua, de maneira um tanto espontânea e hesitante, ergueram a primeira barricada". Lênin acompanha o percurso que vai da greve, passando pelas barricadas isoladas, até o "erguimento em massa de barricadas e lutas de rua contra as tropas". A cada etapa, o movimento revolucionário incita reação a mais violência, mais ataques, mais extensão e esgotamento de suas tropas. Os trabalhadores exigem uma ação mais resoluta: "O que fazer a seguir?". Os dirigentes social-democratas ficam para trás, talvez por ainda estarem discutindo o que deve ser feito apesar de as massas revolucionárias já terem destruído o cenário anterior de ação e estarem rapidamente criando um novo.

A crítica arrasadora que Lênin dirige a Plekhánov dá "coesão ao caráter apressado da causa", isto é, atribui retroativamente coesão aos trabalhadores revolucionários que agiram em antecipação à certeza de sua vitória final. Escreve Lênin:

Portanto, não há nada mais míope que o ponto de vista de Plekhánov adotado por todos os oportunistas, de que a greve era inoportuna e não deveria ter sido convocada e de que "eles não deviam ter pegado em armas". Pelo contrário, o certo seria termos pegado em armas mais decidida, enérgica e ofensivamente; deveríamos ter explicado às massas a impossibilidade de circunscrever as coisas a uma greve pacífica e a necessidade de uma luta armada intrépida e implacável. E agora devemos, por fim, admitir aberta e publicamente que as greves políticas são inadequadas; devemos levar a cabo a mais ampla agitação entre as massas em favor de uma insurreição armada e nos abster de qualquer tentativa de obscurecer essa questão falando de "etapas preliminares" ou de obnubilá-la de qualquer forma.

Plekhánov não soube responder às massas como sujeito; ele não percebeu como a pressa delas ensejou uma nova fase de conflito político. E se o partido não tivesse ficado defasado em relação aos trabalhadores? Ao fazer do partido o apoio subjetal do povo revolucionário, Lênin o torna responsivo às lições desse movimento popular.

Em uma passagem que ecoa uma série de descrições do acontecimento de multidão de 18 de março de 1871 que preparou o terreno para a Comuna, Lênin tece elogios à multidão:

> Nas jornadas de dezembro, o proletariado de Moscou nos deu aulas brilhantes sobre como "conquistar" ideologicamente as tropas, por exemplo, no dia 8 daquele mês, na praça Strastnaya, quando a multidão cercou os cossacos, se misturou e confraternizou com eles e os persuadiu a se retirarem. Ou no dia 10 de dezembro, no distrito de Presnya, quando duas meninas trabalhadoras que carregavam uma bandeira vermelha em uma multidão de 10 mil pessoas saíram correndo ao encontro dos cossacos, gritando: "Matem-nos! Não entregaremos a bandeira vivas!". E os cossacos, desconcertados, saíram a galope em meio a berros da multidão: "Hurra para os cossacos!".

O partido é o portador das lições da insurreição. Ele é tanto a perspectiva a partir da qual a insurreição é avaliada quanto é, em si mesmo, enquanto organização capaz de aprender e responder, um efeito da insurreição. O partido aprende com o sujeito ao qual ele serve de apoio – e fica claro que ele é um apoio desse sujeito na medida em que o sujeito necessariamente o excede. Seja como multidão ou Comuna, a forma política do partido não pode ser reduzida a um problema do Estado. Ela precisa também ser pensada em termos da subjetivação do povo e de seu processo enquanto sujeito de uma política.

Em seu clássico sobre a Comuna, o jornalista e revolucionário francês Lissagaray igualmente vincula multidão e partido de modo que os movimentos na rua tornam-se legíveis como ações de um sujeito. Ele descreve as semanas e os meses que antecederam a Comuna de Paris – as derrotas na guerra com a Prússia, as negociações de rendição, a substituição do plebiscito (um voto de sim ou não quanto à confiança no governo provisório) por eleições e o aumento de clubes políticos em regiões de classe trabalhadora da cidade. Ao fazê-lo, Lissagaray atenta aos pobres, aos trabalhadores e filhos fiéis de 1789 e aos jovens rapazes da burguesia que "passaram para o lado do povo". Ele nos diz que, em 1863, essas pessoas se afirmaram escandalosamente como uma classe. Em 1867, suas manifestações nas ruas são a "aparição de um partido socialista revolucionário" (que será afirmado mais diretamente em uma resolução aprovada por um encontro dos comitês de vigilância em fevereiro de 1871)[66]. Em 1870, são os únicos a demonstrar coragem política em um verão de paralisia. No entanto, essa classe, esse partido (Lissagaray não julga necessário estabelecer distinções aqui, talvez uma forma de deixar implícitas as dimensões abertas, mutáveis e interconectadas de cada um), permanece

---

[66] Prosper Olivier Lissagaray, *History of the Paris Commune of 1871*, cit., p. 11; Stewart Edwards (org.), *The Communards of Paris*, cit., p. 53.

incapaz de canalizar as energias da multidão. Eles até podem ser um "partido da ação", mas se encontram "em um estado caótico", atravessados por diferentes correntes (e, mais uma vez, "partido" aqui indica um coletivo que faz parte de uma situação em transformação)[67]. De modo que, mesmo quando a multidão se rebela contra o armistício, o povo ainda é capaz de endossar o governo no plebiscito subsequente: 558 mil pelo *sim* e 62 mil pelo *não*[68]. Lissagaray explica que isso ocorreu porque os mais "lúcidos, astutos e enérgicos" careciam de "quadros, método, organizadores"[69]. Jacobinos como Blanqui "viviam em um círculo exclusivo de amigos". Outros líderes em potencial também "se mantinham cuidadosamente distantes dos trabalhadores". Até o Comitê Central dos Vinte Distritos, embora "ousado, eloquente", fazia "tudo por meio de manifestos", permanecendo, assim, "apenas um centro de emoções, e não de direção"[70].

Lissagaray situa a Comuna nos marcos do desafio de responder à abertura produzida pela multidão ativa, nas consequências da lacuna aberta pela multidão para organizar o povo. O que está em jogo não é a especificidade de uma forma de governo,

---

[67] Prosper Olivier Lissagaray, *History of the Paris Commune of 1871*, cit., p. 13.
[68] Frank Jellinek, *The Paris Commune of 1871*, cit., p. 80; Martin Breaugh apresenta números diferentes.
[69] Prosper Olivier Lissagaray, *History of the Paris Commune of 1871*, cit., p. 25.
[70] Idem. O Comitê Central dos Vinte Distritos buscava centralizar as forças democráticas e socialistas em Paris; o Comitê se reunia na sede da Federação de Sindicatos e na Federação da Internacional. Eugene Schulkind escreve: "Potencialmente, esse comitê e os comitês constituintes de vigilância de cada *arrondissement* eram organizações revolucionárias no sentido moderno do termo, capazes de mobilizar apoio popular extensivo em torno de um programa concreto e uma estratégia de amplo alcance, bem como desenvolver quadros políticos experientes para um eventual governo revolucionário. De fato, uma série de esforços concretos foram iniciados nessa direção por alguns dos líderes, apenas para se esvaírem em atividades aleatórias e discussões intermináveis sobre o bairro". *The Paris Commune of 1871: The View From the Left* (Nova York, Grove, 1974), p. 36.

municipal ou nacional. Tampouco se trata de uma questão de legitimidade de eleições, representantes ou decisões. Trata-se, na verdade, do movimento das pessoas à classe, ao partido; o movimento do processo de politização. O que está em disputa nesse movimento, ademais, não são substituição, vanguardismo ou dominação – são arranjos de intensidade, coragem e vontade. A relação do povo com o partido é uma questão de organização num contexto em que alguns podem vir a conduzir o povo contra ele mesmo, tornando-o um meio para uma revolução que não é a sua. Lissagaray sugere que uma classe ingressa na política como um escândalo, uma escandalosa insistência em igualdade. Quando essa insistência se faz sentir nas ruas, aparece um partido socialista revolucionário, um partido caracterizado pela ação, até mesmo por uma concentração de emoções. Mas ação e emoção, capacidade subjetiva, não bastam. A capacidade – de persistir como capacidade de um sujeito – precisa ser organizada, incorporada em uma forma. Assim, o problema do partido é o de organizar o povo em uma direção e não em outra, mas sempre retroativamente.

Conclusão

O acontecimento de multidão é o Real que incita o povo como um sujeito coletivo, partidário. O partido é o corpo que transforma o acontecimento de multidão subjetivador em um momento no processo subjetivo do povo politizado. O povo como sujeito não é multidão nem partido, mas algo entre os dois, na sobreposição de antecipação e determinação retroativa no que diz respeito a um processo político. Lissagaray, Lênin, Marx e Badiou – a partir deles vemos na Comuna o movimento de um sujeito. A perspectiva deles não é redutível a um lugar ou posição estáticos. Trata-se, em vez disso, de uma consequência do aparecimento do sujeito ao qual essa perspectiva responde.

Mais que um momento estacionário, prenhe de potencial, mas esgotado na dissipação da multidão, a Comuna irrompe para surpreender e baralhar o social com a certeza da justiça. Isso nos aparece na reação do outro que se vê forçado a responder, a reagir, a mudar a maneira de fazer as coisas. Nas palavras de Badiou: "Não há subjetivação sem antecipação, que por sua vez pode ser medida pelo processo subjetivo"[71]. É o povo como sujeito político que concerne ao partido. Como precipitar seu avanço? Como fazer para não ficar no seu caminho? Como conseguir inscrever e ampliar suas vitórias?

Mais que um corpo focado no Estado, o partido é uma forma para a expressão e a direção de vontade política. Ele concentra a disrupção em um processo a fim de produzir poder político: *esses atos estão conectados; demonstram a força do coletivo*. Seu esforço vai na direção de organizar a intensidade liberada pela multidão, mantê-la presente como um desejo fervoroso. A atenção que Ross dedica à multidão na Comuna permite que ela delineie a abertura do desejo coletivo, a falta que o mantém como um desejo de desejar. Essa atenção tem o mérito de nos impedir de reduzir a Comuna a um arranjo de cargos ou lista de éditos, concentrando-nos, em vez disso, na presença disruptiva do povo lá onde ele não deveria estar. Ao mesmo tempo, a tradição marxista vê, de maneira crucial, o povo como um sujeito e sua luta como duradoura. O sujeito que se exprime no acontecimento Comuna não é a difusão de uma individualidade criativa; o poder dominante sempre permite o carnavalesco. Trata-se, na verdade, do povo como sujeito político manifesto no fechamento da intensidade dirigida no interior da abertura revolucionária. É porque o partido o procura que o povo é encontrado. Nas palavras de Badiou,

---

[71] Alain Badiou, *Theory of the Subject*, cit., p. 251.

quando Marx se propõe a escutar a atividade revolucionária de seu tempo, a desordem histórica popular, trata-se de apontar ali, ao cabo de um duro trabalho teórico e prático, a forma dialética do sujeito político como tal. A *dedução* de sua atividade geral pressupõe apenas os tumultos do século XIX.[72]

Nomeie ele esse sujeito de povo, proletariado, partido ou mesmo Paris, o fato é que Marx o encontra lá onde ele terá estado.

---

[72] Ibidem, p. 279 (grifo do autor).

4
MAIS QUE MUITOS

Para muitas pessoas de esquerda, o partido é uma forma política ultrapassada. Na perspectiva delas, o que 1968 inspirou e 1989 veio ostensivamente confirmar foi a convicção de que a política radical de esquerda necessariamente vai além dos limites do partido político. Muitas vezes expressa como crítica a partidos específicos, a convicção de que o partido é inútil para a esquerda engole uma série de particularidades históricas. O partido comunista rejeitado não é simplesmente a burocracia ossificada do Partido Comunista da União Soviética e dos outros Estados-partido governantes do antigo Oriente. Nem é o Partido Comunista Chinês, incapaz de se libertar de sua burguesia interna, tampouco os partidos comprometidos e cúmplices da França e da Itália. É a forma partido como tal. Partidos específicos são rejeitados por erros particulares ou de conjunto. Forçaram a revolução à custa de mortes e de uma violência desnecessárias. Recuaram da revolução, traindo a classe trabalhadora e estorvando a causa comunista. Os erros tornam-se evidências dos elementos de hierarquia, exclusão e disciplina que mancham irrevogavelmente a forma partido como tal, impedindo-a de responder a nossos tempos cambiantes. As críticas das traições de partidos específicos quando chegam ao poder estatal (ou dele participam) fundem-se a uma crítica mais geral do partido como associação política em última instância autoritária.

O partido é reduzido à existência de seus erros, e seu papel como concentrador de aspirações e afetos coletivos fica em segundo plano, quando não é completamente esquecido[1].

Considere a mudança que 1968 marcou na política radical e caracterizou as principais tendências ocorridas ao longo das décadas seguintes. A esquerda se afastou da política partidária que visava ao Estado e passou a se aproximar dos movimentos sociais voltados para a sociedade[2]. Essa virada se expressou de múltiplas formas. Aliás, a multiplicidade pode ser considerada sua principal característica. Seja sublinhando a opressão baseada em sexo e gênero, a exclusão ancorada em raça e etnicidade, os mecanismos disciplinares das instituições (universidade, igreja, família, sindicato, partido, clínica), padrões de hierarquia em organizações ostensivamente comprometidas com sua abolição, os efeitos engessadores da burocracia, a normatividade mortal do consumismo ou o caráter maquínico da vida industrial militarizada, o projeto crítico do fim dos anos 1960 foi marcado pela rejeição do Estado e pela constituição de um novo terreno de luta no nível do social. Como viver de maneira livre e autêntica passou a ser uma das principais questões políticas (se não a principal) – e a política estatal não tinha condições de fornecer uma resposta. Notavelmente, a rejeição ao partido e ao Estado atravessou de ponta a ponta as sociedades capitalistas e socialistas de Estado, ultrapassando as

---

[1] Gavin Walker, "The Body of Politics: On the Concept of the Party", *Theory & Event*, v. 16, n. 4, inverno 2013.

[2] Além do debate sobre os "novos tempos" na *Marxism Today*, mencionado no capítulo 1 deste livro, é possível encontrar instâncias diferentes dessa mesma guinada em Ernesto Laclau e Chantal Mouffe, *Hegemony and Socialist Strategy* (Londres, Verso, 1985); Jean Cohen e Andrew Arato, *Civil Society and Political Theory* (Cambridge, MIT Press, 1992); Félix Guattari e Antonio Negri, *New Lines of Alliance, New Spaces of Liberty* (trad. Michael Ryan, Jared Becker, Arianna Bove e Noe Le Blanc, Nova York, Autonomedia, 2010); publicado originalmente em francês, em 1985.

divisões Leste/Oeste e Norte/Sul. Independentemente de partir de uma perspectiva liberal, democrática, feminista, socialista, antirracista, anarquista, maoísta ou militante, o pressuposto subjacente era sempre o mesmo: a política vai além dos limites estreitos da classe e do partido; por isso, cumpre se afastar do Estado e se voltar para a vida cotidiana em toda a sua especificidade única.

Quatro décadas depois, os pressupostos dessa crítica continuam a pautar a política de esquerda. Apesar de suas agudas divergências, teóricos comunistas tão diferentes quanto Alain Badiou e Antonio Negri ecoam o mesmo bordão anti-Estado, antipartido. Ativistas democráticos radicais priorizam encontros e eventos globais, ONGs e OSCs, comunidades e a dimensão local. Militantes se recusam e se retiram, como se nada tivesse mudado, como se a política fosse uma questão da micropureza, como se o cenário da política continuasse o de um Estado centralizado e um partido dominante em vez de uma mistura desigual e combinada de forças centralizadoras e descentralizadoras em várias combinações díspares de uso estatal do mercado e dependência do mercado em relação ao Estado. A esquerda repete uma crítica de mais de quarenta anos atrás, como se sua rejeição a instituições mediadoras como o partido não beneficiasse o capitalismo ao impedir o acúmulo de solidariedade que o poder coletivo dos proletarizados exige[3].

O problema de a esquerda ficar presa na repetição não é a repetição em si. É que essa repetição nos impede de reconhecer como as lutas ao nível do social esbarram em seus limites no Estado e no mercado. Quem melhor forneceu uma análise política desse encontro com os limites foi David Ost em seu estudo sobre o movimento polonês Solidarność [Solidariedade]. Documentando

---

[3] Ver as contribuições ao debate sobre correntes comunistas em Bruno Bosteels e Jodi Dean (orgs.), "Communist Currents", *South Atlantic Quarterly*, v. 113, n. 4, outono 2014, p. 659-835.

as conexões profundas entre o espírito de 1968 e o movimento polonês dos anos 1970 e 1980, Ost descreve o objetivo do Solidarność como uma "democracia permanentemente aberta", um campo político irredutível às oposições entre socialismo de Estado e liberalismo de mercado[4]. O Solidarność surgiu como uma antipolítica pós-moderna que deliberadamente abjurava o poder estatal, buscando, em vez disso, o fortalecimento dos cidadãos na sociedade civil. Ao fazer uma política de esquerda fora do partido, o Solidarność aparecia como experimento fascinante de uma nova forma política, nas palavras de Badiou[5]. O que Ost deixa claro é como o movimento "tornou-se irrelevante assim que teve êxito"[6]. A legalização, o reconhecimento oficial de uma organização por um Estado monopolista, já era inevitavelmente uma incursão nesse Estado. Não havia como o Solidarność dar continuidade a seu programa de democratização social sem tocar no poder estatal – algo de que o próprio movimento se deu conta pouco antes da repressão de dezembro de 1981.

Slavoj Žižek tece um argumento análogo em relação às sociedades capitalistas. Políticas sociais antissexistas, antirracistas e anti-homofóbicas, entre outras tantas, naufragam diante do duro rochedo do mercado. Nas palavras do filósofo esloveno:

> O domínio das relações capitalistas globais de mercado é a Outra Cena da chamada repolitização da sociedade civil, defendida pelos partidários da "política de identidade" e de outras formas pós-modernas de politização: toda a conversa a respeito das novas formas de política que estão surgindo por toda parte [...], toda essa atividade

---

[4] David Ost, *Solidarity and the Politics of Anti-Politics: Opposition and Reform in Poland since 1968* (Philadelphia, Temple University Press, 1990), p. 14.

[5] Alain Badiou, *The Communist Hypothesis* (trad. David Macey e Steve Corcoran, Londres, Verso, 2010), p. 258 [ed. bras.: *A hipótese comunista*, trad. Mariana Echalar, São Paulo, Boitempo, 2012, p. 146].

[6] David Ost, *Solidarity and the Politics of Anti-Politics*, cit., p. 57.

incessante das identidades fluidas, variáveis, [...] em última instância, são semelhantes ao neurótico obsessivo que fala sem parar e é freneticamente ativo justamente para garantir que algo – aquilo que *realmente interessa* – não seja perturbado, permaneça imobilizado.[7]

Novidades e experimentações, para não falar em preocupações com as mudanças no nível do indivíduo e ações orientadas para a mídia e a cultura, assumem o lugar de uma política voltada para o capitalismo e o Estado, garantindo que ambos continuem fazendo o que fazem. É inevitável, no entanto, que em algum momento haja um encontro com o Estado ou a economia à medida que um dos dois aparecer como barreira aos ideais do movimento. A fantasia de uma política capaz de permanecer focada em relações sociais autênticas, em uma revolução na vida pessoal e em experimentos culturais florescentes oculta as condições econômicas e jurídicas que as tornam possíveis ou que impedem sua realização plena.

Multidões, motins, ocupações e revoluções das primeiras décadas do século XXI estão demonstrando que rejeitar o partido é algo ultrapassado. Como aponta, com razão, Jason E. Smith, "a questão da forma partido só pode ocorrer com referência às dinâmicas das lutas contemporâneas e no interior delas". Essas lutas apresentam a questão organizacional do partido à medida que "se deparam com certos impasses que se repetem com uma regularidade tão previsível quanto desanimadora"[8]. Enfrentando o desafio de gerar, concentrar e sustentar energias coletivas, o próprio movimento político lança a problemática do partido de volta ao terreno da teoria e da prática de esquerda. Nas palavras de Peter D. Thomas,

---

[7] Slavoj Žižek, *The Ticklish Subject: The Absent Centre of Political Ontology* (Londres, Verso, 1999), p. 353-4 [ed. bras.: *O sujeito incômodo: o centro ausente da ontologia política*, trad. Rogério Bettoni, São Paulo, Boitempo, 2016, p. 371].
[8] Jason E. Smith, "Contemporary Struggles and the Question of the Party: A Reply to Gavin Walker", *Theory & Event*, v. 16, n. 4, inverno 2013.

foi a experiência prática dos processos contraditórios de reagrupamento de esquerda em escala internacional – desde as reconfigurações pelas quais a esquerda latino-americana passou ao longo da última década até os resultados desiguais dos partidos de coalizão na Europa, tais como o Die Linke alemão, o Izquierda Unida espanhol, o Syriza grego e o Front de Gauche francês, até o surgimento vacilante de novas formações políticas em todo o norte da África e no mundo árabe – que recolocou firmemente a questão do partido na agenda contemporânea.[9]

Os atores dos movimentos reconhecem cada vez mais as limitações de uma política concebida em termos de ativismos focados em questões isoladas ou identidades específicas, de demonstrações em massa que, para todos os efeitos, são essencialmente pontuais e do localismo momentâneo das lutas anarquistas de rua. Eles estão, portanto, voltando a se colocar a questão organizacional, reconsiderando as possibilidades políticas da forma partido.

Este capítulo apoia os esforços contemporâneos para concentrar e intensificar a esquerda internacional ao oferecer uma teoria do partido que prioriza a psicodinâmica da coletividade, as formas pelas quais nossa coletividade atua retroativamente sobre nós para nos tornar mais que muitos. Abordo críticas à forma partido que são tão antigas quanto seu próprio surgimento: o partido é centralizado demais, autoritário demais. É uma forma por meio da qual os poucos dominam os muitos. Nas discussões contemporâneas de esquerda, tais críticas são apresentadas como se fossem sacadas novas decorrentes de experiências recentes. Não são. Elas já estavam presentes logo nos primeiros anos do movimento político da classe trabalhadora. Eu me concentro na versão mais forte da crítica ao partido, tal como ela aparece no trabalho de Robert Michels.

---

[9] Peter D. Thomas, "The Communist Hypothesis and the Question of Organization", *Theory & Event*, v. 16, n. 4, inverno 2013.

A famosa "lei de bronze da oligarquia" formulada por Michels não se aplica apenas aos partidos socialistas. Ele a estende para formações políticas democráticas e anarquistas. *Qualquer tipo* de organização política implica uma lacuna entre os poucos e os muitos. Em vez de me deixar limitar pela análise de Michels, trato-a como um relato das condições de viabilização da coletividade política, uma forma de compreender os efeitos da coletividade sobre o coletivo. Nenhum partido, classe ou coletividade é idêntico a si mesmo. Todos são atravessados por uma lacuna irredutível. Valendo-me de Lacan, faço uso de conceitos da psicanálise para teorizar essa lacuna como um elo ou espaço social, destacando a relação de transferência. A transferência nos permite enxergar as características dinâmicas concentradas no espaço do Outro. Para finalizar, coloco em prática minha explicação psicodinâmica do partido, ilustrando-a com exemplos do Partido Comunista dos Estados Unidos na década de 1930 e mobilizando-a em uma crítica ao argumento de John Holloway contra a tomada do poder. Meu objetivo ao oferecer uma teoria psicodinâmica do partido é dissolver o peso que a crítica à forma partido ainda exerce sobre a esquerda, de modo a nos liberar para voltar a aceitar a responsabilidade da organização política.

Os poucos dominam os muitos

Algumas posições atuais de rejeição ao partido afirmam que seu tempo já passou[10]. Pode até ser que em certo momento essa forma política tenha feito algum sentido para a política radical, admitem alguns, mas esse tempo já não é mais o nosso. Essa rejeição erra quando procede como se a crítica ao partido fosse algo novo, uma

---

[10] Por exemplo, Alain Badiou, *The Communist Hypothesis*, cit.; e Joshua Clover e Aaron Benanav, "Can Dialectics Break Brics?", *South Atlantic Quarterly*, v. 113, n. 4, outono 2014, p. 743-59.

resposta a mudanças objetivas no modo e nas relações de produção. O erro é de omissão: a crítica da esquerda à forma partido é de fato coextensiva ao surgimento do movimento político da classe trabalhadora. Desde o início, os socialistas se preocupavam com a possibilidade de suas organizações se tornarem centralizadas, autoritárias e, portanto, alienadas da luta proletária real.

A Primeira Internacional, a Associação Internacional dos Trabalhadores (AIT), que durou de 1864 a 1876, se dividiu entre os seguidores de Marx e os seguidores de Bakúnin. Bakúnin rejeitava a inclusão de um elemento no programa político da AIT, especificamente a afirmação de que "a conquista do poder político é a primeira tarefa do proletariado". Contra Marx, Bakúnin enfatizava a subordinação da política à luta pela emancipação econômica. A solidariedade em relação às demandas econômicas tinha que vir em primeiro lugar, e as federações e as seções da Internacional ficariam livres para decidir a questão política de forma autônoma. Por um lado, o argumento de Bakúnin é pragmático: como os trabalhadores estavam se unindo na luta contra o capitalismo, a introdução de questões políticas poderia dificultar o processo de chegar a uma unidade. Por outro lado, o argumento está enraizado em uma rejeição mais fundamental ao estatismo. Bakúnin rejeita o ponto proposto por Marx porque o associa a um Estado forte. Nas palavras de Bakúnin:

> O programa de Marx é uma rede completa de instituições políticas e econômicas rigidamente centralizadas e altamente autoritárias, sancionadas, sem dúvida, como todas as instituições despóticas da sociedade moderna, pelo sufrágio universal, mas ainda assim subordinadas a um governo *muito forte* – para citar Engels, *alter ego* de Marx, confidente do autocrata.[11]

---

[11] Mikhail Bakúnin, "On the International Workingmen's Association and Karl Marx", 1872; disponível on-line.

Na perspectiva de Bakúnin, a ditadura revolucionária do proletariado não difere de nenhum outro estatismo sob o qual os poucos dominariam os muitos[12]. Para ele, a luta política, e sua forma organizacional, é, na melhor das hipóteses, subordinada e, na pior das hipóteses, antitética à luta econômica da classe trabalhadora.

Rosa Luxemburgo transfere a Lênin as críticas ao centralismo e ao autoritarismo que Bakúnin dirige a Marx[13]. Para Luxemburgo, o problema não está no partido nem na luta política. Por mais que ela seja celebrada pela greve de massas, e embora entendesse bem como as iniciativas espontâneas dos trabalhadores poderiam superar a capacidade de ação de seu partido, Luxemburgo sempre presume que a energia das massas precisa ser direcionada. A energia das massas pode inchar e crescer, mas elas só podem se valer de seu poder por meio de dirigentes, "os órgãos executores de sua vontade"[14]. Mesmo quando critica o partido por não dar conta de acompanhar as massas, Luxemburgo continua comprometida com o partido como forma para concentrar e organizar o poder político. Além disso, ela presume a necessidade da divisão do trabalho em toda "empresa socialista" por razões técnicas de eficiência, disciplina e ordem. "Um dirigente técnico que entenda exatamente do assunto, que estabeleça o que é mais necessário para que tudo funcione", é indispensável para a economia

---

[12] Mikhail Bakúnin, "Critique of the Marxist Theory of the State", 1873; disponível on-line.

[13] Rosa Luxemburgo, "Organizational Questions of the Russian Social Democracy", 1904; disponível on-line [ed. bras.: "Questões de organização da social-democracia russa", em Isabel Loureiro (org.), *Rosa Luxemburgo: textos escolhidos*, v. 1: *(1899-1914)*, trad. Isabel Loureiro, São Paulo, Ed. Unesp, 2018, p. 151-75].

[14] Rosa Luxemburgo, "What Are the Leaders Doing?", 1919; disponível on-line [ed. bras.: "O que fazem os dirigentes?", em Isabel Loureiro (org.), *Rosa Luxemburgo: textos escolhidos*, v. 2: *(1914-1919)*, trad. Isabel Loureiro, São Paulo, Ed. Unesp, 2018, p. 375].

socialista[15]. Portanto, Luxemburgo não rejeita os líderes nem o partido. Ela rejeita o que considerava ser a versão particular que Lênin tinha do partido.

Escrevendo em 1904, Luxemburgo observa que as condições de uma sociedade burguesa altamente desenvolvida que tornaram o Partido Social-Democrata alemão organizacionalmente possível estavam ausentes na Rússia. A Rússia não tinha as garantias formais de associação sindical e de imprensa por meio das quais as massas poderiam adquirir experiência política através da participação na vida pública. Luxemburgo observa que a social-democracia cresceu porque as condições democrático-burguesas da Alemanha permitiam as ações diretas e independentes das massas. Simplesmente inexistia na Rússia uma vanguarda proletária, com consciência de classe, capaz de se organizar em um partido, o coração da experiência social-democrata alemã. Os proletários russos se encontravam atomizados e isolados, não tendo ainda se educado através da luta de classes. O problema de Lênin, argumenta Luxemburgo, é que ele age como se pudesse simplesmente convocar por decreto uma vanguarda ao concentrar toda a autoridade partidária no Comitê Central. Em vez de compreender as mudanças na consciência proletária no curso da luta, Lênin "subordina mecanicamente" a classe ao partido, e o partido, por sua vez, ao Comitê Central. O Comitê Central pensa e decide, e todos os demais cumprem seus comandos. Os poucos dominam os muitos.

Repetidamente marteladas hoje, as acusações de centralismo e autoritarismo, de que o partido mantém a dominação dos muitos pelos poucos, são condenatórias e atingem o cerne da luta popular. Se os poucos dominam os muitos, então a luta da classe

---

[15] Rosa Luxemburgo, "The Socialization of Society", 1918; disponível on-line [ed. bras.: "A socialização da sociedade", em Isabel Loureiro (org.), *Rosa Luxemburgo: textos escolhidos*, v. 2, cit., p. 278].

trabalhadora simplesmente substitui um conjunto de opressores por outro. A própria organização indispensável para a luta política do povo a estorva e a deforma.

As acusações de centralismo e autoritarismo, contudo, não ficaram restritas aos partidos socialistas e comunistas nem mesmo à forma partido enquanto tal. Já no início do século XX, Michels dirige essas acusações à participação política democrática de maneira mais ampla: a própria democracia conduz à oligarquia. As condições que tornam possível a democracia também a impossibilitam, independentemente de se tratar de uma pólis, um partido, um sindicato ou um conselho (operário ou soviético). A análise de Michels, que abordo detalhadamente a seguir, nos lembra que é um erro proceder como se críticas como as de Bakúnin e Luxemburgo, repetidas *ad nauseam* na esquerda, identificassem problemas exclusivos do marxismo ou do partido. Pelo contrário, precisamos reconhecer essas críticas como um ataque à política de massas, democrática e popular de forma mais geral. A acusação de que uns poucos dominam os muitos, lançada a torto e a direito dentro da esquerda, não ilumina *nada* específico ao marxismo, ao marxismo-leninismo, ao socialismo ou ao comunismo. Na verdade, ela aponta para os desafios de organização, fôlego, continuidade e ampliação que persistem depois que a multidão se dissipa. A lacuna da política é inevitável. Ficar reeditando a crítica ao centralismo e ao autoritarismo, em diferentes momentos e em diferentes contextos, é efetivamente reinscrever fantasias de uma política sem política, fantasias de um belo momento em que os muitos sabem e realizam seu desejo de maneira imediata. Enquanto a esquerda não reconhecer e assumir a responsabilidade pela condição de viabilização da coletividade política, ela permanecerá presa em sua própria autocrítica, incapaz de construir ou se apoderar das organizações de que precisa.

A lei de bronze da oligarquia

A versão mais conhecida do argumento de que a democracia leva à oligarquia se encontra no livro *Sociologia dos partidos políticos*, de Robert Michels, publicado originalmente em 1911[16]. Aluno de Max Weber, Michels lecionou na Alemanha, na Itália e na Suíça; foi membro do Partido Social-Democrata Alemão, do Partido Socialista Italiano e, mais tarde, do Partido Fascista de Mussolini[17]. Lênin se referiu a ele, com desdém, como "o falastrão Michels", acusando *L'imperialismo italiano* [O imperialismo italiano] de ser tão superficial quanto seus outros escritos[18]. A ciência social trata *Sociologia dos partidos políticos* como um clássico, até mesmo "um dos livros mais influentes do século XX"[19].

Sociologia dos partidos políticos explora a "natureza do partido". Michels deduz a natureza do partido de uma análise da "natureza do indivíduo humano", da "natureza da luta política" e da "natureza da organização política". Com base nessa análise, ele postula uma "lei de bronze da oligarquia", ou regra dos poucos. Ao contrário das

---

[16] Robert Michels, *Political Parties: A Sociological Study of the Oligarchical Tendencies of Modern Democracy* (trad. Eden e Cedar Paul [1911], Kitchener, Batoche Books, 2001) [ed. bras.: *Sociologia dos partidos políticos*, trad. Arthur Chaudon, Brasília, UnB, 1982].

[17] Juan Linz, "Robert Michels", em *International Encyclopedia of the Social Sciences*, v. 10 (Nova York, Macmillan and Free Press, 1968), p. 265-71. Ver também Juan Linz, *Robert Michels, Political Sociology, and the Future of Democracy* (Londres, Transaction, 2006). Equiparando psicologia com a psicologia individual dos líderes, Linz superestima as dimensões técnicas das necessidades organizacionais, dedicando pouca atenção às dinâmicas de grupo.

[18] Vladímir Lênin, "Imperialism and Socialism in Italy", *Kommunist*, n. 1-2, 1915, em *Lenin's Collected Works*, v. 21 (Moscou, Progress, 1974), p. 357-66; disponível on-line.

[19] Seymour Martin Lipset, "Michels' Theory of Political Parties" (introdução), em Robert Michels, *Political parties: a Sociological Study of the Oligarchical Tendencies of Modern Democracy* (trad. Eden e Cedar Paul [1911], Nova York/Londres, Routledge, 2017) [introdução ausente da edição brasileira].

visões da Antiguidade grega da democracia como a *resposta* do povo contra a oligarquia detentora de propriedades, Michels interpreta a oligarquia como algo *intrínseco* à democracia. A democracia, *de qualquer tipo*, tende à oligarquia. A democracia "necessariamente contém um cerne oligárquico"[20]. Assim, embora *Sociologia dos partidos políticos* se concentre sobretudo nos partidos socialistas, particularmente no Partido Social-Democrata Alemão, o argumento de Michels é mais amplo; trata-se de uma versão política do princípio de Pareto, ou regra 80/20: em qualquer associação humana, os poucos sempre terão mais – independentemente de esse "mais" se referir a bens, influência ou poder – que os muitos[21]. Os partidos que, conforme seria de esperar, incorporariam em sua estrutura básica o governo por parte dos trabalhadores, as organizações animadas por ideais de participação democrática e mesmo os grupos com aspirações ao anarquismo – todas essas organizações, em última instância, acabam assumindo uma série de características oligárquicas. O governo dos poucos é inevitável. Michels argumenta que "o aparecimento de fenômenos oligárquicos no próprio seio dos partidos revolucionários é uma prova conclusiva da existência de tendências oligárquicas imanentes em todo tipo de organização humana que busque alcançar fins concretos"[22]. Não há nada de único nos partidos socialistas e nas organizações da classe trabalhadora. Eles são simplesmente casos representativos dessa regra, exemplos claros

---

[20] Robert Michels, *Political Parties*, cit., p. 6 [trecho ausente na edição brasileira; nos casos em que isso ocorre, deixamos apenas a nota referente à edição inglesa].
[21] Michels faz referência diversas vezes a Pareto em *Sociologia dos partidos políticos*, embora não explicitamente neste quesito. Para um panorama dos debates em torno do livro, ver Philip J. Cook, "Robert Michels's Political Parties in Perspective", *Journal of Politics*, v. 33, n. 3, ago. 1971, p. 773-96. Cook assinala a tendência equivocada de ler Michels como um crítico do socialismo, quando seu alvo no fundo é o sindicalismo.
[22] Robert Michels, *Political Parties*, cit., p. 13.

em que é possível isolar e observar tais tendências oligárquicas justamente porque elas se chocam contra a ideologia do partido. Se democracia significa governo dos muitos, a democracia é impossível.

Para Michels, as tendências à oligarquia são técnicas e psicológicas. As tendências técnicas dizem respeito à indispensabilidade da liderança nos grupos. As tendências psicológicas envolvem as respostas das pessoas à liderança. São efeitos que a existência de líderes exerce de volta sobre as pessoas. De tal forma que há tarefas, meios de realização, e há também sentimentos sobre esses meios de realização, respostas a eles e interpretações deles. Tudo isso conecta o partido à multidão. E tudo isso tem a ver com quantidade: o problema e a força dos muitos, a complexidade da organização de massas, e o prestígio que acompanha aquilo a que muitos aderem[23].

Michels baliza sua explicação da inevitabilidade da oligarquia em uma teoria da multidão que lembra a de Le Bon. A multidão é sugestionável, incapaz de discussão séria ou deliberação reflexiva, e é suscetível à influência dos oradores. Michels identifica evidências da incapacidade da multidão no fato de que a maioria das pessoas tende a evitar comparecer a reuniões quando o evento não promete algum tipo de espetáculo ou a presença de algum orador famoso. A desindividuação é, do mesmo modo, uma característica primária da versão michelsiana da multidão: "A multidão anula o indivíduo e, desse modo, sua personalidade e seu sentimento de responsabilidade"[24]. E, como aprendemos com Le Bon, uma multidão pode descambar em pânico ou em uma debandada de "entusiasmo irrefletido". Ela pode ser facilmente dominada, hipnotizada e intoxicada. Ao mesmo tempo, também pode se mostrar politicamente indiferente, difícil de estimular, de modo a funcionar como uma barreira à ação. A própria quantidade solapa a democracia direta: 34 milhões de pessoas não podem

---

[23] Lipset destaca as tendências técnicas, mas ignora as psicológicas.
[24] Robert Michels, *Political parties*, cit., p. 21 [p. 18].

"seguir com seus afazeres sem aceitar aquilo que o mais mesquinho dos homens de negócios considera necessário, a intermediação de representantes". A multidão, argumenta Michels, precisa de "alguém para apontar o caminho e emitir ordens"[25]. Não dá para dezenas de milhares de pessoas deliberarem juntas de maneira direta e imediata. Considerações básicas acerca de espaço, amplificação e o horário, a duração e a periodicidade das reuniões, sem falar da organização da ordem do dia e do encaminhamento e implementação do que for decidido, apontam para a inevitabilidade de haver algum tipo de delegação[26]. Assim, a própria natureza da multidão a torna vulnerável à oligarquia. Ela não só é incapaz de se proteger de figuras arrojadas com sede de poder, como efetivamente depende delas. A multidão precisa de líderes para garantir que as coisas sejam feitas. Ela até gosta deles.

Michels narra o deslizamento à oligarquia como uma espécie de "história da Queda", à medida que as tendências oligárquicas passam a dominar determinado grupo. Essa história vale para "toda organização", seja partido, sindicato, seja outro tipo de associação. De uma situação inicial de igualdade, na qual os delegados são escolhidos por sorteio ou de maneira rotativa, passa a ocorrer uma mudança gradual:

> Pouco a pouco a tarefa dos delegados se complica: ela exige certa habilidade individual, o dom da oratória e um grande número de conhecimentos objetivos. Assim, não se podia confiar ao azar cego da sucessão alfabética ou da antiguidade a escolha de uma delegação, cujos membros, para se desincumbir a contento de suas missões, deveriam possuir aptidões pessoais especiais.[27]

---

[25] Ibidem, p. 39 [p. 36].
[26] Ver a crítica de L. A. Kauffman às práticas ativistas contemporâneas usadas em movimentos como o Occupy Wall Street, "The Theology of Consensus", *Berkeley Journal of Sociology*, 26 maio 2015.
[27] Robert Michels, *Political parties*, cit., p. 23 [p. 19].

Surgem demandas de haver "para os chefes uma espécie de consagração oficial". Os líderes precisam ser avalizados e treinados, de modo a estabelecer sua *expertise*. Assim, passa a surgir um sistema de examinação e, consequentemente, cursos e escolas de formação. Associações educacionais produzem elites dotadas tanto de habilidades quanto de aspirações para exercer cargos de poder. "Sem o desejar, cavam ainda mais o fosso que separa os dirigentes das massas", conclui Michels[28]. Mesmo os líderes provenientes das massas acabam se afastando delas à medida que adquirem *expertise*, validação, responsabilidade e experiência.

Embora a separação dos líderes em relação às massas seja particularmente vexatória para os partidos socialistas, o sindicalismo e o anarquismo se deparam com problemas semelhantes de oligarquia, mais uma vez, por razões técnicas. Por sindicalismo, Michels se refere àquela corrente socialista que substituiria a dualidade de partido e sindicato por "um organismo mais completo" que sintetizaria funções políticas e econômicas. Esse "organismo mais completo" é o sindicato reconcebido como uma associação revolucionária que visa a abolir o capitalismo e estabelecer o socialismo. Esses sindicalistas tinham sido enfáticos em sua crítica às tendências demagógicas da democracia, fosse no Partido Social-Democrata Alemão, fosse na burocracia sindical. Nem por isso, insiste Michels, escapam da lei de bronze da oligarquia. Líderes de qualquer grupo podem trair ou lograr a militância de base, particularmente em ações que envolvem sigilo e conspiração. A greve, seja ela econômica ou política, "oferece aos homens que têm o gosto pela política excelentes oportunidades de trazer à baila sua faculdade de organização e sua aptidão para o comando"[29]. Para ele, "em vez de ser um campo de ação para as massas unidas e compactas", a greve facilita

---

[28] Ibidem, p. 25 [p. 21].
[29] Ibidem, p. 208 [p. 207].

o processo de diferenciação e favorece a formação de uma *elite* de líderes[30]. No fundo, os sindicalistas têm uma necessidade técnica ainda maior por líderes que os socialistas.

O anarquismo, que evita qualquer forma de organização política estável ou duradoura, estaria aparentemente imune ao problema da oligarquia na medida em que não há hierarquia partidária para galgar nem cargo eleitoral para almejar. Ledo engano, nos diz Michels. Há características do anarquismo que o sujeitam à "lei de bronze". Primeiro, tal como os sindicalistas, os anarquistas priorizam a ação direta, que por sua vez favorece a autoafirmação heroica de poucos. Em segundo lugar, os anarquistas reconhecem a necessidade de haver trabalho administrativo, "orientação técnica das massas", na esfera administrativa. Federações de conselhos e comunas, mesmo quando compostas de associações puramente voluntárias, adquiririam autoridade ao longo do tempo, caindo, assim, na oligarquia. Em terceiro lugar, os líderes anarquistas têm seus próprios "instrumentos de dominação", os mesmos empregados pelo "apóstolo" e pelo "orador": "a força fulgurante do pensamento, a grandeza dos sacrifícios, a profundidade das convicções. Sua dominação se exerce não sobre a organização, mas sobre as almas. Ela decorre não da sua indispensabilidade técnica, mas da sua ascendência intelectual, da sua superioridade moral"[31]. O ponto de Michels não é que haja algo de errado com esse tipo de dominação. É apenas mostrar que o anarquismo não escapa à lei de bronze da oligarquia. Os poucos seguem exercendo mais autoridade que os muitos.

Quanto maior a organização, mais poderosos os seus líderes. Para Michels, esta é, em parte, uma tendência técnica para a oligarquia, o desafio de organizar muitos. Mas inclui também uma

---

[30] Ibidem, p. 210 [p. 208].
[31] Ibidem, p. 215 [p. 214].

tendência psicológica correspondente, os efeitos psíquicos que a existência de uma liderança exerce sobre as coletividades. Como vimos na "narrativa da Queda", de Michels, há uma divisão do trabalho que vem junto com a "sociedade civilizada moderna". Em organizações maiores, as tarefas se tornam cada vez mais diferenciadas. Integrá-las passa a ser algo complicado. Fica cada vez mais difícil ter uma visão de conjunto. Ao mesmo tempo, organizações voluntárias como sindicatos e partidos enfrentam uma rotatividade constante de seus membros. Os membros vêm e vão, dependendo de seu momento de vida – são jovens e mais interessados em amor e aventura? Velhos, cansados e exauridos? A maioria das pessoas sente que tem coisas melhores para fazer que passar seu tempo livre na luta política. Mas nem todos: alguns, por motivos variados, optam por se vincular ao trabalho organizativo. Alguns – particularmente aqueles que recebem alguma remuneração e passaram a ter um interesse pessoal em relação à organização – dedicam ao grupo uma atenção acima da média. Esses que têm uma presença mais constante e um vínculo maior passam a funcionar como líderes. Eles têm consciência, mais que aqueles cujo engajamento é temporário ou esporádico, de tudo que a organização fez e está fazendo. São o repositório da história, da prática e do conhecimento organizacionais. Liderança pode ser menos uma questão de cargo que de influência exercida pelos membros mais assíduos.

À medida que surgem os líderes, a militância de base vai ficando cada vez menos capaz de conduzir ou supervisionar os assuntos da organização. Ela precisa confiar naqueles a quem delegou as várias tarefas, talvez instruindo-os a fornecer relatórios sobre o trabalho do grupo. No geral, a maior parte das pessoas gosta das coisas desse jeito. Michels observa que a maioria raramente participa. Ela deixa reuniões, discussões e tarefas organizacionais a cargo de outros. "Apesar de queixar-se às vezes", escreve, "a maioria, no fundo, está encantada por ter encontrado indivíduos dispostos a cuidar dos seus assuntos"[32]. Esse deleite é uma resposta afetiva, uma sensibilidade compartilhada, que poderíamos denominar alívio da delegação ou prazer que decorre de transferir tarefas para outros. O que me interessa destacar aqui é essa passagem da tendência técnica para a tendência psicológica de oligarquização. Michels argumenta que a maioria reverencia ou até adora seus líderes. A necessidade que a multidão tem de orientação e direção "vem acompanhada de um verdadeiro culto aos chefes que são considerados como heróis." Portanto, não só a multidão precisa de líderes por razões técnicas, como também possui um vínculo afetivo com eles.

A explicação que Michels oferece sobre esse vínculo é mais sugestiva que propriamente precisa. Mas, uma década antes de Freud, provavelmente devido à influência de Le Bon e Tarde (ele cita ambos), Michels antecipa elementos-chave da psicologia freudiana das massas. O primeiro deles é um amor primitivo. Michels atribui à multidão a elevada qualidade moral da gratidão aos líderes por trabalharem em nome dela. Ele observa que os líderes pedem gratidão como recompensa pelo serviço prestado e que a massa considera a gratidão "como um dever sagrado"[33]. A reeleição ou o apoio de longo prazo aos líderes partidários demonstram essa gratidão. Ao mesmo tempo, Michels descreve um apego aos líderes que "ultrapassa os limites da simples devoção que se deve sentir em relação a pessoas que prestaram serviços inesquecíveis ao partido"[34]. Esse apego é "um resquício herdado da psicologia primitiva". Evocando os estudos do antropólogo britânico James George Frazer sobre mito e poder político, Michels identifica uma "reverência supersticiosa" latente até mesmo nos líderes socialistas: "Ela se revela através de sintomas apenas perceptíveis, tais como o tom de veneração

---

[32] Ibidem, p. 38 [p. 35].
[33] Ibidem, p. 42 [p. 40].
[34] Ibidem, p. 44 [p. 43].

com que se pronuncia o nome do chefe, a absoluta docilidade com que se obedece ao menor dos seus sinais, a indignação com que se acolhe toda crítica dirigida contra a sua pessoa"[35]. Como exemplo, ele cita a passagem de Ferdinand Lassalle pela Renânia em 1864. Lassalle foi recebido "como um Deus". As ruas estavam todas enfeitadas com guirlandas; damas de honra jogavam flores; a multidão transbordava com "irresistível entusiasmo" e "aplausos frenéticos" – "não faltou nada"[36]. Michels observa que essa devoção fanática não é nenhuma exclusividade. As massas de todas as partes, tanto nas regiões industriais quanto nas agrícolas, tanto na Inglaterra quanto na Itália, possuem uma "necessidade de adoração"[37]. Elas exibem, diria Freud, uma mentalidade de horda. Às vezes a veneração que as massas dedicam a seus líderes assume a forma de uma "mania imitativa" que pode até se tornar uma "idolatria absoluta"[38].

Gratidão e reverência não são os únicos sentimentos que fazem com que a multidão adira a seus líderes. A admiração da multidão também deriva de prestígio e identificação. O prestígio da celebridade influencia a multidão. Michels evoca Tarde, observando a forma pela qual a fama impressiona com o número de admiradores. O prestígio é como a fama na medida em que incorpora as opiniões de muitos. É menos uma questão de talento que propriamente da estima sustentada pela multidão. Por mais que a multidão responda com entusiasmo diante de grandes oradores, ela reage de maneira muito mais enérgica ao entusiasmo dos outros, aos sentimentos e às respostas dos outros. Essas reações indicam a grandeza da oratória, não seu conteúdo. As pessoas aderem umas às outras em admiração comum. Admira-se o líder porque outros

---

[35] Ibidem, p. 42 [p. 41].
[36] Ibidem, p. 43 [p. 43].
[37] Ibidem, p. 45 [p. 44].
[38] Ibidem, p. 127.

o admiram. Quando a celebridade nos influencia, explica Michels citando Tarde, "é com a colaboração de muitas outras mentes através das quais a vemos, e cuja opinião, sem o nosso conhecimento, se reflete na nossa"[39]. Inconscientemente, vemos através dos outros. Assumimos a perspectiva dos muitos. Nossa visão é coletiva.

Esse ver através dos outros nos fornece uma forma de entender a "mania imitativa". O objeto que está sendo imitado não é uma pessoa específica, mas o próprio prestígio, a presença e a pressão exercida pelos muitos, pela multidão ou pela massa. Lacan nos lembra: "Cada vez que se trata da imitação, guardemo-nos de pensar depressa demais no outro que seria assim dito imitado"[40]. Ao imitar um líder ou uma celebridade, os muitos agem uns para os outros, exibem a si mesmos seu entusiasmo admirador, tornando-se objetos de seu próprio olhar coletivo. Quando fãs se vestem como personagens de um filme para assistir a uma estreia no cinema (como nas franquias *Harry Potter* ou *Guerra nas estrelas*) ou quando se fantasiam para convenções de fãs, eles fazem isso uns pelos outros. Ao se perceberem vendo a si mesmos, eles efetivamente demonstram a contingência e a substituibilidade do líder reverenciado: qualquer um daqueles que está adotando imitativamente as características do líder está no lugar do líder.

A mania imitativa, portanto, demonstra a coletividade distorcida na patologia da "idolatria absoluta"[41]. O sentido da imitação

---

[39] Ibidem, p. 47.

[40] Jacques Lacan, *The Four Fundamental Concepts of Psychoanalysis*, Seminar XI (org. Jacques-Alain Miller, trad. Alan Sheridan, Nova York, Norton, 1998), p. 100 [ed. bras.: *O seminário*, Livro 11: *Os quatro conceitos fundamentais da psicanálise*, org. Jacques-Alain Miller, trad. M. D. Magno, Rio de Janeiro, Zahar, 1988, p. 98].

[41] Para uma discussão matizada da questão da idolatria, ver James Martel, *The One and Only Law: Walter Benjamin and the Second Commandment* (Ann Arbor, University of Michigan Press, 2014).

não é a adoração de um só, de um líder ou celebridade. É demonstrar que esse um não é nada além da coisa que permite que os muitos experimentem sua força coletiva. Essa experiência de imitação coletiva gera entusiasmo porque o coletivo se sente amplificado, fortalecido. Entusiasmo *nada mais é* que esse senso coletivo de poder coletivo. Na mania imitativa, o que está sendo imitado não é uma pessoa; é o prestígio, a consideração do coletivo.

A identificação, da mesma maneira, é inconsciente. Michels observa que um orador poderoso é capaz de hipnotizar a multidão "de tal forma que, durante longos períodos de tempo, eles veem nele uma imagem ampliada de seu próprio eu [...]. Ao responder ao apelo do grande orador, a massa é inconscientemente influenciada por seu próprio egoísmo"[42]. Michels é ambíguo aqui, elidindo a distinção entre indivíduo e multidão. Não fica claro se o argumento dele é de que cada indivíduo se identifica separadamente com o líder ou de que a multidão enquanto massa exibe seu próprio egoísmo. Se for o primeiro caso, Michels perde a capacidade de dizer algo sobre a multidão. Se for o segundo, o orador seria um veículo para gerar esse outro eu, essa perspectiva capaz de perdurar, inconscientemente, após o término do discurso. A ambiguidade, o deslizamento, reforça esse segundo ponto na medida em que o orador se torna uma oportunidade para que seja exercida a força coletiva.

Assim como as distinções entre tendências técnicas e psicológicas de oligarquização se confundem e se reforçam mutuamente, o mesmo ocorre com as distinções entre multidão e líder, massa e partido. Cada um dos elementos se retorce no outro. Cada um rompe o outro por dentro, impedindo-o de alcançar a autoidentidade. Por exemplo, Michels sublinha a importância dos grupos que se separam da burguesia para se alinharem com o proletariado

---

[42] Robert Michels, *Political Parties*, cit., p. 47.

e animarem sua consciência de classe. Esses membros da burguesia – "filósofos, economistas, sociólogos e historiadores" – ajudam a transformar a rebelião instintiva e inconsciente em uma aspiração clara e consciente. Nas palavras de Michels:

> Historicamente, os grandes movimentos de classe só foram postos em marcha mediante a simples reflexão: não somos apenas nós, pertencentes às massas desprovidas de instrução e de direitos jurídicos, que acreditamos ser oprimidos; essa crença quanto à nossa condição é compartilhada por aqueles que dispõem de um conhecimento melhor acerca do mecanismo social e que, portanto, têm mais condições de julgar; uma vez que as pessoas cultas das classes mais altas também conceberam o ideal de nossa emancipação, esse ideal não é mera quimera.[43]

Os elementos desgarrados da burguesia, que na verdade constituem a maioria dos líderes socialistas europeus, servem a propósitos tanto psicológicos quanto técnicos: eles permitem que os trabalhadores reflitam sobre si mesmos; fornecem um ponto de vista externo que os trabalhadores podem assumir em relação à própria condição.

Essa perspectiva que vem de fora também é gerada no interior do movimento dos trabalhadores. Os líderes provêm das fileiras da classe trabalhadora, alçados involuntariamente por obra do acaso e das circunstâncias. Michels cita Le Bon: "O líder geralmente foi, em determinado momento, liderado". O trabalho partidário pode acabar separando o trabalhador da classe na medida em que os funcionários do partido são remunerados (e, portanto, passam a ter uma nova fonte de renda), na medida em que adquirem metas específicas em relação às atividades do partido e na medida em que o prestígio recai sobre os líderes – o funcionário é tido como

---

[43] Ibidem, p. 143.

representante dos muitos. Michels se vale do exemplo do jornal do partido para ilustrar esse argumento: "O 'nós' editorial, proferido em nome de um enorme partido, tem um efeito muito maior do que até mesmo o nome mais distinto"[44]. O artigo ou editorial não está mais vinculado a uma única pessoa. Ele é respaldado pela força de um coletivo ao qual dá voz.

Michels conclui: "Quem diz organização, diz oligarquia". O entusiasmo político – a alegria do autossacrifício, a emoção da luta – inspira a multidão, mas não tem condições de perdurar. A multidão se dispersa e as pessoas voltam para casa. Manter a luta viva requer quadros políticos dedicados e profissionais, alguns poucos que se dedicam à causa. Esse próprio requisito já separa os poucos dos muitos.

O partido socialista não é idêntico à classe trabalhadora. Os trabalhadores não são automaticamente socialistas e os socialistas não são necessariamente trabalhadores. O partido pode ter membros burgueses e da classe trabalhadora (sem falar de outras classes). Esses membros podem, ou não, ser ativos, podem ser líderes ou então liderados. A classe se fragmenta em vários interesses, tanto pessoais quanto políticos. Escreve Michels: "O partido, considerado como uma entidade, como um pedaço de mecanismo, não é necessariamente identificável com a totalidade de seus membros – e ainda menos com a classe a que estes pertencem"[45]. O partido é mais do que a soma dos interesses particulares de seus membros. A própria não identidade de classe e partido, a lacuna entre poucos e muitos, produz algo novo.

É possível encontrar pistas sobre esse "algo novo" nas ideias de prestígio, de identificação e daquele ponto externo a partir do qual a classe trabalhadora pode refletir sobre si mesma. Essas

---

[44] Ibidem, p. 85.
[45] Ibidem, p. 232.

ideias indicam que o partido é um espaço psíquico irredutível a seus membros e excretado das necessidades técnicas que cumpre. Michels reconhece esse espaço, marcando-o com o programa do partido. "Um partido não é uma unidade social nem uma unidade econômica", escreve Michels, "ele baseia-se em seu programa político"[46]. O programa estabelece os princípios do partido, fornecendo ostensivamente o ponto de unidade que falta à "ideia" da classe trabalhadora. É certo que essa unidade teórica não pode eliminar os conflitos mais fundamentais de classe que se expressam no partido. "Na prática", observa Michels, "a aceitação do programa não basta para abolir o conflito de interesses entre capital e trabalho". Dito de forma mais ampla, a coletividade incorporada no partido sempre estará para além de um interesse particular, não sendo nunca reconciliável a tal. Algum grau de alienação, de não identidade, é inelinimável. A própria existência de um partido – ou qualquer grupo de uns poucos realizando algum tipo de trabalho organizacional – já exerce uma força contrária ao desejo pessoal. Se os desejos pessoais fossem suficientes, pudessem simplesmente ser agregados de modo a produzir resultados felizes, se a multidão tivesse a capacidade de saber e conseguir o que quisesse, não surgiriam líderes. Mas a lacuna é irredutível; trata-se de uma repetição, no partido, do antagonismo que rasga a sociedade.

Atenção à lacuna

A psicanálise nos ajuda a entender essa lacuna. Ela pode nos permitir enxergar por que a divisão entre poucos e muitos não deve ser solidificada como uma divisão entre real e ideal, pragmático e utópico, mas, sim, reconhecida como uma divisão constitutiva e viabilizadora: a impossibilidade é a condição de possibilidade da política comunista. A não identidade entre povo e partido é o que

---

[46] Ibidem, p. 231.

permite que cada um seja mais do que é, ou menos do que é, para que cada um viabilize, rompa e exceda o outro. Michels especifica essa lacuna como a capacidade ausente na multidão que o líder supre e como a consciência de classe ausente nos trabalhadores que os desertores da burguesia fornecem. Reconhecendo que essas provisões técnicas permanecem incompletas, que a organização é mais que um instrumento, ele as complementa atentando para as tendências psicológicas das multidões. Como demonstram a gratidão, o prestígio, a imitação e a identificação, os líderes são meios através dos quais a multidão pode sentir e desfrutar de si mesma. Os próprios acenos que Michels faz ao inconsciente fornecem, portanto, um ponto de entrada para a psicanálise.

Lacan associa o inconsciente freudiano a uma lacuna, uma lacuna na qual algo acontece, mas permanece não realizado[47]. Não é tanto que esse algo esteja ou não ali, que exista ou inexista. O ponto é que o não realizado se faz sentir; ele exerce uma pressão. O partido comunista é uma forma política para a pressão das lutas não realizadas do povo, permitindo a concentração e a orientação dessa força em determinada direção, e não em outra.

Dizer que o sujeito da política é coletivo significa dizer que suas ações não podem ser reduzidas àquelas associadas à agência individual, a ações como escolha ou decisão. Em vez disso, como argumento no capítulo 3, o sujeito coletivo se imprime por rupturas e quebras e pela atribuição retroativa dessas rupturas ao sujeito que elas expressaram. O caráter pontual do sujeito poderia sugerir que ele é apenas eventual, apenas disruptivo, totalmente desconectado de qualquer corpo, criação, instituição ou avanço, e que, portanto, seria desprovido de substância ou conteúdo. Mas afirmar isso equivaleria a ignorar a persistência do sujeito

---

[47] Jacques Lacan, *The Four Fundamental Concepts of Psychoanalysis*, cit., p. 22 [ed. bras.: *O seminário*, Livro 11, cit., p. 26].

na pressão do não realizado. Essa persistência requer um corpo, um portador. Sem um portador, ela se dissipa no diverso da potencialidade. Ainda assim, com um portador, alguma potencialidade será reduzida. Alguma possibilidade será eliminada. Algum fechamento necessariamente ocorrerá. Essa perda é a condição de possibilidade do sujeito, a divisão constitutiva da subjetividade. As formas políticas – partidos, Estados, exércitos de guerrilha, até mesmo líderes – situam-se dentro dessa divisão. Por mais que essas formas possam ser (e muitas vezes o são) fetichizadas – isto é, posicionadas de modo a obscurecer a perda ou remediá-la perfeitamente –, o fato da fetichização não deve nos impedir de ver o fato anterior da lacuna e sua ocupação.

O conceito psicanalítico de "transferência" depende dessa lacuna e a exprime. Na prática clínica, a transferência diz respeito à relação entre analista e analisando. Que tipo de sentimentos e afetos são mobilizados na análise e que tipo de estrutura eles atestam? Por exemplo, o analisando quer a aprovação do analista? Quer seduzi-lo? Rebatê-lo? Destruí-lo? Lacan reconhece múltiplas formas de conceber a transferência, mas rejeita a ideia de que a análise ocorra por meio de uma aliança entre o analista e a parte saudável do eu do sujeito (ideia encontrada em algumas versões estadunidenses da psicanálise). "Aí está uma tese", escreve Lacan, "que subverte o de que se trata, isto é, a presentificação dessa esquize do sujeito realizada aqui, efetivamente, na presença"[48]. A função da transferência na análise é a de forçar a lacuna. Pela transferência, diferentes agências inconscientes no sujeito se manifestam. À medida que o analisando aprende a atentar para a transferência, ele pode vir a reconhecer e abordar o Outro dentro de si, a forma pela qual, por exemplo, um outro parental ou social configurou seu desejo.

---

[48] Ibidem, p. 131 [p. 126].

A transferência é importante para uma teoria do partido por causa de sua função "como modo de acesso ao que se esconde no inconsciente"[49]. A transferência registra os efeitos de um Outro para além do analista e do analisando: a relação analítica não é redutível à interação entre os dois; ela é o espaço para o aparecimento de um Outro. A transferência contribui para uma teoria do partido nesse sentido preciso de um "modo de acesso ao que se esconde no inconsciente". O partido é uma forma que acessa a descarga que se acabou, a multidão que voltou para casa, o povo que não está lá, mas que ainda assim exerce uma força. Ele é, portanto, um local para relações transferenciais.

É certo que o partido não é uma sessão analítica. Dirigentes e quadros políticos não são psicanalistas. Isso não significa, no entanto, que algo da ordem da transferência não esteja operando na relação entre multidão e partido. De fato, a ênfase que Michels dedica à gratidão aponta para um efeito transferencial, para um amor que, contraintuitivamente, sustenta a adesão das pessoas aos líderes de uma organização. Michels argumenta que aqueles que já passaram pelo sentimento de não ter ninguém lutando por eles geralmente sentem gratidão diante de seus dirigentes. Poderíamos acrescentar aqui a maneira pela qual as pessoas em um grupo são muitas vezes gratas àqueles que se lançam à frente, arregaçam as mangas e chamam para si a responsabilidade. O sentimento de gratidão faz com que a liderança apareça como uma espécie de dádiva, mas uma dádiva diferente daquela que o rei confere ao povo. Em vez disso, na medida em que ele está pensando mais no fenômeno da liderança nas democracias, Michels sugere uma liderança que a multidão produz de maneira contingente a partir de si mesma para dar a si mesma. Esses são os líderes aos quais as pessoas são gratas.

---

[49] Ibidem, p. 143 [p. 137].

Mesmo uma dádiva que a multidão concede a si mesma não é desprovida de custo. Žižek observa que, para Lacan, trata-se de uma dádiva perigosa: "Ela se oferece para nosso uso gratuitamente, mas, depois que a aceitamos, ela nos coloniza"[50]. A dádiva estabelece um elo entre doador e receptor. A aceitação cria um vínculo. Ela liga o receptor ao doador. "Gratidão" sinaliza o poder de ligação do elo, a força sentida da relação entre doador e receptor, a pressão que faz com que uma dádiva seja mais que uma troca. O que importa, então, é esse elo que é um efeito da dádiva e a força que ele exerce. A dádiva constitui uma socialidade que, por sua vez, nos faz exigências para além e à parte das do doador.

Lacan se refere a essa socialidade como o Outro ou o simbólico. A transferência revela vários componentes disso, processos inconscientes e perspectivas contidas no interior do Outro. O espaço do Outro é abarrotado e heterogêneo; é uma mistura de sentimentos, pressões e vínculos. Há características estruturais e características dinâmicas; há processos que avançam e recuam, se encontram e mudam de importância. Uma série de figuras diferentes habitam e dão forma a essas estruturas e processos.

Entre as características desse espaço do Outro que Lacan destaca estão o eu ideal, o ideal do eu e o supereu. Como explica Žižek, Lacan dá uma inflexão muito precisa a esses termos freudianos:

"Eu ideal" designa a autoimagem idealizada do sujeito (a maneira como eu gostaria de ser, a maneira como eu gostaria que os outros me vissem); ideal do eu é a agência cujo olhar eu tento impressionar com minha imagem do eu, o grande Outro que me vigia e me impele a dar o melhor de mim, o ideal que tento seguir e

---

[50] Slavoj Žižek, *How to Read Lacan* (Nova York, Norton, 2006), p. 11-2 [ed. bras.: *Como ler Lacan*, trad. Maria Luiza X. de A. Borges, Rio de Janeiro, Zahar, 2006, p. 20].

realizar; e supereu é essa mesma agência em seu aspecto vingativo, sádico, punitivo.[51]

O eu ideal é como o sujeito se imagina. O ideal do eu é o ponto a partir do qual o sujeito olha para si mesmo. E o supereu é o juiz que atormenta o sujeito ao apontar seu inevitável e inescapável fracasso em alcançar qualquer um desses ideais. Esses três pontos estão ligados: o ideal do eu verifica a imagem do sujeito. Uma vez que há a expectativa de que o ideal do eu forneça essa verificação, o sujeito tem certos investimentos nele. O sujeito precisa do ideal do eu para garantir sua estabilidade ou senso de autonomia. Por causa dessa necessidade, ele resiste a reconhecer que o ideal do eu não passa de um efeito estrutural e se ressente do fato de o ideal do eu ser ao mesmo tempo poderoso e inadequado. Além disso, ao tentar corresponder às expectativas do ideal do eu, o sujeito pode vir a comprometer seu próprio desejo. Ele pode acabar cedendo demais, e isso inclusive explica por que o supereu chega a exercer uma força tão extrema e implacável: ele está punindo o sujeito por essa traição[52].

Embora essas características do espaço do Outro possam parecer individuais, essa aparência não passa de um resíduo freudiano. Além de serem comuns, as características atestam o funcionamento da coletividade que Freud encerra na psique individual. Tais características operam em todos os coletivos à medida que os grupos competem entre si e olham para si mesmos sob a perspectiva dos outros grupos. Cidades e nações, escolas e partidos, têm autoconcepções formatadas por meio dos processos e das perspectivas do Outro.

A transferência que ocorre na psicanálise revela duas características adicionais do espaço do Outro: o sujeito suposto saber

---

[51] Ibidem, p. 80 [p. 100].
[52] Idem. Ver também a discussão que faço no capítulo 5 do meu livro *The Communist Horizon* (Londres, Verso, 2012).

e o sujeito suposto crer[53]. Esses elementos são suposições configuradoras no interior do sujeito, características estruturais que o sujeito postula como suportes para seu desejo. O sujeito suposto saber é a figura que detém o segredo do desejo. Ele sabe a verdade. Deus, Sócrates e Freud, bem como papéis institucionais como pai, professor, especialista e padre, podem funcionar como esse lócus de conhecimento de e para um sujeito. Considere, por exemplo, a abertura de um editorial do jornal *The Guardian* escrito pelo jornalista de esquerda Paul Mason:

> Uma das vantagens de ter uma elite global é que pelo menos eles sabem o que está acontecendo. Nós, as massas iludidas, talvez tenhamos que esperar décadas até descobrirmos quem são os pedófilos ocupando cargos de poder; e quais bancos são criminosos ou estão quebrados. Mas a elite supostamente sabe em tempo real – e com base nisso faz previsões precisas.[54]

Mason apresenta a elite global literalmente como o sujeito suposto saber. Não só a elite sabe as verdades obscenas da pedofilia e da expropriação, como sabe delas à medida que acontecem, "em tempo real", enquanto o resto de nós permanece iludido. De fato, uma das perguntas recorrentes depois da crise econômica de 2007-2008 era: por que a elite não sabia? Como assim ninguém viu a crise chegando?

Nas palavras de Lacan: "Desde que haja em algum lugar o sujeito suposto saber [...] há transferência"[55]. A análise depende da transferência: o analista precisa funcionar para o analisando

---

[53] Slavoj Žižek, *How to Read Lacan*, cit., p. 11-12 [ed. bras.: *Como ler Lacan*, cit., p. 28-9].
[54] Paul Mason, "The Best of Capitalism Is Over for Rich Countries – and for the Poor Ones It Will Be Over by 2060", *The Guardian*, 7 jul. 2014.
[55] Jacques Lacan, *The Four Fundamental Concepts of Psychoanalysis*, cit., p. 232 [p. 220].

como o sujeito suposto saber. O analisando começa a falar sobre seus sintomas, fazendo o trabalho de análise, porque acredita que o analista sabe a verdade, quando na realidade é seu próprio trabalho que produz a verdade. A análise pode terminar quando o sujeito reconhece que o analista, no fim das contas, não sabe.

Žižek apresenta o sujeito suposto crer como uma versão mais fundamental do sujeito suposto saber[56]. Ele explica:

> Não há subjetividade viva imediata e autopresente a que se possa atribuir a crença incorporada nas "coisas sociais" e que é depois despojada dela. Há algumas crenças, as mais fundamentais, que são de saída crenças "descentradas" do Outro; o fenômeno do "sujeito suposto crer" é, portanto, universal e estruturalmente necessário.[57]

O sujeito suposto crer refere-se a essa inevitável transferência de crença a algum outro. Versões concretas disso seriam, por exemplo, a prática de sustentar a ficção do Papai Noel por causa das crianças ou pressupor alguma pessoa comum que acredita nos valores da comunidade. A descrição michelsiana daqueles setores da burguesia que abandonam sua classe para se juntar ao proletariado nos fornece outro exemplo. Através deles, o proletariado acredita que sua situação não é simplesmente infeliz. É profundamente injusta.

Žižek aponta a assimetria entre o sujeito suposto saber e o sujeito suposto crer. A crença é reflexiva, acreditar que há outro que acredita. Nas palavras dele: "'Eu ainda acredito no comunismo' equivale a dizer 'eu acredito que ainda há pessoas que acreditam no

---

[56] Slavoj Žižek, *The Sublime Object of Ideology* (Londres, Verso, 1989), p. 185 [ed. bras.: *Eles não sabem o que fazem: o sublime objeto da ideologia*, trad. Vera Ribeiro, Rio de Janeiro, Zahar, 1992]. Em outro texto, Žižek trata o sujeito suposto crer "como a característica fundamental, constitutiva, da ordem simbólica", *The Plague of Fantasies* (Londres, Verso, 1997), p. 106.

[57] Slavoj Žižek, *The Plague of Fantasies*, cit., p. 106.

comunismo'"[58]. Porque a crença é a crença na crença do outro, é possível acreditar através do outro. Outra pessoa pode acreditar por nós. O saber já é diferente. O fato de o outro saber não significa que eu saiba. Só posso saber por mim mesmo. Não é à toa, portanto, que um bordão recorrente da ideologia capitalista contemporânea é que cada um deve descobrir por conta própria. O capitalismo depende da nossa separação uns dos outros, por isso ele se esforça ao máximo e a cada momento para nos separar e nos individuar.

As instituições são arranjos simbólicos que organizam e concentram o espaço social. Elas "fixam" um Outro não no sentido de imobilizá-lo, mas no sentido de colocar em relação os efeitos emergentes da socialidade. Esse "colocar em relação" substancializa o elo, conferindo-lhe sua força, permitindo que ele exerça sua pressão. Um partido é uma organização e concentração da socialidade em nome de certa política. Para os comunistas, essa é uma política de e para a classe trabalhadora, os produtores, os oprimidos, o povo entendido como o resto de nós. O "partido" amarra efeitos do eu ideal, do ideal do eu, do supereu, do sujeito suposto saber e do sujeito suposto crer. O conteúdo específico de qualquer um desses efeitos componentes muda com o tempo e conforme o local, ainda que as operações que eles designam permaneçam características da forma partido.

O eu ideal nos partidos comunistas é tipicamente imaginado em termos do bom camarada. O bom camarada pode ser um militante corajoso, um organizador habilidoso, um exímio orador ou um funcionário leal. Em contraste, o ideal do eu é a referência a partir da qual a camaradagem é avaliada: como e para que se levam em conta bravura, habilidade, realização e lealdade? O superego do partido nos acusa incessantemente de fracassar em todas as frentes, *nós nunca fazemos o suficiente*, e ao mesmo tempo nos provoca chamando a

---

[58] Ibidem, p. 107.

atenção para os sacrifícios que fazemos pelo bem do partido, *nós sempre fizemos demais*. Cada uma dessas posições pode variar no sentido de ser mais aberta ou mais fechada, mais coerente ou mais contraditória. Na medida em que o partido se situa em um campo antagônico, na medida em que ele não é o Estado, mas, sim, uma parte, outros ideais e injunções entram na mistura: isso é a luta de classes no interior do partido, o desafio apresentado pela consciência capitalista. Ao mesmo tempo, o caráter situado do partido significa que o espaço que ele proporciona necessariamente exerce efeitos para além dos membros do partido, fornecendo imagens e pontos de referência para aqueles que poderiam se somar, para aliados e companheiros de viagem, bem como para ex-membros ou inimigos.

As ideias de sujeito suposto crer e sujeito suposto saber são particularmente úteis para pensar esses efeitos para além dos membros do partido. Os críticos do partido comunista costumam censurá-lo por se dizer saber, por funcionar como um local de conhecimento científico ou revolucionário. Essa *expertise* ostensiva tem sido repreendida não apenas como monopolista, mas também como falsa: viver com o poder opressivo, responder diante dele e combatê-lo produz um saber que pertence ao povo e não pode ser confinado a um conjunto de leis férreas do desenvolvimento histórico. Dada essa crítica, que veio a ser amplamente compartilhada dentro da esquerda na esteira de 1968, espanta que o colapso da União Soviética tenha representado um golpe tão fatal nas iniciativas comunistas e socialistas de organização política nos Estados Unidos, no Reino Unido e na Europa. Em 1989, só alguns poucos ainda defendiam a União Soviética. A maioria concordava que sua burocracia estava moribunda e que ela precisava instituir reformas de mercado. Por que, então, seu colapso teve esse efeito? O "sujeito suposto crer" ajuda a entender essa estranha reação. O que se perdeu quando a União Soviética desmoronou foi o sujeito sobre o qual se transpunha a crença, o sujeito por meio do qual os outros acreditavam. Uma vez desaparecido esse sujeito que acreditava, realmente ficou parecendo que o comunismo havia sido ideologicamente derrotado. Como mais um exemplo, podemos considerar as histórias prototípicas de funcionários do Partido Comunista com suas *datchas* e privilégios. Estas funcionavam menos como revelações factuais que como ataques ao sujeito suposto crer: nem mesmo o partido acredita no comunismo. No entanto, os ataques falharam pelo simples fato de serem desferidos. Na medida em que tinham um alvo, acabaram por afirmar sua função continuada como sujeito suposto crer. O partido falho, desidratado, ainda podia acreditar por nós. Uma vez que ele desabou por completo, perdemos o outro através do qual podíamos acreditar.

O organizador do partido

Os escritos publicados na década de 1930 no *Party Organizer*, um jornal do Partido Comunista dos Estados Unidos criado para o uso interno dos organizadores distritais e de unidade, fornecem uma amostra do leque de efeitos dinâmicos e estruturais que o partido articula.

Um primeiro exemplo ilustra o entrelaçamento do eu ideal com o ideal do eu no partido. O escritor narra de maneira vívida como seu comitê de bloco do PC lutou para garantir ajuda alimentar para uma mulher necessitada e seus filhos. Ele conta que os trabalhadores "se ergueram como uma muralha sólida, exigindo alimentação". O supervisor substituto covarde, "um capacho capitalista", chamou a polícia, que prontamente apareceu para agarrar o organizador do PC. "Mas o rugido dos trabalhadores e minha determinação de lutar meteram medo no coração dos policiais", conta. A polícia solicitou reforços e trouxe com eles "o balofo juiz Mendriski". Com uma imagem heroica de si mesmo, dos trabalhadores e do partido enfrentando o supervisor substituto capitalista, a polícia e o juiz e lutando para evitar que uma mulher e seus filhos morressem de fome, o organizador conta: "Olhei diretamente nos olhos dele e disse: 'Por que diabos está aqui, para ajudar essa serpente a negar comida a esta mãe e aos três filhos dela? Você nem se importa [...] você com essa barriga empanturrada de filé-mignon'". O juiz manda a polícia prender o organizador. Mas os policiais, "vendo a determinação dos trabalhadores", são forçados a soltá-lo[59]. Os trabalhadores aparecem como uma multidão, uma muralha intrépida e retumbante. Sua aparição obriga a polícia a assumir a perspectiva do PC e reconhecer que os trabalhadores unidos são mais fortes que qualquer juiz com ordem de prisão.

Um segundo exemplo traz à tona a dimensão superegoica do partido. No início da década de 1930, o *Party Organizer* publicou uma série de artigos sobre como recrutar e reter novos membros. Mês após mês, os colaboradores do jornal – muitos anônimos, muitos organizadores distritais – expressavam seu entusiasmo sobre os novos membros recrutados e sua consternação diante do fato de o partido não dar conta de retê-los. As preocupações eram de que as reuniões eram longas demais, de que elas não estavam começando e terminando no horário certo ou de que não eram "suficientemente concisas e envolventes"[60]. Eles aconselham uns aos outros sobre qual seria o melhor desenho para uma reunião de partido: não mais que duas horas, no máximo duas horas e meia, três horas estourando. Os organizadores distritais são aconselhados a buscar os membros em casa e levá-los às reuniões. Os membros recebem a recomendação de conversarem com os novos recrutas. Os organizadores do PC que escrevem na revista percebem o "entusiasmo

---

[59] "Organized Struggles Defeat Police Terror", *Party Organizer*, v. 6, n. 1, jan. 1933, p. 8-11.
[60] "Retaining and Developing New Members of the Party", *Party Organizer*, v. 14, n. 10, nov. 1931, p. 16-9, p. 18.

e o desejo sincero dos trabalhadores", mas se culpam pelo fato de muitos deles se afastarem da militância partidária.

O recruta entra em uma típica unidade do partido e se depara com um grupo de estranhos falando um jargão que ele não entende. Ninguém presta muita atenção nele e ele acaba meio que largado sozinho [...] o entusiasmo esfria, ele desanima e finalmente abandona o partido.[61]

"Jargão" é um sintoma do problema. "Jargão" significa que povo e partido não estão falando a mesma língua. O termo marca uma divisão entre trabalhadores e membros do partido, mesmo quando os membros também são trabalhadores. A linguagem que os membros compartilham, as ideias que lhes permitem ver o mundo em termos diferentes dos termos dados pelo capitalismo, ao mesmo tempo reforçam e estorvam o pertencimento. As próprias atividades que eles desenvolvem como comunistas – leituras, debates, encontros, panfletagens, organização, formação política – já os separam dos trabalhadores. Aquilo que os torna comunistas, que os separa das amarras do capitalismo ao lhes proporcionar capacidade política e convicção, inscreve uma lacuna em seu pertencimento econômico dado. Eles não são apenas produtores econômicos. São produtores políticos que não criam mercadorias, mas poder coletivo.

Uma das recomendações apresentadas para superar essa divisão é imaginar-se como um camarada, não um professor[62]. Os organizadores são aconselhados a falar "não como se estivessem em cima de um palanque ou na condição de teórico comunista experiente", mas que simplesmente sejam "trabalhadores, o que vocês de fato são"[63]. Também se recomenda investir em um

---
[61] Ibidem, p. 17.
[62] Ibidem, p. 18.
[63] S. V. V., "Examine Our Factory Work", *Party Organizer*, v. 4, n. 5, jun. 1931, p. 19.

melhor desenvolvimento dos quadros políticos, reforçar os esforços de formação. Outros ainda se fiam numa espécie de relação transferencial que poderia surgir se os militantes "visitassem os trabalhadores pelo menos duas ou três vezes por semana, aprendessem seus nomes e problemas individuais e fizessem com que eles os chamassem pelo nome, sentindo que vocês são um deles"[64]. Imaginar-se como um camarada, particularmente quando isso vem acompanhado de instruções para fazer o que normalmente se faria, envolve uma virada reflexiva para o cotidiano, quando se passa a olhar para o que se faz a partir da perspectiva do partido.

O mesmo desejo que leva as pessoas a se juntarem ao partido também as separa da multidão. Uma vez comunistas, elas passam a enxergar a si mesmas e ao mundo a partir da perspectiva aberta pelo partido. Elas se debruçam sobre o mundo de forma diferente. No entanto, também precisam continuar a se imaginar como os trabalhadores que são, vinculados à luta econômica. Daí o conselho: "Pouco a pouco, as condições no chão de fábrica vão sofrer os efeitos da aceleração, do arrocho salarial, do desemprego e, em seguida, manifestar a necessidade de organização. Não se mostre muito insistente no início"[65]. O organizador precisa saber partir da perspectiva do trabalhador e orientá-lo no sentido de uma mudança de perspectiva, ajudá-lo a enxergar as coisas de uma perspectiva diferente. A dimensão superegoica do partido é inseparável da sua capacidade de fornecer um eu ideal e um ideal do eu.

As críticas internas levantadas no *Party Organizer* são implacáveis. Para cada sucesso em termos de aumento de adesão, há uma injunção para fazer mais, para fazer melhor. Um artigo tratará das formas pelas quais os problemas são abordados.

---

[64] Sylvia Tate, "Experiences of Neighborhood Concentration", *Party Organizer*, v. 5, n. 8, ago. 1932, p. 6-7.
[65] S. V. V., "Examine Our Factory Work", cit., p. 19.

O próximo virá para arrematar apresentando os problemas que persistem. As exigências que eles depositam sobre si mesmos nunca se abrandam: uma nova campanha de filiação, mais foco nos sindicatos, intensificação das leituras, relatórios mais rigorosos. Eles reconhecem pequenas vitórias, mas cada vitória – no mais puro estilo superegoico – inspira ainda mais autocrítica. Alguém escreve: "Nossa influência entre os trabalhadores aumentou em dez vezes nos últimos anos, mas o número de filiados do partido permaneceu praticamente estável. Por que é que os trabalhadores entram e depois deixam nossas fileiras? O que estamos fazendo de errado?"[66].

Durante todo o ano 1932, o debate do *Party Organizer*, particularmente na seção sobre trabalho de massas, gira em torno do tema "concentração" – concentração no chão de fábrica, concentração nos bairros, concentração no parque frigorífico de Chicago. A questão da "concentração" é abordada de diferentes ângulos, e a ênfase em fatores subjetivos é explicada à luz de fatores objetivos[67]. Em fevereiro de 1933, a questão passa a ser objeto de uma reflexão crítica. Em "Concentration: A Means of Winning the Workers in the Key Industries" [Concentração: uma forma de conquistar os trabalhadores dos setores-chave], J. P. observa que "concentração" tornou-se um termo do partido: "Concentramos de maneira frenética"[68]. Mas a formalidade e o sectarismo da abordagem da concentração tornaram-se, em si, o problema a ser enfrentado, a barreira real para o crescimento e a expansão. O partido vinha trabalhando com uma concepção equivocada de "concentração".

---

[66] J. A., "The Deadly Routine Which Must Be Overcome", *Party Organizer*, v. 6, n. 3-4, mar.-abr. 1933, p. 22-3, p. 22.
[67] "How Are We Going to Concentrate on Shops?", *Party Organizer*, v. 5, n. 7, jul. 1932, p. 9-10.
[68] J. P., "Concentration – A Means of Winning the Workers in the Key Industries", *Party Organizer*, v. 6, n. 2, fev. 1933, p. 5-10, p. 5.

Faltava um contato mais próximo com os trabalhadores. Seis meses depois, um membro enojado do partido lamenta: "Nunca levamos a sério a questão da concentração"[69].

O *Party Organizer* revela um partido exercendo pressão sobre si mesmo, imaginando a si mesmo, batalhando no processo de produzir um lugar a partir do qual ele possa ver a si mesmo. Trata-se de um lugar em fluxo, instável, às vezes ocupado por trabalhadores revolucionários idealizados e às vezes o lugar a partir do qual idealizam-se os trabalhadores. Quanto mais forte o partido sente que está se tornando, tanto mais ferozes e intensas são as demandas que ele coloca a si mesmo. Uma carta de um camarada ativo do partido em Chicago expressa a pressão da injunção implacável para se fazer mais:

> Eu serei criticado na próxima terça-feira à noite, no encontro dos organizadores, porque a unidade não está maior; porque eu não fiz mais; porque deixei de comparecer a uma ou outra reunião [...] faço o melhor que posso. No entanto, independentemente de quanto eu faça, detesto mostrar a minha cara porque sempre há coisas que me mandaram fazer que eu acabei não fazendo. Diretivas, diretivas, diretivas. As cartas da organização às vezes chegam a ter três páginas. Caramba, eu não dou conta nem de um décimo disso. Estou ficando cansado. Sou tão comunista como sempre fui, mas não sou dez comunistas.[70]

Žižek observa que o espaço simbólico do Outro "funciona como um padrão de comparação contra o qual posso me medir"[71]. Os comunistas que aparecem no *Party Organizer* se medem na condição de muitos. O desejo que se expressa nas demandas urgentes

---

[69] Charles Krumbein, "How and Where to Concentrate", *Party Organizer*, v. 6, n. 8-9, ago.-set. 1933, p. 24-7, p. 24.
[70] "Give More Personal Guidance", *Party Organizer*, v. 6, n. 1, jan. 1933, p. 22.
[71] Slavoj Žižek, *How to Read Lacan*, cit., p. 9 [p. 17].

que eles se colocam é coletivo – dez comunistas – mesmo quando sentido como um comando superegoico impossível.

O mal-estar na organização política

Até agora, tenho enfatizado a psicodinâmica da coletividade. Enquanto os críticos do partido tendem a condenar essa própria forma pelo centralismo e pelo autoritarismo, me vali da discussão de Michels sobre as tendências técnicas e psicológicas de oligarquização inerentes a *qualquer* grupo político para estabelecer a inevitabilidade de uma lacuna entre poucos e muitos. Organizar multidões envolve divisão, delegação e distribuição. A própria quantidade – ser muitos – tem força afetiva, como atestam os fenômenos de prestígio, imitação e identificação. Além disso, recorri à psicanálise para teorizar essa lacuna como um elo, um espaço social que amarra processos e perspectivas inconscientes. Ao inserir o partido nessa lacuna, demonstrei o trabalho que a coletividade volta a exercer sobre seus próprios membros. A simples associação destes já os aliena de seu ambiente, abrindo a possibilidade para outra perspectiva sobre ele e separando-os de sua existência tal como ela lhes é dada sob o capitalismo.

Dizer que organização política implica inevitavelmente um fosso entre muitos e poucos não significa, evidentemente, que as mesmas pessoas devam estar de um lado ou do outro. A história das lutas populares (antirracismo, antissexismo, anti-homofobia etc.) demonstra uma mobilização profunda e contínua precisamente nesse ponto. Da mesma forma, dizer que a lacuna é inevitável não implica que qualquer instanciação específica da lacuna seja permanente ou justificada. Há partidos melhores e piores, há líderes melhores e piores. Alguns são mais fiéis à descarga igualitária da multidão que outros. E a própria discussão de Michels traz à tona a torção entre muitos e poucos à medida que o poder se desloca e se dobra entre esses dois polos: o que aparece como um líder idolatrado é uma refração do gozo da multidão diante do poder da quantidade. Por fim, afirmar que a lacuna entre muitos e poucos é inevitável não significa dizer que as lacunas devam se alinhar entre si: fazer mais trabalho não deve implicar obter mais benefícios materiais. Em suma, o ponto crucial que decorre da lacuna inevitável entre poucos e muitos é que as acusações de centralismo e autoritarismo lançadas contra o partido comunista desde o início se aplicam, no fundo, à própria política como tal. Se queremos nos engajar politicamente, não temos como evitar os efeitos – e os afetos – da quantidade. Pensar que seria possível evitá-los equivale a insistir na fantasia do belo momento.

A utilidade da minha abordagem psicodinâmica do partido fica clara quando comparada à famosa tentativa feita por John Holloway de imaginar uma política revolucionária destinada a abolir por completo o poder, um objetivo compartilhado pela maioria dos anarquistas. Publicado no início do século XXI, o influente trabalho de Holloway antecipa a convergência pós-anarquista do pós-estruturalismo e do anarquismo[72]. Também repete críticas centenárias à forma partido, atualizando-as e destilando-as em uma rejeição concentrada do poder em si. Hoje, variações dos argumentos de Holloway contra o partido por seu caráter centrado no Estado e externo à classe trabalhadora constituem uma espécie de senso comum disseminado pela esquerda radical.

Holloway orienta sua visão da política com base numa noção do "fazer" como "o movimento da negatividade prática". Fazer, para Holloway, vai além do dado e, portanto, se assemelha à lacuna que eu associo ao trabalho que a coletividade exerce de volta sobre si mesma. Embutido no fluxo do movimento humano, o fazer de Holloway também é necessariamente social: "Existe uma

---

[72] Ver as contribuições a: Duane Rousselle e Süreyyya Evren (orgs.), *Post-Anarchism: A Reader* (Nova York, Pluto, 2011).

comunidade do fazer, uma coletividade de fazedores, um fluxo do fazer através do tempo e do espaço"[73]. Mas na medida em que seus fazedores coletivos não passam de fluxos no tempo e no espaço, a coletividade deles não exerce nenhum efeito de volta sobre eles como um coletivo. O coletivo de Holloway é, na melhor das hipóteses, uma multidão. Na pior, nada mais que uma substância social móvel. Esse coletivo pode dividir um campo, produzir uma lacuna, mas não tem lugar a partir do qual ele olha para si mesmo.

Carente de reflexividade, a socialidade que Holloway descreve é uma socialidade desprovida de socialidade. Ele passa perto de reconhecer essa omissão quando diz que "esse fazer coletivo implica, caso se reconheça o fluxo coletivo do fazer, um reconhecimento mútuo de cada um dos outros como fazedor, como sujeito ativo. Nosso fazer individual recebe sua validação social a partir de seu reconhecimento como parte do fluxo social"[74]. As pessoas reconhecem umas às outras, em relações imaginadas como múltiplas díades, trocas de reconhecimento. No entanto, o papel do Outro como o *campo* de validação social permanece despercebido. Não tem efeitos nem dinâmicas próprias, nenhum impacto além do reconhecimento dos indivíduos. O fluxo do fazer de Holloway, em outras palavras, omite a função do espaço do Outro.

Ainda assim, Holloway pressupõe esse espaço do Outro quando critica o partido por seu caráter de externalidade à classe trabalhadora. Segundo ele, a tradição marxista explica o fracasso dos trabalhadores em se revoltar usando noções de ideologia, hegemonia e falsa consciência. Todos esses três elementos vêm habitualmente acompanhados "da suposição de que a classe

---

[73] John Holloway, *Change the World without Taking Power: The Meaning of Revolution Today* (Londres, Pluto, 2002), p. 42 [ed. bras.: *Mudar o mundo sem tomar o poder: o significado da revolução hoje*, trad. Emir Sader, São Paulo, Viramundo/Boitempo, 2003, p. 46].

[74] Ibidem, p. 43 [p. 47].

trabalhadora é um 'eles'"[75]. Holloway afirma que o problema da organização comunista é "como fazer com que eles enxerguem". "Nós" enxergamos claramente. "Eles", não. O erro de Holloway reside na forma pela qual ele apresenta a divisão como se fosse uma divisão entre grupos – trabalhadores de um lado, partido do outro – em vez de uma divisão constitutiva da subjetividade política (da lacuna necessária para que o sujeito apareça). Ver de forma diferente envolve uma reviravolta reflexiva, uma perspectiva diferente sobre onde se está. Onde alguém está precisa aparecer como diferente de como era antes. Tem de haver uma lacuna entre o fluxo social, para usar expressão de Holloway, e a afirmação política desse fluxo. O problema não é a externalidade, como se o partido ou o Estado fossem separados da sociedade e não se afetassem em nada por ela. O problema é a perspectiva a partir da qual algo aparece de forma diferente. Uma greve pode ser uma questão para os trabalhadores de uma fábrica específica. Também pode ser politizada como componente de uma luta maior. Será que determinada greve é simplesmente por salários mais altos para que os trabalhadores individuais possam aumentar suas capacidades de consumo? Ou será que ela incorpora também reivindicações de justiça, igualdade e direito? Ela se conecta com outras ações do tempo de modo a aparecer como a luta de uma classe?

A crítica de Holloway à externalidade repete a velha acusação de vanguardismo lançada contra o partido leninista. Holloway atribui a Lênin a visão de que o partido é necessário porque a consciência de classe só pode chegar aos trabalhadores a partir de "fora". O erro ostensivo de Lênin aqui é o do elitismo. Provém de validar os intelectuais acima dos trabalhadores: os trabalhadores não têm a capacidade de desenvolver consciência de classe por conta própria; os intelectuais, no entanto, detêm o conhecimento e as habilidades

---

[75] Ibidem, p. 87 [p. 88].

necessárias. Daniel Bensaïd demonstra que esse argumento está mal colocado[76]. O argumento de Lênin é de que a consciência política vem de fora da luta *econômica*, não de fora da luta de classes. A luta econômica se dá entre interesses particulares no interior do campo do capital. Os termos da disputa são definidos pelo capitalismo. A luta política – para os comunistas – é travada para definir o próprio campo. Quando o "nós" é usado como designador para o sujeito de uma política, ele afirma mais que uma vontade coletiva. Ele anuncia uma vontade de coletividade, uma vontade de lutar juntos em termos que desafiam o existente, em vez de aceitá-lo. A consciência de classe não é espontânea. Como observa Žižek, espontânea é a percepção equivocada: a percepção de que se está sozinho ou de que suas circunstâncias são únicas[77]. O "nós" político do partido rompe essa consciência imediata para afirmar em seu lugar uma consciência coletiva.

Holloway estende a György Lukács sua crítica ao caráter de externalidade do partido. Ele acusa Lukács de não dar conta de explicar como o partido é capaz de adotar a perspectiva da totalidade. Essa acusação também parte de pressupostos equivocados. O partido não adota a perspectiva da totalidade no sentido de que ele tudo pode e a tudo vê. Na verdade, o que o partido faz é tentar estabelecer o espaço para uma perspectiva sobre a totalidade, uma perspectiva que não é determinada completamente pelo cenário em que se encontra como se ela não tivesse impacto sobre esse cenário. O partido trabalha para criar a condição de possibilidade

---

[76] Daniel Bensaïd, "Leaps! Leaps! Leaps!", em Sebastian Budgen, Stathis Kouvelakis e Slavoj Žižek (orgs.), *Lenin Reloaded* (Durham, Duke University Press, 2007) [ed. bras.: "'Os saltos! Os saltos! Os saltos!'– sobre Lênin e a política", trad. Gustavo Chataignier Gadelha, *Cadernos Cemarx*, n. 7, 2004, p. 247-70].

[77] Slavoj Žižek, *Revolution at the Gates* (Londres, Verso, 2002), p. 189 [ed. bras.: *Às portas da revolução: escritos de Lênin de 1917*, trad. Luiz Bernardo Pericás, Fabricio Rigout e Daniela Jinkings, 1. ed. rev., São Paulo, Boitempo, 2011, p. 199]].

de uma perspectiva que, empiricamente impossível, rompe a abertura do diverso capitalista a partir de dentro.

Holloway aponta diretamente para um marxismo visto como uma fonte de conhecimento científico objetivo:

> Se se entende o marxismo como o conhecimento científico, correto, objetivo da história, então surge a pergunta: "Quem diz isso?". Quem tem o conhecimento correto e como o obteve? Quem é o sujeito do conhecimento? A ideia do marxismo como "ciência" implica uma distinção entre aqueles que conhecem e aqueles que não conhecem, entre aqueles que têm consciência verdadeira e aqueles que têm consciência falsa.[78]

O sujeito suposto saber é uma posição estrutural. O partido não sabe. Organiza um espaço transferencial que oferece a posição do sujeito suposto saber. Nas palavras de Žižek, "a autoridade do partido não é aquela de um determinado conhecimento positivo, mas aquela da forma de conhecimento, de um novo tipo de conhecimento vinculado a um sujeito político coletivo"[79]. Essa forma é a de uma mudança de perspectiva, uma posição política coletiva sobre uma situação que parecia limitada e determinada pelo capitalismo. A perspectiva do partido não vem de religião, lei ou percepção individual, mas do fato mesmo da coletividade, como venho argumentando aqui, da fidelidade à igualdade da descarga da multidão.

Holloway pergunta como podemos saber se aqueles que sabem estão corretos, como é possível que eles saibam. Ele tem razão em sugerir que não temos como saber disso: não há nenhum Outro que saiba. Suas perguntas expressam, pois, o fim de uma relação transferencial com o partido. No caso de Holloway, no entanto, o

---

[78] John Holloway, *Change the World without Taking Power*, cit., p. 168 [p. 182].
[79] Slavoj Žižek, *Revolution at the Gates*, cit., p. 189 [p. 198-9].

fim dessa relação com o partido não significa o fim da transferência. Ele lamenta que "os leninistas sabem, costumavam saber [...] o saber dos revolucionários do passado foi derrotado"[80]. É claro que Lênin não sabia. São amplamente conhecidos os giros de posição e de rumo que Lênin fazia, "dobrando a vara" e respondendo ao movimento da revolução. A incapacidade de Holloway em reconhecer que Lênin teve sorte, que ele errava, mudava de ideia, que ele não sabia, nos revela que Holloway no fundo permanece apegado a uma posição que ele não pode deixar de pressupor. A posição está lá, mas afrouxada dos vínculos que a inspiraram, desconectada das vitórias das lutas populares, empurrada para o passado como algo que ficou para trás, mas que nem por isso deixa de exercer uma força.

Por um lado, Holloway reconhece que não há nenhum Outro do Outro, nenhum garantidor do conhecimento político. O conhecimento político surge pela prática, com o tempo, de maneiras que permanecem contingentes e não fixadas. Por outro lado, na medida em que a posição do Outro permanece, Holloway luta para mantê-la vazia, para duvidar de tudo e todos que possam vir a ocupá-la. Abandonando qualquer conexão entre a substância da luta política emancipatória igualitária e a perspectiva que essa luta cria, ele insiste no "não saber daqueles que estão historicamente perdidos", o não saber dos derrotados, como se nada tivesse sido aprendido, como se não houvesse vestígios de vitórias e conquistas passadas[81]. Por não confiar em ninguém para ser portador do conhecimento necessário para a revolução, ele afirma o não saber, mesmo recorrendo implicitamente a suportes vagos, tais como o saber dos intelectuais. O que Holloway não consegue reconhecer é que o apagamento de vitórias e conquistas passadas é um efeito

---

[80] John Holloway, *Change the World without Taking Power*, cit., p. 308 [p. 315].
[81] Idem.

de sua própria negação do corpo que as carrega, o partido, uma renegação, por sua vez, do próprio poder revolucionário.

Em última análise, a crítica de Holloway ao partido decorre de sua rejeição do Estado. Os marxistas, tanto os reformistas quanto os revolucionários, tratam o Estado como o meio pelo qual a sociedade pode ser transformada. Holloway denomina isso uma visão "instrumental" do Estado baseada na ideia "fetichista" de que o Estado seria algo separado da sociedade, externo a ela. Armados com essa visão instrumental e fetichista do poder estatal, os marxistas concentram e dirigem energias radicais para conquistá-lo. O partido é a forma organizacional desse fetichismo estatal, na medida em que é abstraído de todas as outras relações sociais para aparecer como o principal objeto de circulação política. O partido disciplina e empobrece a luta de classes, subordinando sua miríade de formas ao "objetivo dominante de conquistar o controle do Estado"[82]. Quando a política é canalizada pela forma partido, sentimentos, experiências e relações políticos que não contribuem diretamente para a conquista do poder estatal são preteridos, subordinados, tidos como menores.

Holloway está correto em dizer que o partido é uma forma de disciplinar a luta de classes, mas se equivoca no entendimento do que significa essa disciplina. Para os comunistas, disciplina envolve construir solidariedade, fortalecer a coletividade e sustentar a coragem para fazer frente às pressões que o capitalismo exerce no sentido de nos isolar em posições de interesse próprio e medo. O "empobrecimento instrumentalista" de que Holloway acusa os marxistas é no fundo dele mesmo, como se vê na sua omissão das fartas práticas do mundo da vida organizadas por partidos comunistas em toda parte. Isso o impede de reconhecer as diversas atividades organizativas do partido comunista, atividades como

---

[82] Ibidem, p. 27 [p. 32].

a criação de jornais e periódicos literários, a formação de ligas juvenis e equipes esportivas, a construção de redes de apoio para grupos de mulheres e minorias racializadas. Uma vez que essas atividades múltiplas e variadas são incluídas em nossa concepção de disciplina, vemos novamente o partido como um elo social que interrompe a ordem imaginária e simbólica da burguesia para introduzir ideais igualitários e perspectivas coletivistas. Entendida de forma mais geral, a disciplina partidária nada mais é que a prática de estabelecer e manter esse vínculo.

Bensaïd observa que Holloway reduz "a história luxuriante do movimento dos trabalhadores, suas experiências e controvérsias a uma única linha de marcha estatista ao longo dos tempos, como se não houvesse concepções teóricas e estratégicas muito diferentes constantemente lutando entre si"[83]. O que Holloway chama de subordinação da miríade de formas de luta de classes ao objetivo de obter o controle do Estado historicamente incluiu uma série de táticas e foi realizado em diversos marcos temporais. Há uma ampla gama de táticas para conquistar o Estado: desde garantir uma maioria eleitoral e participar de coalizões governamentais até organizar fábricas e bairros em uma contraforça; tensionar os recursos do Estado até seu colapso; subverter o Estado por dentro; derrubá-lo violentamente e invadi-lo militarmente. Essas diferentes táticas se cruzam e se sobrepõem, operando ao longo de diferentes marcos temporais, com metas de curto e longo prazo, e atravessando fronteiras nacionais e regionais em frentes, alianças, círculos e pactos. Não há nada na organização comunista que pressuponha a externalidade do Estado em relação à sociedade, muito menos a autonomia do aparelho estatal em relação às forças políticas, econômicas, sociais, culturais e ambientais internacionais.

---

[83] Daniel Bensaïd, "On a Recent Book by John Holloway", trad. Peter Drucker, *Historical Materialism*, v. 13, n. 4, 2005, p. 169-92.

Um tratamento menos redutivo do legado revolucionário comunista faria constar como as visões comunistas do partido como um meio de conduzir à revolução explicitamente afirmam — e de forma reiterada — que a revolução exige mudar as pessoas, as crenças e as práticas. Mesmo os tratamentos mais grosseiros do comunismo histórico admitem isso quando atacam como arroubos totalitários as tentativas do século passado de criar o novo homem socialista ou um novo tipo de ser humano. O foco no objetivo revolucionário não distancia o partido da prática cotidiana, como sugere Holloway. Pelo contrário, a revolução é efeito de um propósito compartilhado. A meta é um instrumento de sua realização: um coletivo que tem objetivo e trabalha para alcançá-lo exerce poder sobre si mesmo. É pela produção do espaço coletivo do partido como um nó de efeitos transferenciais que a luta transforma as pessoas; é assim que elas induzem uma lacuna no capitalismo onde outra perspectiva se torna possível. Os membros olham para si mesmos e suas interações a partir da perspectiva da associação que criam por meio de sua associação, o partido. A meta da revolução nos permite enxergar a dimensão reflexiva do instrumento da revolução em termos dos efeitos que ela exerce de volta sobre aqueles que se colocam essa meta. O partido afeta membros, companheiros de viagem, adversários e o cenário geral, na medida em que a articulação de elementos do Outro consolida o espaço de uma política, estabelecendo um lugar a partir do qual um coletivo pode enxergar a si mesmo.

A abertura do partido

Holloway alega que o partido "está historicamente fechado para nós agora". Ele escreve,

> Tenha tido sentido ou não em algum momento pensar na mudança revolucionária em termos do "partido", já nem sequer podemos nos

fazer as perguntas nesses termos. Dizer agora que o partido é o portador da consciência de classe do proletariado já não tem nenhum sentido. Que partido? Provavelmente já nem sequer exista a base social para criá-lo.[84]

Alguns do campo da esquerda se convenceram desse ponto. Eles o repetem como se fosse uma verdade autoevidente. Não é.

Para início de conversa, o que significa dizer que não há base social para o partido? Alguns argumentam que as mudanças na composição social do trabalho e no modo de produção capitalista eliminaram a força de trabalho industrial necessária para uma política do proletariado no Norte e/ou no Ocidente. Em vez de reconhecerem a importância histórica do campesinato nas revoluções e nos partidos comunistas, eles presumem uma ligação aparentemente orgânica entre o trabalhador industrial e o partido, como se a organização no chão de fábrica automaticamente gerasse a organização partidária ou como se os operários fossem naturalmente solidários. Parte da bizarrice da alegação de que não há base social para o partido está na maneira como ela inverte as explicações anteriores da identificação partidária. Essas explicações sustentavam que as pessoas se unem em partidos não porque já se sentem conectadas umas às outras, mas justamente porque sentem falta dessa conexão. É o individualismo, o isolamento e a necessidade de pertencimento que motivam as pessoas a se unir[85]. O mesmo efeito – pertencimento ao partido – é assim atribuído *tanto* ao isolamento *quanto* à conexão, *tanto* a uma solidariedade prévia *quanto* a um individualismo prévio. Quando os críticos do

---

[84] John Holloway, *Change the World without Taking Power*, cit., p. 131 [p. 131].
[85] Seymour Martin Lipset, "Introduction: Ostrogorski and the Analytic Approach to the Comparative Study of Political Parties", em Moisei Ostrogorski, *Democracy and the Organization of Political Parties*, v. 2 (New Brunswick, Transaction, 1982), p. xxix.

partido usam fatores socioeconômicos para respaldar suas afirmações sobre a obsolescência da forma partido, eles tratam o isolamento, a fragmentação e o individualismo como explicações para a própria continuidade desses fenômenos. As análises anteriores, no entanto, os entendiam como problemas que o pertencimento partidário vinha sanar.

De todo modo, há algo na afirmação de Holloway que soa verdadeiro. Afinal, se hoje a forma partido convencesse, não veríamos algo como um partido exercendo uma força sobre a esquerda contemporânea? Seu argumento de que a ideia do partido como portador da consciência da classe trabalhadora não faz mais sentido algum não deixa de ter um fundo de verdade. Mas que fundo é esse?

Uma vez que ele posiciona os leninistas como o sujeito suposto saber, Holloway dá a entender que houve um tempo em que o partido *foi* o portador da consciência da classe trabalhadora. Houve um tempo em que as pessoas – trabalhadores, camponeses, intelectuais, até capitalistas – *acreditavam* que o Partido Comunista era o portador da consciência da classe trabalhadora. Mais precisamente, eles acreditavam que outros *acreditavam* que o Partido Comunista era o portador da consciência da classe trabalhadora. Na segunda metade do século XX, essa crença entrou em colapso. O bordão da Revolução Cultural exprime isso de maneira mais poderosa: "A burguesia está no Partido Comunista". Esse é o fundo de verdade da afirmação de Holloway de que não faz mais sentido pensar em termos de partido. Poucos hoje acreditam que o Partido Comunista seja a vanguarda de uma classe trabalhadora revolucionária.

A suposição de que os revolucionários *sabiam*, no entanto, aponta para a continuação da transferência. Holloway não diz que eles nunca souberam; não diz que o partido *nunca* foi portador da consciência da classe trabalhadora. O espaço aberto e mantido pelo partido permanece. É como se a forma do partido como "enigmático apoio subjetal" persistisse, mesmo quando a classe trabalhadora não aparece mais como um sujeito revolucionário[86]. Esse apoio continua a exercer um efeito até mesmo na afirmação de que "a burguesia está no Partido Comunista". A afirmação é reflexiva. É o próprio partido que abre o espaço para essa crítica de si mesmo. O partido sustenta o sujeito que formula essa crítica, um ponto que Holloway tenta negar, mas não pode deixar de pressupor. Ele tem razão quando diz que o partido não é o portador da consciência da classe trabalhadora. Na verdade, o partido nunca poderia ser o portador de tal ficção, não obstante os esforços da social-democracia alemã para apresentá-la de outra forma. O partido é o suporte do sujeito do comunismo. Esse sujeito tem sido figurado de diversas maneiras, como proletariado, campesinato e povo dividido.

O partido opera como o suporte do sujeito do comunismo, mantendo aberta a lacuna entre o povo e sua configuração sob o capitalismo. Quanto mais a lacuna aparece, tanto mais se imprime a necessidade de um partido – e talvez mesmo a percepção dele. Essa lacuna não é um vácuo. É um nó de processos que organiza a persistência do não realizado em um conjunto de efeitos estruturais: eu ideal, ideal do eu, supereu, sujeito suposto saber e sujeito suposto crer – o partido como o espaço do Outro. Esse espaço do Outro não possui interesse próprio, linha correta ou ciência objetiva que lhe diga a verdade da história. Trata-se, em vez disso, de uma ruptura no interior do povo que separa as pessoas do caráter dado de seu ambiente, uma ruptura que é efeito de sua coletividade, a maneira como seu pertencimento volta a incidir sobre elas.

---

[86] Para uma discussão mais detalhada deste ponto, ver meu livro *The Communist Horizon*, cit., cap. 3. A expressão "enigmático apoio subjetal" é de Alain Badiou, *Theory of the Subject* (trad. Bruno Bosteels, Londres, Continuum, 2009), p. 189 [ed. bras.: *Para uma nova teoria do sujeito*, trad. Emerson Xavier da Silva, Rio de Janeiro, Relume-Dumará, 1994]. Todos os trechos da obra citados neste livro são traduções livres.

A experiência política mostra que os movimentos radicais não podem simplesmente evitar o Estado. O Estado não permitirá isso. Ele ativamente os infiltra, policia e subverte. Tão logo passem a representar um desafio sério ao poder estatal, os movimentos estarão fadados a se deparar com sua força reativa. A ideia de que a sociedade pode tomar a si mesma é um mito que já superou qualquer utilidade que pudesse ter tido para a esquerda e se tornou visível como instrumento da expansão do capitalismo[87]. Obter o controle político do Estado, portanto, continua sendo um objetivo importante, porque o Estado apresenta uma barreira à transformação política. Como instrumento político da dominação capitalista de classe, o Estado impõe a ordem em prol do capital enquanto classe, fazendo tudo o que pode para prevenir, redirecionar e esmagar a oposição. Diante do policiamento militarizado, para não mencionar a evisceração das conquistas sociais do movimento operário, será que faz algum sentido vislumbrar uma revolução política que ignore o Estado, permitindo que o aparelho estatal continue exercendo suas funções policiais, repressivas e jurídicas? Se concordamos que o Estado não deve permanecer nas mãos de quem atualmente o conduz, mas deixamos de incorporá-lo em nossa perspectiva política, caímos na política do belo momento.

É possível levantar a objeção de que os Estados contemporâneos descentralizados, federados e interligados não estão nas mãos de ninguém e, portanto, sequer podem ser apreendidos. Essa objeção, no entanto, endossa implicitamente uma visão liberal tecnocrática do Estado. Tudo se passa como se os sistemas de leis e pressupostos nos quais os Estados se baseiam não fossem

---

[87] Escrevendo em 1984, Félix Guattari anunciou: "O único objetivo aceitável hoje é a tomada da sociedade por ela mesma", *New Lines of Alliance, New Spaces of Liberty*, cit., p. 126.

nada além de protocolos neutros. O ideal comunista clássico da ditadura do proletariado se contrapõe diretamente a essa mentira. O Estado liberal é, na realidade, a ditadura do capital. Suas premissas garantem que o benefício da dúvida, o "senso comum", penda sempre para o lado do capitalismo, de modo que a decisão que mais soar correta será invariavelmente aquela que confirma a mentalidade burguesa: proteger a propriedade privada, preservar as liberdades individuais, promover o comércio e as atividades mercantis. O objetivo de conquistar o controle do Estado mira esse nível subjacente de leis, práticas e expectativas, buscando fazer com que o senso comum passe a ser de fato um senso do comum e para o comum.

Os capitalistas não vão reorganizar voluntariamente os processos de acumulação de modo a pôr fim à proletarização. Eles não vão entregar de mão beijada o controle e a propriedade dos meios de produção. Os Estados não vão simplesmente parar de oprimir, prender e aprisionar quem a eles resiste. Tais mudanças fundamentais só acontecerão por meio da luta política, levada a cabo em âmbito internacional. Uma esquerda que evita se organizar visando ao poder permanecerá impotente. É por isso que voltamos a falar no partido.

5
A DINÂMICA PASSIONAL
DO PARTIDO COMUNISTA

Às vezes parece que as pessoas de esquerda adoram a revolução, mas odeiam o partido. Somos enérgicos apoiadores da transformação, em especial da transformação *pessoal*. Ao mesmo tempo, desdenhamos de práticas institucionalizadas estrategicamente orientadas para galgar mudanças políticas radicais. Assim, muitos de nós acabam por rechaçar a forma organizativa que marca a diferença entre o caos da revolução e a construção de uma nova ordem política e social. Com essa rejeição, nos protegemos do confronto com o real da divisão e nos rendemos ao deleite da fantasia do belo momento.

O partido é uma forma política que força esse confronto. Ele o reivindica, ocupa e mobiliza. Este capítulo dá continuidade à investigação da psicodinâmica do partido introduzida no capítulo anterior. Valendo-me de exemplos dos comunismos britânico e estadunidense, ponho em relevo o espaço simbólico do partido. O que permitiu que o partido comunista fosse capaz de fornecer um local a partir do qual os comunistas no Reino Unido e nos Estados Unidos pudessem ver que suas ações eram valiosas e úteis? Minha tese é de que foi a infraestrutura afetiva do partido que garantiu o suporte material para essa sua localização simbólica. A prática incessante gerava as intensidades que os membros dirigiam sobre si mesmos, permitindo que eles se pressionassem de tal modo a ponto de se verem mudando o mundo. Eles se tornaram maiores, capazes de fazer mais do que poderiam imaginar, e o mundo se fez presente em seu dia a dia. Assim, em vez de considerar o partido comunista em termos de ideologia, programa, liderança ou estrutura organizacional, abordo-o em termos da dinâmica de sentimentos que ele gera e mobiliza. Mais que um instrumento de poder político, o partido comunista fornece uma infraestrutura afetiva que alarga o mundo.

Essa capacidade de alargamento do mundo tem um custo. O nó de processos inconscientes que mantém aberto o espaço para a subjetividade política comunista exerce demandas constantes, por vezes até mesmo irrealizáveis. Dito de maneira direta: para que você se veja mudando o mundo, é preciso olhar para si mesmo a partir de uma posição que lhe faz exigências implacáveis, uma posição que compele, julga e não aceita desculpas. Se é isso que querem os comunistas (e devemos mesmo querê-lo), então temos que saber confrontar esses custos de forma direta. Quanto mais forte for a organização política que construímos, maiores serão as suas — e as nossas — expectativas. Ao nos organizar, o partido nos compele, ou, dito de outra forma, ele é o aparato por meio do qual nós nos compelimos a fazer o que precisamos fazer, a fazer o que tem de ser feito, porque nos recusamos a consentir com a desigualdade, a exploração e a opressão.

Às vezes você precisa cozinhar alguns ovos

Começo com uma história do livro *The Romance of American Communism* [O romance do comunismo americano], de Vivian Gornick. É sobre um organizador chamado Eric Lanzetti e uma jovem integrante do partido chamada Lilly. Gosto dessa narrativa porque ela ilustra os temas de alargamento e coragem que a perspectiva do partido proporciona.

Lanzetti cresceu numa cidade de mineração na Virgínia Ocidental, nos Estados Unidos. Seu pai era italiano e havia sido forçado a se exilar nos Estados Unidos por causa da ascensão do fascismo. Com uma bolsa de estudos, Lanzetti se formou nas universidades de Brown e Oxford. Em 1938, tendo sido radicalizado pela guerra na Espanha, ele se filiou ao Partido Comunista. Em pouco tempo, ficou responsável por organizar a seção do partido no bairro do Lower East Side, em Nova York. Em uma das entrevistas com comunistas estadunidenses nas quais o livro de Gornick se baseia, Lanzetti tenta transmitir o alcance que o partido tinha no Lower East Side nova-iorquino nos anos 1930 e seu lugar moral na vida do bairro. É quando ele traz a história de Lilly como exemplo:

> Ela não era a pessoa mais inteligente do mundo, mas era uma comunista trabalhadora, consciente, com um poderoso senso de classe. Morava sozinha com o pai na rua Rivington. Era um senhor judeu ortodoxo que não dava absolutamente nenhuma atenção a ela nem à sua política, nem a qualquer outra coisa. Ela fazia o café da manhã dele, saía para trabalhar, voltava para casa, preparava o jantar, frequentava uma reunião, voltava para casa, esquentava o leite dele, e era isso. O velho ficava sentado lendo o *Talmude* o dia todo. Quem cuidava da casa toda era a Lilly. Se não fosse pelo trabalho dela, os dois teriam morrido de fome. Mas ele era o pai dela e ela morria de medo dele.[1]

Lanzetti conta que certa noite, depois de uma reunião, Lilly quis conversar com ele. Hesitante, ela começou a contar que havia se apaixonado por um homem. Lanzetti presumiu que Lilly queria saber se ela deveria dormir com ele, e portanto ele começou a falar sobre como sexo fora do casamento não era um problema. "'Ah, não, não, não', ela me interrompe, 'não é nada disso. É claro,

---

[1] Vivian Gornick, *The Romance of American Communism* (Nova York, Basic, 1977), p. 123-4. Agradeço a Jon Flanders, que me presenteou com esse livro.

temos dormido juntos. A questão é que ele é chinês. Estou apavorada de contar pro meu pai que queremos nos casar'." Lanzetti conta que olhou para ela, momentaneamente perplexo. E então respondeu: "'Olha, se você está com medo de falar com ele sozinha, eu vou contigo'. 'Você viria comigo?', disse. 'Não só eu', digo, 'levaremos toda uma delegação se isso a fizer sentir melhor'. 'Uma *delegação*?', disse. 'Claro', respondo, entrando na onda, 'vamos levar logo a porra do Partido Comunista inteiro'".

Um mês depois, Lilly abordou Lanzetti novamente. Ele lhe perguntou o que havia acontecido. Lilly respondeu que demorou um pouco para que ela criasse coragem, mas que finalmente contou ao pai que iria se casar. "Ele é judeu?", inquiriu o pai. Ela respondeu que não, que era chinês. O pai de Lilly ficou em silêncio por muito tempo. "Eu vou te matar", disse à filha, por fim. Lilly relata que sentiu os joelhos fraquejarem.

> E então, de repente, foi como se você estivesse ali na sala comigo. Vi você, o organizador da minha seção e todas as pessoas com quem trabalho, e senti que o Partido Comunista inteiro estava ali comigo. Virei para o meu pai e disse: "Se você me matar, quem vai cozinhar seus ovos?".

Lanzetti narra uma história de expansão, de se tornar muitos. Ele descreve como transmitiu a Lilly a sensação de que ela não estava sozinha. De que havia toda uma multidão ao lado dela. De que ela tinha o respaldo do partido. Ela foi capaz de ganhar confiança a partir do fato de que inúmeros outros – *a porra do Partido Comunista inteiro* – estariam a seu lado quando ela decidisse confrontar o pai. E, de acordo com Lanzetti, Lilly sentiu isso, ela os visualizou. A sensação de poder contar com a solidariedade de pessoas específicas que ela conhecia se amplia, tornando-se uma noção de que o partido inteiro estava ali ao lado dela, dando apoio. Ao ver o partido ao seu lado, ela se torna mais forte, mais corajosa. Um apartamentinho apertado e envolto de medo se transforma em um local de triunfo, com o poder coletivo encharcando o cotidiano na coragem daquela resposta atrevida: "Quem vai cozinhar seus ovos?".

Lanzetti vê Lilly como uma comunista com consciência de classe, alguém que trabalha duro, que está no limiar da sobrevivência, mas comparece a reunião atrás de reunião depois de trabalhar para garantir seu salário e ainda ter que cuidar do pai. Ele registra as repetições de sua vida cotidiana, como ela prepara uma refeição após a outra para o pai silencioso que ela teme. Ao narrar a história, Lanzetti tropeça. Ele supõe erroneamente que, para Lilly, ele ocuparia um lugar de suposto saber a respeito de uma espécie de verdade sobre sexo: as condições de sua permissibilidade. Lanzetti escorrega e se imagina como alguém que poderia validar a independência sexual de uma jovem judia da classe trabalhadora. Afinal, ela não era a pessoa mais inteligente do mundo. Mas Lilly não o posiciona como alguém dotado de algum conhecimento sobre sexo. Ela não precisa dessa validação. É claro que ela estava dormindo com o homem que amava. O problema não era sexo. Era o pai dela, que ocupava o lugar da família, da religião e da raça. Lilly estava aterrorizada diante da perspectiva de um confronto com o pai, diante do desafio de rejeitar abertamente sua lei. Lanzetti reconhece seu erro. Ele não sabia. Fez uma suposição equivocada sobre o que Lilly queria e, nisso, confinou-a a uma expectativa tradicionalmente generificada que ela já havia superado. Afinal, ela era uma comunista com consciência de classe. Corrigindo-se, Lanzetti recorre à solidariedade partidária, já não mais se imaginando como aquele que autorizaria Lilly, mas olhando agora para ambos a partir da perspectiva do partido. Ele entra na onda, sentindo o poder que vai se acumulando à medida que o um se torna mais e depois muitos – ele mesmo, a delegação, a porra do partido inteiro.

A história de Lanzetti não é apenas sobre Lilly. É sobre ele mesmo como organizador e sobre como transmitiu o sentido do partido a ela, de modo a empoderá-la para que pudesse contrariar o pai abertamente (e não apenas transgredir em segredo a lei que ele encarnava). A consciência de classe, que Lilly já tem, não é a mesma coisa que a confiança política ou o otimismo prático que o partido inspira. A vida de um bairro, bem como a experiência no local de trabalho, podem gerar uma sensibilidade ou mesmo uma identidade compartilhadas. Essa sensibilidade alimenta o potencial político, mas por si só não é suficiente para uma política. Ela não exprime ainda uma divisão ou uma vontade explícitas. Ser comunista é comparecer a uma reunião após a outra, trabalhar duro, talvez até mesmo permanecer pobre, mas é também ter acesso a uma força potente o bastante para contrariar a lei e vencer, uma força nem totalmente interna nem totalmente externa, tampouco redutível a características organizacionais particulares ou de todo apartada delas, mas, sim, uma infraestrutura afetiva capaz de ampliar o mundo.

A multidão que perdura

O estudo de Elias Canetti sobre a multidão é uma teoria do desejo coletivo. A multidão reúne intensidades libidinais e afetivas na força de um anseio irredutível à emoção da multidão, à excitação ou ao evento específico que a enseja. Canetti classifica as multidões conforme seu afeto dominante: a massa de acossamento determinada a matar, a massa de fuga em que todos fogem, a massa de proibição caracterizada pela recusa, a massa de inversão que se volta contra aqueles que a comandam ou oprimem e a massa festiva que desfruta coletivamente. A economia de gozo da multidão, aquilo que poderíamos considerar seus processos e suas estruturas inconscientes, persiste ao longo (ou por baixo) desses diferentes tipos de massa. Como discutimos no capítulo 3, esse inconsciente de multidão possui quatro atributos: um desejo de crescer, um estado de absoluta igualdade (que Canetti define como a "descarga"), um amor pela densidade e uma necessidade de direção.

Esses atributos de multidão geram, de maneira dinâmica, a *jouissance* coletiva. Até mesmo a multidão que se encontra encerrada em uma instituição se vê infundida pelo desejo de aumentar, expandir, acumular e estender. A vontade de crescer é inelimináve, trata-se de um impulso primário da multidão. As multidões podem ser abertas ou fechadas, mas mesmo as limitações espaciais podem ser violadas por esse seu desejo de crescer. Considere, por exemplo, a estranha obviedade da regra da maioria. O peso da quantidade se impõe como a pressão exercida pela multidão. Independente de certo e errado, ou de qualquer critério de razoabilidade, essa pressão se faz sentir. Mesmo aqueles que se opõem e resistem se deparam com essa pressão. Contrariar a multidão é difícil. A multidão quer a tudo engolir, quer incorporar cada vez mais e se ampliar. "A massa jamais se sente saciada"[2], escreve Canetti.

Com a noção de descarga, Canetti nos oferece uma visão de igualdade que difere fundamentalmente da associação de igualdade com inveja presente na psicanálise. Na multidão, igualdade é desdiferenciação, desindividuação, libertação momentânea da hierarquia, do fechamento e da separação. "É por causa dessa igualdade que as pessoas transformam-se em massa. O que quer que possa desviá-las desse propósito é ignorado", escreve Canetti. "Toda demanda por justiça, todas as teorias igualitárias retiram sua energia dessa experiência da igualdade que todos, cada um a

---

[2] Elias Canetti, *Crowds and Power* (trad. Carol Stewart, Nova York, Farrar, Straus and Giroux, 1984), p. 22; publicação alemã original de 1960 [ed. bras.: *Massa e poder*, trad. Sérgio Tellaroli, São Paulo, Companhia das Letras, 2019]. Todos os trechos da obra citados neste livro foram extraídos do *e-book* da edição brasileira.

seu modo, conhecem a partir da massa."³ A pressão por igualdade não vem do *ressentimento*. Não nasce da fraqueza nem da privação. Ela provém da força dos muitos à medida que se amplificam, se reforçam e reincidem sobre si mesmos. Com gritos, exclamações e barulho – a "manifestação conjunta" espontânea –, a multidão expressa a igualdade que constitui sua substância.

A densidade da multidão corresponde a sua indivisibilidade ou seu grau de solidariedade. Entendida em termos fisiológicos, a densidade manifesta-se na comunalidade de sentir, por exemplo, a animação que atravessa a multidão, amplificando-se e retroalimentando-se. Aqui, a estreita proximidade colabora. Canetti vincula igualdade a densidade, dizendo-nos que na multidão dançante ambas coincidem. "Representações da densidade e da igualdade produzem engenhosamente o sentimento de massa", escreve.

A direção da multidão é seu objetivo. A meta, quando é comum, "fortalece o sentimento de igualdade". Quanto mais forte é o objetivo comum, mais fracos são os objetivos individuais que ameaçam a densidade da multidão. Enquanto Le Bon e Freud atribuem a necessidade de direção presente na multidão à necessidade por um líder, Canetti faz da direção um processo interno à multidão: a direção, a causa comum, subordina preferências individuais. Cada um que pertence a uma multidão "abriga em si um pequeno traidor, que deseja comer, beber, amar e ter seu sossego"[4]. Quando a multidão possui uma direção, quando ela se desloca rumo a um objetivo, ela pode permanecer densa. Sem essa meta, a multidão se desintegra em indivíduos perseguindo os próprios fins privados. O objetivo se encontra fora da multidão, é aquilo para o qual ela se dirige. A meta não é a descarga, ainda que a multidão a mire.

---

[3] Ibidem, p. 29.
[4] Ibidem, p. 23.

Os processos de multidão de Canetti lembram dinâmicas psicanalíticas de desejo e pulsão. Crescimento e direção apontam para fora. Igualdade e densidade se voltam para dentro. Juntos, esses elementos formam o nó de intensidades ao qual venho me referindo como o inconsciente da multidão. A multidão não é estruturada como uma linguagem. Ela não é uma formação discursiva. Trata-se, em vez disso, da pressão dinâmica dos muitos: a força exercida pela coletividade. Ela não tem uma política, da mesma maneira que um formigueiro, uma floresta ou uma pilha de pedras também não a têm. As multidões de Canetti incluem guerreiros dançantes e enxames de insetos, espermatozoides e os mortos, produção e inflação. A verdadeira pressão dos muitos assume e desconfigura múltiplas formas: material, institucional, imaginária, simbólica. Ocorre também em diversas temporalidades: rápida ou lenta, momentânea ou duradoura. As múltiplas formas e tempos se sobrepõem e se cruzam, fluindo juntos em uma multidão de multidões. O que a multidão quer acima de tudo – o que lhe falta – é capacidade de perdurar.

Escreve Canetti: "A propensão dinâmica da massa a fazer-se cada vez mais – aos saltos, cegamente e sem nenhuma consideração, sacrificando tudo o mais em favor dessa propensão, a qual está sempre presente onde quer que se forme uma massa de pessoas –, tal propensão é, pois, transferível"[5]. Ele não explica o conceito. Em vez disso, dá vários exemplos: os caçadores transferem às presas a tendência de crescimento, os agricultores a transferem a suas plantações, os europeus modernos a transferem para o dinheiro, usando a palavra "milhão" como a unidade básica para contar tanto contingentes populacionais quanto monetários – "o número abstrato foi impregnado de um teor de massa que nenhum outro

---

[5] Ibidem, p. 197.

número hoje possui"[6]. Os mecanismos de transferência pouco importam para Canetti. Ele mistura rituais, símbolos e processos. Todos permitem que o desejo de ampliação que a multidão tem seja transmitido ou deslocado da multidão para outra coisa. Trigo, montanhas e mar podem se tornar símbolos de multidão por carregar o desejo de ampliação.

Otimismo prático
Embora Canetti não chegue a formular esse ponto, o partido também pode carregar o desejo de ampliação, além de outros atributos do inconsciente da multidão. À medida que acumula e gera poder, o partido, especialmente o partido comunista, opera como um objeto transferencial – um símbolo e uma combinação de rituais e processos – para a ação coletiva dos muitos.

A multidão quer perdurar. O partido fornece um aparato para essa resistência. As discussões marxistas do partido tipicamente se concentram nos aspectos organizacionais e ideológicos do aparato partidário: vanguarda *versus* massa, clandestino *versus* legal, revolucionário *versus* reformista. O que fica fora disso é a infraestrutura afetiva do partido, sua reconfiguração da inconsciência da multidão em uma forma política. Gavin Walker desloca a discussão de modo a contemplar essa reconfiguração. Ele descreve o partido como um "substrato material" que "permite que as reverberações ou 'ressonâncias' do acontecimento permaneçam no núcleo de uma consistência"[7]. Na condição de corpo que transforma o acontecimento de multidão subjetivador em um momento de um processo subjetivo de politização do povo, o partido tem a incumbência de transmitir as ressonâncias do acontecimento. Ele não pode

---

[6] Ibidem, p. 185.
[7] Gavin Walker, "The Body of Politics: On the Concept of the Party", *Theory & Event*, v. 16, n. 4, inverno 2013.

simplesmente declarar que determinado acontecimento é uma ação heroica da classe trabalhadora ou do povo revolucionário. O partido precisa defender essa declaração num ambiente hostil. Mais que isso, ele tem que garantir a sua verdade, conduzindo a intensidade afetiva da descarga da multidão no alvorecer de sua dissipação.

Nas atuais condições do capitalismo comunicativo, o fluxo ininterrupto e onipresente da mídia apresenta uma interminável oferta de desastres, invasões, disparos fatais e protestos. Escândalos e epidemias disputam o lugar de assunto mais importante do dia, e o fato de isso ser mensurado em tuítes atesta a incapacidade de abrir uma lacuna na ordem dominante. Qualquer um pode lançar uma interpretação de algum acontecimento, chamá-lo disso ou daquilo e tentar puxar a discussão para determinado lado. Além disso, é característica constitutiva do capitalismo comunicativo certa reflexividade ou autoconsciência em relação à mídia. O fenômeno dos *slogans*, memes, *hashtags*, imagens e frases ou modos de falar que atingem brevemente uma espécie de uso corrente reconhecível antes de se tornarem obsoletos ou esquecidos indica as múltiplas maneiras pelas quais os atos comunicativos dizem respeito menos a significado que propriamente circulação, menos a valor de uso que propriamente valor de troca[8]. Esse cenário impõe problemas particulares para a política de esquerda: como podem os atos permanecerem inteligíveis como atos de um sujeito coletivo? De que forma as pessoas podem impedir que seus atos sejam incorporados pelo capitalismo comunicativo?

O partido fornece uma infraestrutura afetiva que pode ajudar a resolver esses problemas. Em vez de repassar a intelectuais – particularmente aqueles individualizados em planos de carreira acadêmicos ou jornalísticos – a tarefa de transmissão da ressonância,

---

[8] Ver a discussão que faço em *Democracy and Other Neoliberal Fantasies* (Durham, Duke University Press, 2009), cap. 1.

e em vez de depender de ativistas fragmentados trabalhando a partir de suas diversas trajetórias separadas a fim de produzir alianças a cada acontecimento, a cada pauta, o partido é uma forma de concentração e resistência. Em um ambiente capitalista, o partido fornece ao comunismo um corpo – um corpo heterogêneo, poroso e polimorfo.

Ao fim do século XX, a presença desse corpo já se dava principalmente como memória, medo, burocracia ou seita; como antiga necessidade e atual impossibilidade. A perspectiva que ele fornece converteu-se numa série de inclinações dispersas ao politicamente correto, não menos justiçadoras e insistentes a despeito de toda a fraqueza decorrente da sua fragmentação. Pelo contrário, todos os efeitos superegoicos da injunção justiceira se fazem ainda mais intensos justamente pela ausência de um partido capaz de ancorá-las, pela ausência do amparo de um programa ao qual se poderia recorrer para fornecer justificação e atenuação. Circulando na forma de insultos e diretivas nas mídias sociais, esses efeitos explodem na forma de um impulso incessante de policiar e punir, arrastando a esquerda, na base do chicote, ao frenesi de seu próprio fracasso. A esquerda consegue identificar diferenças, mas já não é capaz de articulá-las numa política.

Concentração e perduração não equivalem a acordo. Os partidos comunistas, assim como a esquerda de modo geral, são sempre locais de debate, discussão, facções e divisões. Dito em lacanês: pensar o partido em termos de acordo ou cisão é permanecer no nível do imaginário onde o partido não passa de uma figura de egoísmo e competição. Mas o que importa é a dimensão simbólica do partido, sua forma como um lugar a partir do qual os comunistas avaliam a si mesmos e a suas ações. Concentração e perduração aderem à forma partido no nível do simbólico.

As experiências cotidianas da militância de base do Partido Comunista dos Estados Unidos (CPUSA) e do Partido Comunista da Grã-Bretanha (CPGB) atestam o efeito simbólico do partido comunista. Uso esses partidos como exemplo por causa da fraqueza deles. Os Estados Unidos e o Reino Unido não eram Estados-partido nem sistemas parlamentares no interior dos quais os comunistas chegaram a ter algum sucesso eleitoral de maior peso. Mesmo nas décadas de 1930 e 1940, época do auge do partido comunista nesses dois países, o poder político real sempre esteve fora de seu alcance. Ao longo de todo o século XX, nenhum dos dois países chegou à beira da revolução proletária. Em vez disso, eles tiveram que lidar, cada um à própria maneira, com uma mistura de prosperidade desradicalizante da classe média, derrota da classe trabalhadora e agressão capitalista, para não falar do intenso anticomunismo da Guerra Fria. Como, portanto, foi possível que uma sensibilidade comunista tenha perdurado sob condições que até Moscou admitia estarem longe da maturidade revolucionária? O que permitiu que o partido comunista fosse capaz de fornecer um local a partir do qual seus membros estadunidenses e britânicos pudessem enxergar suas ações como necessárias e importantes, e que mesmo quem não fosse filiado podia adotar, e de fato adotou? Minha tese, como antecipei no início deste capítulo, é de que a infraestrutura afetiva do partido forneceu o apoio material para sua localização simbólica.

Lauren Berlant apresenta a teoria do afeto como "outra fase na história da teoria da ideologia"[9]. Comum e atmosférico, o afeto entrelaça saber e fazer, infundindo cada um dos dois com um sentimento-humor-sensibilidade irredutível às disposições emocionais individuais. Atentar para o afeto pode abrir um registro que vai além de textos e práticas, proporcionando acesso a um domínio de vínculos e expectativas capazes de produzir um modo

---

[9] Lauren Berlant, *Cruel Optimism* (Durham, Duke University Press, 2011), p. 53.

de vida. Berlant observa que a tradição marxista "ofereceu várias formas de abordar os aspectos afetivos do antagonismo de classe, das práticas trabalhistas, um sentimento gerado de maneira comunal que emerge quando habitamos uma zona de estrutura vivida"[10]. Na forma de histórias da classe trabalhadora, análises da estrutura de sentimento específica de uma formação histórica ou leituras de um mundo em termos de sua estética, a teoria cultural marxista documentou e explorou de maneira muito útil as condições de pertencimento à classe. Contudo, ela em geral negligencia o pertencimento ao partido. Se a classe aparece no rico tecido do trabalho e da vida, na cultura e nos costumes que ostensivamente inspiram essa identidade coletiva mobilizada no partido, o partido aparece como algo mecanicista e frio. Diante da abundância da diversidade cotidiana, o partido fica parecendo abstrato, calculista, instrumental. Quero mudar essa percepção do partido.

A própria Berlant recorre ao afeto a fim de discernir a especificidade da mediação do desejo no neoliberalismo tardio. Ela está preocupada com "o desgaste de uma fantasia, de uma forma de vida marcada pelo investimento coletivo, a boa vida"[11]. Em contraste com o "otimismo cruel" de Berlant, debruço-me sobre o otimismo prático gerado pelo partido[12]. Examino a construção da esperança por meio da transmissão de uma sensibilidade comunista em ambientes caracterizados por sua ausência. Em vez de registrar diminuição e perda, procuro rastrear elementos de intensificação e ganho, produção de uma nova convicção, como vemos na história de Lilly e Lanzetti. O Partido Comunista forneceu uma infraestrutura afetiva por meio da qual as experiências cotidianas assumiram significados separados daqueles canalizados

---

[10] Ibidem, p. 64.
[11] Ibidem, p. 11.
[12] Agradeço a Bonnie Honig e James Martel essa formulação.

pelo capitalismo. O partido manteve aberta uma lacuna no existente por meio da qual as pessoas puderam ver a si mesmas mudando o mundo na luta coletiva.

Os comunistas estadunidenses aos quais o livro de Gornick dá voz recontam sua vida no partido de maneira sensorialmente vívida. A intensidade da experiência sentida que eles evocam atravessa a privação e a frustração cotidianas, tornando real a possibilidade de outro mundo: eles já o sentem. Ao trabalhar para construir esse mundo, para realizá-lo, eles transformam suas experiências individuais de injustiça capitalista em momentos de igualdade comunista coletiva. Ben Saltzman, trabalhador da indústria de vestuário em Nova York, diz: "Eu tinha o partido e tinha meus camaradas; eles me fortaleciam, me davam firmeza"[13]. Na mesma linha, Joe Preisen, um sindicalista do Brooklyn, observa: "A gente estava rodeado de história. Dava pra tocar nela, sentir o cheiro dela, ver ela. E quando um organizador trabalhista que também era comunista se levantava para falar, dava para sentir o gosto dela na boca"[14]. Belle Rothman, uma organizadora sindical, insiste:

> Você não está entendendo. Não tínhamos escolha. Não é como hoje em dia, que a moçada pensa que pode escolher entre abraçar a política ou não se envolver com política, ou então ser qualquer outra coisa que quiserem ser. A gente não tinha escolha. Não escolhemos, fomos escolhidos. A vida chegou com tudo pra cima da gente, tomamos na cabeça e lutamos pra nos reerguer do chão, e quando conseguimos lá estava o Partido Comunista.[15]

Sarah Gordon, que foi criada como comunista no Bronx, explica como o vínculo político ao Partido Comunista "negava a

---

[13] Vivian Gornick, *The Romance of American Communism*, cit., p. 36.
[14] Ibidem, p. 46.
[15] Ibidem, p. 52.

nossa privação. Era rico, caloroso, enérgico, uma densidade animadora que envolvia nossa vida. Ele nos nutria quando nada mais nos alimentava. Ele não só nos manteve vivos, como nos tornou poderosos dentro de nós mesmos"[16]. Ao me debruçar sobre os vínculos afetivos dos comunistas em relação a seu partido, trago à tona o otimismo prático que permitiu que a intensidade e o desejo igualitários da multidão perdurassem depois da dispersão das multidões.

Infraestrutura de sentimento

Em plena década de 1980, época em que a *Marxism Today* reconfigurava o comunismo britânico para os novos tempos ao substituir o capitalismo pelo thatcherismo como inimigo e trocar o objetivo do comunismo pelo da modernização progressista, Raphael Samuel se propôs a evocar o "mundo perdido do comunismo britânico"[17]. Os acontecimentos mais imediatos ligados a esse movimento de Samuel eram a derrota da greve dos mineiros e o racha no CPGB, apresentado como oposição ora entre uma "esquerda dura" e uma "esquerda suave", ora entre "stalinistas" e "eurocomunistas", ora entre "fundamentalistas" e "realistas", ora entre a *Morning Star* e a *Marxism Today*. O acontecimento mais fundamental por trás dele era a mudança que a esquerda vinha enfrentando desde 1968: a erosão da coletividade em meio a uma crescente ênfase política, econômica e social em "identidade pessoal e autoafirmação individual"[18]. "A coletividade, em vez de ser o meio de realizar o bem comum", escreve Samuel, estava começando a ser vista "como

---

[16] Ibidem, p. 32.
[17] Raphael Samuel, *The Lost World of British Communism* (Londres, Verso, 2006). O livro é composto de três ensaios originalmente publicados na *New Left Review* entre 1985 e 1987.
[18] Ibidem, p. 7.

um instrumento de coerção, como algo que promovia a uniformidade em vez da diversidade, que intimidava o indivíduo e subordinava a minoria à massa não pensante"[19]. Nos anos 1970 e 1980, todas as instituições sociais – particularmente as associadas ao Estado de bem-estar social – passaram a ser atacadas tanto pela esquerda quanto pela direita. No entanto, como explica Samuel, as instituições ligadas ao coletivismo da classe trabalhadora eram particularmente vulneráveis:

> Uma vez que a decisão de fazer greve se torna uma questão de escolha pessoal e não de obediência à disciplina coletiva, ou de defesa da honra coletiva, ela passa a ficar sujeita a todas aquelas discriminações e correntes cruzadas que fazem com que seja tão difícil enfrentar o dia a dia.[20]

Samuel escreve para refrescar a memória do poder coletivo e preservá-la. De certa forma, ele nos dá um comunismo resolutamente em sintonia com o que seus críticos descrevem: uma religião secular urdida com base em ministério, autossacrifício, fé e unidade. Aqui o comunismo é "o caminho, a verdade e a luz". Proporcionando um companheirismo internacional, uma "promessa de redenção", e a União Soviética como a "terra prometida", o comunismo da infância de Samuel exala retidão e certeza. Ao mesmo tempo, seu comunismo aparece como algo familial e pedagógico, como menos uma questão de convicção metafísica que de vida cotidiana. A mãe de Samuel e a maioria de seus parentes eram comunistas, sendo esse comunismo "uma ponte através da qual as crianças do gueto ingressavam na cultura nacional", bem como um "substituto educacional para a universidade"[21]. Ser

---

[19] Ibidem, p. 8.
[20] Idem.
[21] Ibidem, p. 67.

recrutado para o partido era adentrar um sistema de educação com leituras, aulas, palestras e estudos.

Nesse cenário, a consciência de classe era desenvolvida como uma consciência política. Nem identidade individual, nem dado sociológico, tampouco autoconsciência coletiva, a classe aparecia aqui "em um sentido mais metafórico que literal"[22]. Era uma visão do mundo, uma maneira de pensar em termos de leis e tendências e agir conforme a lealdade política. Samuel rejeita a ideia de que o Partido Comunista sempre foi operaísta e vê o "recuo para o sindicalismo" dos anos 1960 e 1970 como uma expressão deslocada do "desencanto do partido consigo mesmo", um sintoma da acumulação de fracasso, decepção e tragédia depois do discurso secreto de Khrushchov, da invasão da Hungria e da ruptura sino-soviética[23]. O partido perdeu a vontade e a capacidade de fazer exigências a si mesmo. Os trabalhadores industriais que permaneceram no partido passaram a dirigir o foco para questões do chão de fábrica, e os operários fabris passaram a se voltar menos ao partido que às próprias lutas mais imediatas.

Por trás dessas analogias institucionais de igreja, família e universidade estavam as práticas por meio das quais o partido organizava seus membros. Os comunistas ficavam enredados em "um ciclo interminável de atividade que lhes deixava pouquíssimo tempo pessoal de sobra"[24]. Tratada como um bem em si mesmo, a atividade não apenas mergulhava os membros profunda e diariamente no trabalho político, como incitava um senso de urgência: o que eles estavam fazendo *tinha que ser feito*; era *vital, necessário, urgente*. Os bons comunistas se envolviam numa grande variedade de lutas diárias. O partido realizava reuniões, comícios

---

[22] Ibidem, p. 171.
[23] Ibidem, p. 206.
[24] Ibidem, p. 36.

e campanhas de adesão. Publicava e distribuía uma ampla gama de literatura. Organizava manifestações, mobilizava apoio a ações grevistas, realizava protestos emergenciais. Comprometido com a ação direta e a luta imediata, o CPGB planejou campanhas, desenvolvendo sistemas e processos para tornar suas ações mais eficientes e aprimorar as práticas de acompanhamento e autoavaliação. O partido trabalhava para concentrar seus recursos e suas energias de modo a "parecer mais poderoso do que era". Repassava tarefas, preparava as ordens do dia e montava comitês.

Os membros eram mais que membros. Eles tinham posições e responsabilidades práticas que iam muito além daquelas que lhes eram dadas por seu lugar no capitalismo. Eles tinham papéis especializados, de modo que cada um era sempre mais que si mesmo. Cada um também era alguém no partido: organizador, membro do *bureau*, formador, treinador, coordenador de diretório, propagandista, livreiro, delegado, agitador. Junto com isso, escreve Samuel, "havia uma mania positiva de produzir relatórios, o que servia tanto como um sistema elaborado de tutela quanto como um método de prestação de contas"[25]. Os relatórios instalaram uma prática de olhar para a atividade do ponto de vista do partido.

Samuel descreve em detalhes a paixão organizativa comunista, tratando-a como uma série de disciplinas dos fiéis: eficiência no uso do tempo, solenidade na condução das reuniões, ritmo e simetria nas manifestações da rua, precisão estatística na preparação dos relatórios. O que chama atenção em sua descrição é o registro afetivo da organização. A organização não é apenas uma questão de burocracia e controle. É um artifício gerador de *entusiasmo*, um aparato de intensificação que rasga o cotidiano ao romper com o espontaneísmo. O planejamento é uma questão de consciência coletiva. Nas palavras de Samuel, "ser organizado era ser o senhor

---

[25] Ibidem, p. 106.

e não a criatura dos acontecimentos. Em um registro, isso significava regularidade; em outro, força; e num terceiro, controle"[26]. A organização produzia uma sensação compartilhada de força, um senso de um coletivo dotado da capacidade de realizar sua vontade.

As reuniões do partido, mesmo as locais ou de diretório, eram conduzidas com grande zelo. Samuel conta das reuniões de que participou o marido de sua mãe, Bill, no início dos anos 1930. Entre dez e quinze camaradas se reuniam na cozinha da casa de um motorista de locomotiva. O líder era professor escolar. O tesoureiro era um estivador que não tinha "uma única ideia política na cabeça, mas simplesmente amava o partido. Ele era muito apaixonado pelo tema dos fundos"[27]. Bill lembra de a reunião ser "solene". Os membros discutiam acontecimentos mundiais, mas o principal objetivo era "repassar as decisões e encaminhamentos", confirmar quem faria o quê. Mais tarde, durante a guerra, Bill frequentou reuniões da delegação de sua fábrica no *pub* Three Magpies. "*Não era exatamente formal, mas havia muita autoridade ali. Não falo de mim. Era algo que permeava a sala toda.*"[28] Bill não se refere ao ambiente do *pub*. Mas também não se refere a algo fora dele. Ele está assinalando a sensibilidade gerada pela reunião do grupo. A reunião autorizava aqueles que se reuniam, fazendo com que um grupo de pessoas tomando cerveja no bar se tornasse o Partido Comunista. Suas palavras e suas ações assumiam uma importância muito além do que elas teriam na ausência do partido. Elas adquiriam ressonância, transferindo a força e a importância da luta global para o Three Magpies.

Samuel apresenta os elementos específicos de uma reunião. O camarada que abria a reunião apresentava um relatório. O que a

---

[26] Ibidem, p. 103.
[27] Ibidem, p. 108.
[28] Ibidem, p. 109 (grifos do original).

fechava "fazia um resumo". Esperava-se que todos contribuíssem com a discussão, adotando a formalidade de se dirigir a quem estivesse presidindo a reunião como "camarada presidente". Escreve Samuel:

> O objetivo de uma reunião do partido era fazer as coisas acontecerem, traduzir os acontecimentos do dia em questões de campanha política. O "relatório político" que abria as reuniões (inclusive as audiências disciplinares) começava com a situação internacional antes de "tirar as lições" e definir metas e tarefas. Se a discussão acabasse atolando em algum detalhe, haveria alguém para "elevar o nível da discussão", lembrando-nos da seriedade da situação.[29]

O encontro conectava o local, o imediato, com acontecimentos histórico-mundiais (pensar globalmente, agir localmente já era uma prática comunista muito antes de se tornar um *slogan* ativista). Ao contrário das guinadas ao pessoal e político que muitas vezes interrompem as discussões políticas em uma era individualista, os camaradas tiravam força do fato de se verem em um ambiente maior, de reconhecerem que, em vez de serem únicos, eles eram típicos, genéricos. O particular era um lodaçal, um atoleiro pantanoso no qual um grupo poderia chafurdar e de onde teria de ser resgatado. Assim, era possível aprender lições, tirar conclusões e traçar planos. As reuniões ampliavam vidas ao abri-las ao político, conectando-as a movimentos e tendências que as arrancavam da miséria do isolamento. O mundo não era simplesmente algo que lhes acontecia. Eles lutavam para ativamente moldar o mundo.

Samuel observa que boa parte da atividade do partido era "menos instrumental que propriamente expressiva"[30]. A organização tinha uma dimensão fantástica, que alimentava ilusões de controle ao

---

[29] Ibidem, p. 108.
[30] Ibidem, p. 120.

expressar sonhos de poder e eficácia como passíveis de ser realizados. Se a fraqueza era uma questão de falha organizacional, conforme essas imprecisões fossem corrigidas se construiria um acúmulo de força. Na medida em que a organização permitia que os membros do CPGB imaginassem seu partido como um agente transformando o mundo, eles podiam acreditar no que estavam fazendo, ainda que seus comícios e as manchetes do *Daily Worker* não correspondessem a qualquer influência política realmente significativa. Mas, mesmo com essa observação, Samuel se nega, com razão, a permitir que a atitude cínica, desdenhosa e derrotista de uma esquerda contemporânea que enxerga o mundo da perspectiva do capitalismo preencha a lacuna de possibilidade que os comunistas britânicos foram capazes de manter. Ele continua a ver a partir da perspectiva do partido. O partido, com todos os seus defeitos, continua fornecendo um ideal de eu ou ponto simbólico a partir do qual é possível ver as ações como algo momentoso. O partido sustenta a perspectiva que ele oferece, de modo que fazer agitação contra o imperialismo em uma sociedade colonial, travar uma campanha contra o fascismo, manter viva a questão da moradia e apoiar vinte anos de Marchas da Fome manifestam o trabalho heroico de camaradas enérgicos, o comunismo na efetividade do movimento político. Essas múltiplas atividades não constituíam um pluralismo diferenciado de possibilidades, mas uma única política comunista, concebida como e a partir da perspectiva da luta duradoura das massas.

O relato de Samuel sobre a atividade do partido não diz respeito exclusivamente ao CPGB. Ele está em sintonia com as experiências dos comunistas estadunidenses. Como nos diz Gornick:

> Para milhares de comunistas, ser comunista significava passar anos vendendo o *Daily Worker*, rodar panfletos mimeografados, ir à rua falar com as pessoas, bater de porta em porta fazendo campanha por votos locais e nacionais, organizar grupos de bairro pelos direitos dos inquilinos, direitos sociais ou seguro-desemprego, arrecadar dinheiro

para o partido ou para arcar com defesas jurídicas, pagar fianças ou bancar lutas sindicais. Apenas isso e nada mais.[31]

O que Gornick denomina a "extenuante ordinariedade" da vida dos membros do partido nos Estados Unidos, assim como no Reino Unido, envolvia uma atividade incessante. Gornick apresenta o sonho da revolução como algo exterior a essa atividade. Discordo. Não era a visão que sustentava a atividade. Era a atividade que constituía o otimismo prático que sustentava a visão. A atividade consistente – em especial o planejamento, as reuniões e os relatórios – gerava a perspectiva do partido que a viabilizava. A consistência fazia com que o cotidiano fosse sentido como algo momentoso, fazia com que os assuntos do bairro se tornassem mais que sua imediatez, se tornassem veículos de transmissão do sentido do mundo. A organização concentrava o sentimento coletivo em uma forma distinta das privações do capital e do Estado, permitindo que as pessoas vissem a si mesmas e ao mundo da perspectiva de uma lacuna no existente, uma lacuna de esperança e possibilidade.

As experiências de Hosea Hudson como comunista negro no Sul dos Estados Unidos corroboram essa minha reversão da relação entre atividade e visão. Hudson descreve as reuniões de unidade, de seção e de diretório; fala da impressão e da distribuição de panfleto; dos relatórios, dos acompanhamentos e das críticas; do recrutamento de pessoas uma a uma. Nascido em 1898 em uma família de meeiros do Alabama, Hudson trabalhou como moldador na fundição de Stockham, em Birmingham, durante a década de 1920. Mesmo antes de a Depressão bater forte, os trabalhadores do departamento de ferro cinzento já enfrentavam cortes salariais, como resultado do "sistema intermitente" – os

---

[31] Vivian Gornick, *The Romance of American Communism*, cit., p. 109-10.

operários podiam trabalhar dois dias em determinada semana, três na seguinte e em algumas semanas sequer serem convocados –, que fora implementado junto com a introdução de uma esteira transportadora e um sistema de pontuação para determinar a remuneração. Hudson tomou conhecimento do partido em 1930 por causa das ações de panfletagem: "As pessoas estavam sempre circulando esses materiais pela comunidade, mas eu não sabia quem eram elas. Elas passavam por ali à noite e de manhã você recolhia os materiais – havia um panfleto bem ali na porta"[32]. Hudson não era alfabetizado, então ele pedia que a esposa lesse os panfletos para ele. No início de 1931, seu interesse no partido aumentou por causa do caso dos garotos de Scottsboro. Nove jovens afro-americanos (um deles tinha doze anos) foram acusados de estuprar duas mulheres brancas em um trem de carga. O partido encabeçou a campanha em sua defesa.

Quando convidado para sua primeira reunião, Hudson estava morando em uma espécie de vila operária, uma *"stoolpigeon row"*, ou seja, um quarteirão onde todas as casas eram ocupadas por funcionários da empresa. Hudson ficou ansioso quando Al Murphy, um membro do partido recentemente demitido da fundição, se aproximou de sua casa em plena luz do dia carregando uma pilha de jornais, incluindo o *Liberator*, que defendia a autodeterminação dos negros no Cinturão Negro do Sul dos Estados Unidos*.

---

[32] Nell Irvin Painter, *The Narrative of Hosea Hudson: His Life as a Negro Communist in the South* (Cambridge, Harvard University Press, 1979), p. 82.

* Cinturão Negro (*Black Belt*) designa uma fatia territorial do Sul dos Estados Unidos. Seu nome deriva originalmente da cor do solo rico e escuro encontrado ali. Historicamente, com o sistema escravista das *plantations*, a alta fertilidade da terra nessa região geológica se traduziu também em maior concentração de mão de obra negra. Assim, o nome passou a incorporar um sentido mais propriamente demográfico e político, referindo-se a uma grande fatia de condados de maioria negra no sul do país. Na virada dos anos 1920 para os 1930, o Comintern aderiu à chamada tese da República do Cinturão Negro, aludida aqui por Hudson.

E aí me aparece esse tal de Murphy que eles tinham mandado embora da fábrica. Ele sabia que tinham visto ele, sabiam quem ele era [...]. Trouxe tudo quanto era jornal, veio andando todo empertigado desde a ponta do quarteirão, todo mundo conhecia ele, nem tinha como se esconder, e ele chegou lá, me deixou um jornal.[33]

Hudson o tinha conhecido brevemente quando Murphy trabalhou na sala de carvão da fundição. Ele sabia que Murphy estava envolvido com uma organização em defesa dos garotos de Scottsboro e que ele tinha estado em Nova York. Hudson, então, havia perguntado a Murphy sobre as reuniões em Birmingham, mas Murphy, desconfiado, não dissera nada. E então ele aparece na casa de Hudson, abertamente, "andando todo empertigado". Qualquer um podia vê-lo, e as pessoas sabiam quem ele era. Murphy não tinha medo. Hudson diz que ele mesmo "nunca teve medo dos Vermelhos", por mais que outras pessoas tivessem, com receio de acabar perdendo seus empregos. Hudson, que já tinha sido demitido várias vezes, também não tinha esse temor. Quando ele diz que Murphy "vem marchando até minha casa, chega no meu quintal com uma pilha de jornais, em plena luz do dia", Hudson não está contrastando a confiança de Murphy com o medo que ele sente. Ele tematiza os danos que as pessoas que não têm a experiência do partido podem causar a alguém com um emprego e que mora numa habitação da empresa. Hudson julga Murphy do ponto de vista do partido, ao qual o próprio Murphy o apresentou. É como se Murphy encarnasse um conjunto de diferentes quebras e possibilidades, quebras entre ter casa e não ter onde morar, entre ser

---

Formulada por Harry Haywood, entre outros militantes em debate com Moscou, a posição defendia que os negros estadunidenses configuravam uma nação oprimida com direito a autodeterminação e que seu território nacional seria essa região demarcada pelo Cinturão Negro, onde constituíam maioria numérica. (N. T.)
[33] Nell Irvin Painter, *The Narrative of Hosea Hudson*, cit., p. 86.

empregado e desempregado, entre aberto e escondido, alfabetizado e não alfabetizado, confiante e cauteloso, preparado e inexperiente.

Aquela primeira reunião da qual Hudson participou se deu na pequena casa de outro trabalhador da fábrica. "Eu não disse nada, mas estava um pouco decepcionado, porque tinha a expectativa de alguma coisa grande, pessoas importantes. E ali estavam os caras que trabalham comigo na linha de produção, gente comum", conta Hudson. Nesse cenário decepcionante, desimportante, uma pequena casa com sujeitos comuns, Murphy delineia o papel e o programa do partido:

> O caso Scottsboro e os desempregados e a Depressão e a guerra imperialista. Tudo isso ele estava comentando naquela noite. A maior parte dos assuntos eu nem conhecia. Só sabia do caso Scottsboro. Ele estava explicando como o caso Scottsboro fazia parte de toda uma trama para criminalizar o povo negro no Sul – Jim Crow, criminalização, linchamento, tudo fazia parte do sistema. E isso entendi muito bem, e como a linha de produção se acelerava, o desemprego, e como os desempregados não iam conseguir comprar de volta aquilo que eles produzem, que eles eram consumidores e que isso iria colocar ainda mais gente na rua [...]. Ele pegou a esteira transportadora, lá em cima onde a gente faz a moldagem, pegou aquilo e criou um padrão. Falou: "Quantos homens acabaram no olho da rua depois que colocaram aquela máquina transportadora ali?". Isso eu conseguia enxergar bem.[34]

Hudson entende um pouco do que escuta, mas nem tudo, nem mesmo a "maior parte". As palavras de Murphy evocam algo maior que Hudson ouve, mas não entende, ainda que perceba que esse algo maior se conecta com sua vida, com suas preocupações. Hudson vai à reunião esperando "alguma coisa grande" que ele não chega exatamente a encontrar, pois a maior parte continua sendo aquilo que ele não sabe. Pessoas importantes não ocupam

---

[34] Ibidem, p. 87.

aquele lugar. Em vez disso, caras normais, como ele, estão, assim como ele, ali naquela cozinha escutando Murphy falar e se filiando ao partido naquela noite.

Hudson não descreve um discurso arrebatador e inspirador. Ele não fala nada sobre revolução nem sobre a missão do proletariado. Em vez disso, identifica um padrão, um padrão que conecta a esteira transportadora da fundição, o desemprego, o sistema Jim Crow e o linchamento a algo maior. Hudson não afirma que o partido saiba o que isso seja, mas ele o experimenta como o lugar dessa coisa, como a lacuna que diz que o mundo é maior e tem mais a oferecer do que aquilo que ele já conhece. Ele comenta que chegou a olhar para Murphy e para outro camarada, Ted Horton, como "meio especiais". Diferentemente das pessoas que só podiam falar sobre o que estava acontecendo ali em Birmingham, Horton e Murphy conheciam pessoas diferentes, pessoas que vinham de Nova York e de Chattanooga. "Eles podiam sempre evocar alguma reunião que estivesse acontecendo em outro lugar."

Na mesma noite em que Hudson se filia ao partido, ele é eleito organizador da unidade de Stockham. Murphy lhe diz que ele terá a responsabilidade de se reunir nas noites de sexta-feira com os outros organizadores de unidade de toda a cidade de Birmingham. A primeira reunião de organizadores de unidade de que Hudson participou foi muito parecida com sua primeira reunião de partido. "Fiquei um tanto surpreso de ver um grupo tão pequeno de pessoas", explica. "Esperava encontrar um grupo grande de pessoas." Ele sente que o partido é algo grande; tem a expectativa de que seja maior. As sete pessoas presentes naquela primeira reunião de organizadores – todos negros, e Hudson só vai encontrar um camarada branco no ano seguinte – estão entusiasmadas de finalmente contar com um verdadeiro operário industrial em seu grupo. Todos eles pertenciam a unidades comunitárias, e o partido estava tentando promover uma estratégia de concentração na indústria, como Hudson ficaria sabendo mais tarde. Cinco meses depois, ele foi demitido, e os membros de sua unidade de fábrica ficaram com medo de se reunir. Hudson então montou unidades de bairro e passou a organizar as pessoas em torno da questão do seguro-desemprego[35].

A principal atividade da unidade de Hudson era a panfletagem. O grupo deixava panfletos na porta das casas, em portões e degraus de igreja. Os materiais apresentavam o programa do partido e atualizavam os leitores sobre os desdobramentos do caso dos rapazes de Scottsboro. As unidades também realizavam aulas onde eram lidos e debatidos artigos do *Liberator*.

> Nós líamos esse jornal, e isso nos dava muita coragem. A gente comparava, falava sobre o direito de autodeterminação. A gente discutia o que aconteceria se a gente conseguisse estabelecer um governo, que papel nós, camaradas, iríamos ter; depois sobre como ficariam os brancos, os brancos pobres, os agricultores etc. nessa situação.[36]

No Alabama da era da Depressão, o espaço do partido permitiu que Hudson e seus companheiros se vissem como portadores de um poder constituinte, se imaginassem estabelecendo um governo, desenhando os princípios e os processos para uma sociedade nova, liberada e de maioria negra. Hudson não sabia ler, mas tinha suficiente otimismo prático para se imaginar fazendo um mundo novo enquanto se engajava nas lutas do dia – "o direito ao voto, contra o linchamento, contra a brutalidade policial, o direito dos negros rurais pobres de vender seus produtos; essas eram questões imediatas"[37]. Hudson tinha esse otimismo prático por causa de seu trabalho no partido.

---

[35] Ibidem, p. 88.
[36] Ibidem, p. 102.
[37] Ibidem, p. 103.

Em uma dessas reuniões, numa noite quente de julho, Hudson ouviu falar pela primeira vez de direitos democráticos. Alguém perguntou a um camarada branco de Nova York se os negros chegariam a desfrutar dos direitos democráticos sob o sistema atual. Hudson o interrompeu, dizendo: "Não sei o que você quer dizer com 'direitos democráticos'. Ouço vocês todos falando de 'democrático' isso, 'democrático' aquilo. Direito democrático é o quê?" O camarada branco, conta Hudson, "não torceu o nariz, não disse 'Ah, você deveria saber' ou coisa do tipo. Ele parou e explicou em detalhes".

No partido, Hudson aprendeu a ler e a escrever bem o suficiente para publicar um livro. Ele frequentou a Escola Nacional de Formação do Partido. O partido reforçou sua confiança, lhe deu mais coragem:

> O que o partido estava fazendo era pegar o povo de classe baixa como eu e transformar em gente; eles dedicavam o tempo que fosse e não riam da sua cara se você cometesse algum erro. Em outras palavras, o partido fazia com que essa classe baixa se sentisse em casa quando sentava para participar de uma reunião. Se você se levantasse, tentasse falar e não conseguisse se expressar, ninguém daria risada. Eles tentavam ajudar, dizendo "você vai aprender". Sempre tinha alguma coisa pra ajudar a te levar adiante, te dar coragem [...]. O partido fazia com que eu soubesse que era alguém.[38]

Antes de entrar para o partido, Hudson cantava em um quarteto e frequentava a igreja. Ele já tinha, portanto, alguma confiança, mas não do tipo que o permitisse falar com tranquilidade com os negros de "classe melhor" ou com brancos.

Em parte, a insegurança de Hudson tinha a ver com seu analfabetismo. A pouca educação primária que ele recebeu quando

---

[38] Ibidem, p. 22.

criança foi traumatizante. Para chegar à escola, ele tinha que andar vários quilômetros sozinho, atravessando bosques e pastos, e morria de medo de topar com uma cobra ou um cachorro louco. Quando chegava à escola, roía a manga das roupas de nervoso. Sua avó instruiu o professor a açoitá-lo até que ele parasse. Assim que Hudson atingiu certa idade, tiraram-no da escola para que trabalhasse na roça durante a primavera, apesar de deixarem seu irmão mais novo continuar estudando. O irmão mais novo favorecido virou pastor. Antes de entrar para o partido, Hudson vivia afundado em complexos de inferioridade que o prendiam a um mundo de pobreza e violência. O partido o arrancou dessa condição não apenas ao ajudá-lo a adquirir habilidades, mas também o imbuindo de força coletiva. Foi pela experiência de ver como o partido criava pessoas a partir do povo das classes baixas que ele passou a entender que era alguém. As próprias reuniões (talvez especialmente as reuniões) ajudaram a incutir essa sensibilidade na medida em que elas faziam com que os membros do partido se sentissem em casa. Como camaradas do Partido Comunista, eles podiam ver e sentir o poder que sua coletividade lhes conferia, a força que vem da solidariedade. Os camaradas não riam da cara de quem estivesse tendo dificuldade de se expressar. Apoiavam a pessoa como um dos seus e, nesse apoio, ofereciam o senso de um mundo no qual a igualdade era possível, apesar de não ser fácil[39].

---

[39] Para análises mais abrangentes da história do envolvimento afro-americano e de sua influência no comunismo estadunidense, ver Robin D. G. Kelley, *Hammer and Hoe: Alabama Communists During the Great Depression* (Chapel Hill, University of North Carolina Press, 1990); Erik S. McDuffie, *Sojourning for Freedom: Black Women, American Communism, and the Making of Black Left Feminism* (Durham, Duke University Press, 2011); Mark Solomon, *The Cry Was Unity: Communists and African Americans, 1917-1936* (Jackson, University Press of Mississippi, 1998).

Desejo coletivo

Os comunistas britânicos e estadunidenses de meados do século experimentaram a vida política estruturada pelo partido como algo intensamente exigente e vivo. Sua linguagem, suas reuniões, seus rituais e seus relatórios canalizavam a pobreza e a esperança em otimismo prático. A perspectiva do partido dava peso e significado às ações deles, tornando-as nada menos que a luta histórica dos oprimidos do mundo. A privação isolada converteu-se em poder coletivo, rompendo o mote de inferioridade e fracasso incessantemente martelado pelo capitalismo. Ninguém tinha que se virar sozinho, experimentar a política como algo fora de alcance ou como um anseio desprovido de coesão. O partido fornecia uma estrutura afetiva que não permitia que as pessoas cedessem a seus desejos mais rasos e, com isso, trazia à tona o melhor de cada um[40].

Essa desautorização era um constrangimento, por vezes experimentada como punição, sempre sentida como requisito ou compulsão, como aquilo que precisa ser feito. Sarah Gordon conta que odiava ter que vender o *Daily Worker* durante os vinte anos em que militou no partido.

> Mas eu fazia, eu fazia. Fazia porque, se não fizesse, eu não teria coragem de encarar meus camaradas no dia seguinte. E todos nós o fazíamos pelo mesmo motivo: éramos responsáveis uns pelos outros. Estaríamos traindo uns aos outros se não vencêssemos o engasgo e fôssemos adiante. As pessoas nunca entendem isso, sabe? Elas dizem: "O Partido Comunista segurou vocês na base do chicote". Elas não entendem. O chicote estava dentro de cada um de nós, nós o segurávamos sobre nós mesmos, não um sobre o outro.[41]

---
[40] Vivian Gornick, *The Romance of American Communism*, cit., p. 123.
[41] Ibidem, p. 110.

"Partido" nomeia uma força interior comum. Gordon resistia a ela. As demandas iam contra suas inclinações naturais, como empurradas goela abaixo. A oposição dela era visceral. No entanto, a estrutura interiorizada de camaradagem era que vencia. Havia um desejo coletivo de coletividade que era mais forte que seu desejo individual. Ao sentir essa força dentro de si, ela sentia o próprio poder do partido. O sentido do que ela *precisava* fazer era o mesmo que o sentido daquilo que o partido *poderia* fazer.

Hudson conta que o recrutamento de pessoas para o partido era algo que exigia paciência, nuance e juízo. Recrutar não era só sair pegando ou insistindo. Era algo que tinha que ser devidamente ensinado: "Estávamos instruindo os nossos camaradas de cima a baixo, ensinávamos como abordar as pessoas, como recrutar". No início dos anos 1930, o partido estava concentrado nos trabalhadores industriais, o que significava "entrar em contato com pessoas individuais, fazer disso uma responsabilidade regular, cotidiana"[42]. Metalúrgicos, ferroviários, professores e motoristas eram todos diferentes e tinham que ser abordados de forma diferente. Hudson evoca essa diferença quando contrasta a sensação de "enfrentar aquele aço quente" todas as manhãs com a experiência de alguém que "toda noite vai ter alguma festa pra ir em algum canto". Professores e avaliadores de seguradoras são trabalhadores, "mas ali é outro esquema, outra história, festonas, grandes noitadas em algum lugar. Eles não têm tempo pra falar sobre a opressão da classe trabalhadora". Já os operários industriais têm tempo para falar sobre ela porque a enfrentam todos os dias. Mas esses trabalhadores, por mais que saibam tudo sobre a mina, tudo sobre a fábrica, quando aparecem, "não têm nada a dizer"[43]. Um grupo de trabalhadores sabe falar, mas não tem tempo. O outro

---

[42] Nell Irvin Painter, *The Narrative of Hosea Hudson*, cit., p. 189.
[43] Ibidem, p. 190.

tem tempo porque *precisa* ter esse tempo. Mas não se expressa. Hudson faz do partido um instrumento para a autoexpressão dos trabalhadores, um veículo para pegar aquele sentimento que todos eles conhecem, de dentro da mina, levá-lo para fora da mina e conectá-lo com o mundo. Sem o partido, a opressão da classe trabalhadora permaneceria subterrânea, sem ser exprimida.

Hudson associa o trabalho do partido ao de uma mãe amamentando; os operários industriais são o bebê principal. "Você tem que cuidar daquele bebê, mas você não vai deixar o outro bebê ali passar fome porque está tentando amamentar este daqui." Ele associa o trabalho do partido ao de um agricultor: "Você semeia a semente". E ele o associa a um imperativo moral, contundente por causa da forma como ele chega para pegar o sentimento que os trabalhadores enfrentam todas as manhãs na mina e transformá-lo em outra coisa, em uma fonte de força cuja presença os trabalhadores, coletivamente, sentem dentro de si mesmos. Hudson descreve a atividade de redigir panfletos junto com os operários industriais (sua seção do partido na siderúrgica publicava um boletim mensal chamado *Hot Blast*): "Você diz o que tá acontecendo, explica como tá acontecendo, mas deixa os trabalhadores ajudarem a redigir o boletim. Cê não escreve nada. Tem que envolver os caras o tempo todo. Fazer eles acreditarem que são alguém. Quer dizer, fazer eles sentirem que são eles que tão fazendo, e não que você tá fazendo por eles"[44].

As práticas de produção de relatórios e de acompanhamento amplificam o senso de que se é alguém na medida em que fazem com que cada um tenha que prestar contas ao grupo – você era alguém porque você importava para o coletivo. Essas práticas foram fundamentais para o sistema de panfletagem. A rede articulada por Hudson era capaz de cobrir toda a cidade de Birmingham em

---

[44] Ibidem, p. 191.

meia hora. Ele descreve uma reunião de acompanhamento realizada em 1933. Alguns membros da seção tinham conversado com gente da comunidade na qual John Gordon deveria ter panfletado. As pessoas disseram que não tinham visto nenhum panfleto. Na reunião de acompanhamento, os membros apresentaram seus relatórios sobre as atividades de panfletagem que estavam realizando. John Gordon falou um monte sobre onde ele tinha deixado seus panfletos, o que as pessoas tinham dito sobre eles, como elas estavam lendo e repassando os materiais aos vizinhos todos. Hudson chega para Gordon e diz: "Eu passei lá e vi que ninguém está sabendo nada de panfleto nenhum. Falei com três ou quatro pessoas, ninguém viu nenhum panfleto". Nesse momento, Gordon abre o jogo. Como conta Hudson, "aí você vê o cara começando a suar, né? As perguntas vão colocando ele na parede". Gordon "começou a se coçar e se remexer na cadeira". Outros camaradas o pressionam com indagações: onde foi que ele deixou os panfletos mesmo? Acabou que ele tinha jogado tudo num bueiro na esquina. "E aí todos nós mostramos como, com isso, ele estava ajudando os patrões, indo contra os interesses do negro oprimido e dos trabalhadores brancos que não tinham como colocar comida no prato nem como agasalhar a família e os filhos naquele frio de inverno."[45] John Gordon importava. Ninguém ia fazer o trabalho por ele, assim como não tinha ninguém além dos comunistas cuidando dos negros oprimidos e dos pobres trabalhadores brancos. Aqueles dez panfletos no esgoto eram dez panfletos que não tinham chegado a mãos de negros pobres, dez oportunidades perdidas de entender por que os filhos estavam passando fome e como eles podiam fazer algo pra mudar essa situação. As oportunidades agora estavam perdidas e exerciam a força de sua irrealização sobre os companheiros. Ser alguém era ter que prestar

---

[45] Ibidem, p. 193.

contas, e ter que prestar contas significava sentir a pressão moral da coletividade. O partido esperava que seus membros fizessem aquilo que eles tinham se comprometido a fazer. No fim, descobriram que John Gordon vivia trocando figurinhas com a polícia de Birmingham. Ele foi expulso do partido.

O partido fez com que Hudson se sentisse alguém. Como organizador, ele procurou fazer com que os outros se sentissem assim também – o que significava ver a si mesmos do ponto de vista do partido. Esse sentimento de importar é uma consciência política, o otimismo prático que vem junto com uma compreensão de como as coisas funcionam, os padrões que conectam a introdução de novos maquinários na fábrica com fenômenos como linchamentos e imperialismo. Saber como as coisas acontecem desemboca num entendimento a respeito do que é necessário para fazer com que as coisas aconteçam – planejamento, organização e solidariedade –, que por sua vez alimenta o espaço afetivo do partido e é por ele reforçado. A intensidade afetiva do partido atua sobre seus membros, fazendo com que juntos eles sejam mais fortes do que eram quando separados, na medida em que os estimula a agir conforme o interesse coletivo, não o individual. Cada um deles sente como comando ou dever a força interna da força coletiva deles. Esse dever é o desejo coletivo se imprimindo no camarada individual. Na medida em que o indivíduo é um camarada, um comunista, cumprir seu dever não equivale a ceder em seu desejo; é ser fiel a ele. Trair o partido é que seria ceder em seu desejo, a única coisa, diria Lacan, da qual se pode realmente ser culpado.

A esposa de Hudson, Sophie, não apoiava o trabalho que ele fazia no partido. "Como ela não era politicamente desenvolvida, não se desenvolvia junto comigo, isso foi nos afastando."[46] Na década de 1970, Hudson ficou sabendo que, nos anos 1930, enquanto ele

---
[46] Ibidem, p. 116.

estava ocupado fazendo organização política, frequentando reuniões e viajando, Sophie transou com outro homem.

> Esses são alguns dos resultados, algumas das coisas que eu tive que pagar e sacrificar por tentar levar a cabo isso que era meu dever como pessoa do partido. O partido era um partido político, e só poderiam integrar o partido as pessoas mais desenvolvidas, as mais desenvolvidas e com mais consciência de classe, as dispostas a se sacrificar, a bancar o sacrifício, a fazer sacrifícios e que estariam dispostas a aceitar a disciplina partidária.[47]

Hudson não precisava ser membro do Partido Comunista. Na verdade, ele nem sequer pôde simplesmente escolher ser um membro. Ele precisou ser escolhido. Não era qualquer um que era convidado a fazer parte do partido. O fato de ter sido escolhido significava que ele era alguém, e os sacrifícios que ele fazia pelo partido confirmavam que fora a escolha correta. Ele de fato era alguém. Ele era alguém por causa de sua identificação com o ideal de eu do partido. Com base na perspectiva do partido, ele conseguia ver a si mesmo como alguém fazendo coisas que importavam.

Samuel, em seu estudo do comunismo britânico dos anos 1940 e 1950, não erra ao dar a entender que o Partido Comunista encarnava um calvinismo secular no qual os camaradas buscavam justificar o fato de terem sido escolhidos.

> A disposição de fazer sacrifícios, em termos de tempo, conforto ou dinheiro, também parece ter sido uma espécie de teste de dedicação nas camadas mais baixas da escala partidária: assim como aconteceu em algumas das organizações sucessoras mais recentes do partido, havia uma pressão implacável sobre os membros para que eles fossem "ativos".[48]

---

[47] Ibidem, p. 119.
[48] Raphael Samuel, *The Lost World of British Communism*, cit., p. 55.

Essa pressão era a força interior de sua própria coletividade. Eles a exerciam sobre si mesmos. A cada sacrifício ela saía mais fortalecida, gerando uma noção de quanto ainda precisava ser feito e poderia ser feito com mais sacrifícios. Ser "politicamente desenvolvido", como diria Hudson, era sentir uma lacuna se abrir no mundo, uma lacuna entre o real e o possível, e passar a ver o mundo da perspectiva dessa lacuna.

Samuel identifica certo masoquismo em um apelo de 1945 do CPGB, que evocava casos específicos de sacrifícios heroicos: as cabeças nas guilhotinas, as forcas nos pescoços, e a fome, o aprisionamento e a privação suportados com uma esperança inabalável. Entendo "masoquista" não no sentido de autopunição ou de dor autoinfligida, mas como um indicador do caráter reflexivo do desejo coletivo à medida que ele age sobre si mesmo. O partido adota a perspectiva de que a situação de oprimidos e explorados não é necessária. Pode ser alterada, reparada, abolida. Se a exploração continuar, significa que não se está fazendo o suficiente para pôr fim nela. O partido é o coletivo que faz da força dessa realização sua máxima. Há sempre uma resposta à pergunta leninista sobre "o que fazer?". E essa resposta é sempre "demais". Há coisas demais a ser feitas, e esse excesso é a força que o partido direciona sobre si mesmo. O entusiasmo e a solidariedade que incutem no compromisso do partido a ação política em curso recaem de volta sobre os camaradas, operando como uma intensidade interna que os impele de maneira implacável.

Peggy Dennis, uma jornalista e organizadora do CPUSA (o marido dela serviu como secretário-geral e depois foi preso sob a Lei Smith durante o macarthismo), exprime bem essa pressão interna exercida pelo partido. Dennis era filha de revolucionários judeus russos que imigraram para a Califórnia pouco antes da Revolução de 1905. Para a mãe dela, foi uma decepção ver Dennis engravidar e se casar. Ela havia ensinado à filha que o amor pessoal não bastava como único propósito de vida; e que para as mulheres, não menos que para os homens, deve se almejar uma vida muito mais enriquecida. O casamento convencional era uma armadilha mortal, e a maternidade constituía a trava automática daquele alçapão.[49]

Em 1929, quando nasceu o bebê de Dennis, o marido dela estava na cadeia. Ele tinha sido preso durante uma concentração de rua realizada em frente ao salão do sindicato dos trabalhadores da Marinha. A concentração de rua não autorizada, "uma assembleia tumultuosa", aconteceu porque o salão que sediaria um protesto planejado acabou negado no último minuto. O protesto tinha sido convocado por conta do "Caso do Acampamento Vermelho". O acampamento infantil de verão da Liga da Juventude Comunista havia sido "invadido por um ajuntamento de legionários estadunidenses liderados por xerifes locais". As crianças foram levadas a um juizado de menores. Os adultos foram acusados de "conspirar para instruir menores conforme os princípios do comunismo"[50]. A incursão no campo e a subsequente prisão de comunistas e militantes faziam parte de toda uma luta que estava sendo travada em Los Angeles, onde o patronato e o governo viam as reivindicações por "empregos ou seguro-desemprego" e "pão ou salários" como um "prenúncio da revolução social". Escreve Dennis:

> Enquanto isso, eu me revirava por dentro, inquieta. Dava de mamar pro nosso bebê, esfregava as fraldas dele e seguia cuidadosamente os rígidos cronogramas de criação de crianças prescritos pelos panfletos do governo na época. Mas nenhum grande sentimento de amor materno me arrebatou. Minha mãe adorava o bebê, mas tratou de me deixar como única responsável por ele [...]. Gene chegava em

---

[49] Peggy Dennis, *The Autobiography of an American Communist* (Berkeley, Creative Arts Book Company, 1977), p. 36.
[50] Ibidem, p. 40.

casa vindo de suas reuniões ou de suas saídas temporárias da cadeia e ficava ali observando o filho adormecido. Só eu era um monstro insensível; exceto no silêncio da amamentação das duas horas da manhã. Com a criança mamando no meu peito e o mundo excitante lá fora momentaneamente congelado, eu e aquele corpinho em meus braços nos comunicávamos. Mas com a chegada da manhã batia o compasso da luta que me atravessava.[51]

Dennis sente o partido como o compasso da luta, o magnetismo da solidariedade, um anseio por densidade e igualdade que vem junto com a ação coletiva. De maneira autocrítica, ela observa sua própria inquietude interna, revirando-se contra a redução de seu mundo às demandas de uma criança, ao mesmo tempo que vincula essas demandas a um governo rígido e coercitivo. Ela se julga monstruosa por ansiar a excitação do mundo externo. A luta que importa está lá fora, a luta "para garantir alimentação, vestimentas ou moradia às milhões de pessoas sucateadas pelo capitalismo".

Confinada pela "armadilha mortal da maternidade", Dennis sente uma multidão interior puxá-la em diferentes direções. Ela escreve que "estava sob ordens estritas de todos" para que não acabasse presa. "Todos" incluindo sua mãe, seu marido, a Liga da Juventude Comunista e o partido. Havia uma multidão sustentando a injunção para que ela se concentrasse no bebê. Era uma mãe que precisava cuidar de um recém-nascido em fase de amamentação. Dennis explica: "Não ir presa significava ficar fora de ações de rua ou de reuniões públicas. Eu dava aulas, redigia panfletos, participava de comitês que planejavam ações para outros que poderiam acabar presos. Me sentia culpada"[52]. Como se sentisse a evitação da prisão enquanto manifestação daquilo que Canetti denomina "o traidor interior", ela se julga por trair seus

---
[51] Ibidem, p. 41.
[52] Ibidem, p. 42.

camaradas, por uma falta de coragem e solidariedade. Dennis subjetiviza uma impossibilidade, convertendo a barreira à ação em uma barreira interna, uma falha pessoal. A perspectiva a partir da qual ela faz esse juízo é a perspectiva do partido, mesmo que todos os seus camaradas a tivessem orientado a ficar em casa e mesmo que ela ainda estivesse incansavelmente mergulhada em tarefas do partido. O excesso que constitui a perspectiva do partido, o ponto a partir do qual ela vê, é o caráter de "demasia" que confere à vida partidária sua intensidade e, ao mesmo tempo, recai sobre os camaradas como uma injunção superegoica que eles não podem senão incorporar. A lacuna entre o possível e a injunção é a lacuna do desejo comunista. O partido sustenta essa lacuna.

Diana Johnson, uma integrante de vinte anos do CPUSA, observa:

> Nenhum de nós considerava importante o trabalho que fazíamos "do lado de fora". Porque, afinal, sabíamos que o que você fazia ali não fazia diferença. Você estava vivendo num mundo capitalista burguês onde era tudo uma merda, tudo servia a um único propósito, então que importância tinha o que você fazia? A sua vida real era com o partido, com seus camaradas, com coisas que você fazia em reuniões e manifestações.[53]

Todas as várias atividades múltiplas do viver que parecem tão necessárias do ponto de vista do capitalismo ficam totalmente escanteadas do ponto de vista do partido. Elas não importam. O partido rompe o mundo burguês de lucro e prejuízo para que outro mundo possa aparecer. Não é à toa que Dennis se sentia culpada: ela tinha cedido no desejo pelo comunismo que fazia com que a vida valesse a pena.

---

[53] Vivian Gornick, *The Romance of American Communism*, cit., p. 104.

A efetividade do partido comunista

Ao descrever o partido comunista como uma formidável estrutura para concentrar e mobilizar a emoção política desprovida de coesão, Vivian Gornick se vale de uma metáfora que Canetti associa à multidão: o maremoto. A figura do maremoto evoca uma força arrebatadora que não pode ser contida nem canalizada. Ultrapassa todas as barreiras, engolindo tudo o que encontra. Tal como a multidão, o maremoto é natural e imprevisível, indivisível e não escolhido, é mais uma dinâmica que propriamente uma estrutura ou uma coisa. O partido comunista deriva sua energia da multidão e ao mesmo tempo se esforça para encontrar maneiras de fazer com que essa multidão perdure, de permitir que sua intensidade seja sentida mesmo depois de a multidão se dispersar. Ele fornece um objeto transferencial que pode se colocar no lugar da multidão não no sentido de representá-la, mas no de impulsionar na direção da igualdade e da justiça os anseios ativados pela multidão. Por meio de reuniões e ações, o partido produz assembleias de intensidade que pressionam os camaradas a agir, envolvendo-os em práticas e atividades através das quais eles passam a prestar contas uns aos outros.

Outra forma de assembleia de intensidade – e esta o Partido Comunista do século XX compartilha com outras formas políticas, como o Estado liberal-jurídico e o Estado religioso – é o julgamento. Richard Wright oferece um potente estudo do julgamento que o Partido Comunista de Chicago conduziu em meados da década de 1930 contra seu camarada Ross. Em uma fria tarde de domingo, um pequeno grupo de comunistas concentra toda a opressão e o sofrimento das massas do mundo em um salão de reuniões na zona sul de Chicago. À medida que vão discursando, o auditório vai ficando inundado com as necessidades e lutas de milhões e milhões de pessoas, um mar de trabalhadores, uma pradaria de camponeses, montanhas de desempregados. Eles transferem uma complexa gama de sentimentos de raiva, fracasso e anseio um para o outro, construindo e reforçando uma consciência do que pode ser feito a partir do que deve ser feito.

No início, o julgamento é informal, como uma conversa entre vizinhos sobre um problema comum. Qualquer um pode falar. Por baixo da informalidade, contudo, vai se desenrolando uma estrutura mais profunda. Os oradores descrevem a situação mundial, apresentando fatos sobre a ascensão do fascismo e sobre a batalha da União Soviética para conseguir sobreviver sendo o único Estado operário do planeta. A lógica por trás dessa estrutura é fornecer a perspectiva correta a partir da qual avaliar as ações de Ross. A perspectiva é como uma lei, a lei que possibilita o desejo comunista, diferenciando-o do mundo capitalista ao dar sustento e unidade às experiências dos oprimidos. É uma lei que os comunistas se colocam a fim de se manterem unidos quando tudo conspira para apartá-los – repressão policial, medo e paranoia, desejo e necessidade individuais. Nos casos em que a solidariedade corre o risco de ceder, é necessário um padrão comum de juízo para questões de interesse comum. Esse padrão de referência só pode vir das lutas das próprias massas exploradas.

Durante várias horas, os oradores do partido produzem "um retrato vívido da humanidade sob opressão". Uma vez estabelecidas com clareza as condições mundiais, diferentes oradores passam a falar sobre a pobreza e o sofrimento que acometem a zona sul de Chicago, em especial "sua população negra", e as tarefas do Partido Comunista. O resultado, portanto, é uma fusão do "mundial, do nacional e do local" em "um único drama avassalador de luta moral". Todos os presentes participam desse processo. Ninguém fica de fora. Todos estão implicados. Na intensidade do julgamento, as vozes dos camaradas entronizam "um novo senso de realidade no coração dos presentes, um senso de homem na Terra. Com exceção da Igreja, com seus mitos e suas lendas, não havia agência no mundo tão capaz de fazer com que os homens sentissem a Terra e o povo que a habita quanto o Partido Comunista"[54]. Para os presentes naquele salão, o mundo já não é o que era. A própria realidade se rompeu, pressionada pelo peso dos muitos.

Wright não queria presenciar o julgamento e, quando compareceu lá, jurou que não participaria. Mas a dinâmica passional que o julgamento libera arrebata todos, sem exceção. As exigências impossíveis dos muitos, para os quais o partido serve como objeto transferencial, não podem ser traídas. O confronto com essa culpa desencadeia uma ansiedade imensa, insuportável. A força dos incontáveis muitos envolve o salão todo, tornando-se cada vez mais "uma gigantesca tensão", implacável em sua imperiosidade. Voltado contra uma única pessoa, seu poder é esmagador – não no sentido da densidade e igualdade próprias da descarga, mas como uma exclusão mais fundamental que ceifa por completo uma pessoa da subjetividade política.

Wright conta que as acusações contra Ross só são introduzidas bem mais tarde. Quem as apresenta não são membros do Comitê Central nem dirigentes de alto escalão. São os próprios amigos de Ross. Quando chega a hora de Ross apresentar sua defesa, ele fraqueja e começa a tremer, sem conseguir falar. Não convoca ninguém para falar em seu nome.

> Um silêncio mórbido se instalou no salão. Cada um dos poros de sua pele negra exalava culpa [...]. Sua personalidade, seu senso de si, tinham sido obliterados. No entanto, ele só pôde sentir-se apequenado assim porque compartilhava e aceitava a visão que o havia esmagado, a visão comum que nos unia.[55]

---

[54] Richard Wright, *Later Works: Black Boy (American Hunger), The Outsider* (Nova York, The Library of America, 1991), p. 354.
[55] Ibidem, p. 355.

Ross tem culpa porque seu desejo é tão grande, tão amplo e intenso, que não pode ser traído. A força superegoica do partido concentra o desejo coletivo em um desejo impossível e inabalável de coletividade.

Ross confessa. Ele aceita sua culpa, formula seus erros, traça planos de se emendar. Wright deixa claro que

> Ross não tinha sido enganado; ele havia sido despertado. Não foi o medo do Partido Comunista que o fez confessar; o que o levou a admitir seus erros foi o medo da punição que ele mesmo infligiria sobre si. Os comunistas tinham falado com ele até lhe darem novos olhos para contemplar seu próprio crime [...]. Ele e todos os filiados ali presentes eram um só, independentemente de raça ou cor; seu coração era deles, e o coração deles era seu; e quando um homem atinge esse estado de irmandade com os outros, esse grau de comunhão, ou quando um julgamento o irmana depois de ter sido desligado deles por ter cometido deslizes, então ele deve se levantar e dizer, com um senso da mais profunda moralidade do mundo: "Eu sou culpado. Perdoe-me".[56]

Uma assembleia ritual de banimento torna-se uma intensa experiência de pertencimento. Mesmo concentrando a enormidade da luta e da opressão globais, o partido não deixa de fornecer uma estrutura de alívio em relação a essa pressão. Ele confere sentido ao sofrimento. Oferece um veículo para remediá-lo. É possível fazer algo, mas só se for coletivamente. Insistir no seu jeito particular de fazer as coisas equivale a não fazer nada, porque contra o capitalismo como um todo os esforços individuais são inúteis. Na verdade, é até pior: insistir em fazer as coisas de seu jeito significa em última instância apoiar o capitalismo, o racismo, o imperialismo e o fascismo; é se juntar a eles em sua guerra contra o povo. Sozinho, Ross ficaria isolado em seu confronto com as exigências

---

[56] Ibidem, p. 356.

impossíveis do povo. Com seus camaradas, ele pôde experimentar o poder dessas demandas no sentido de forçar uma mudança.

A maneira pela qual Wright descreve o julgamento de Ross ecoa o julgamento de Sócrates diante dos atenienses. As acusações são apresentadas por amigos. O acusado não convoca ninguém para falar em seu nome. O verdadeiro julgamento se dá diante da história: quem realmente é culpado aqui? Os atenienses? O partido? A diferença é que, ao contrário de Platão, Wright exprime a ambivalência do poder coletivo. Os camaradas de Chicago estavam errados, viviam vidas cegas e limitadas, "truncadas e empobrecidas pela opressão que haviam sofrido muito antes de terem ouvido falar em comunismo". Mas, em meio a isso tudo, mesmo com a "consciência corrompida", aparece uma verdade. A experiência de igualdade que transpõe as divisões racializadas, a descarga que Canetti associa à multidão, rompe o espetáculo equivocado de banimento. Uma vez que ele passa a ver junto com o partido, a ver a si próprio da mesma perspectiva que seus acusadores, Ross não é nenhum Sócrates. Onde Platão isola a perspectiva moral na figura de Sócrates e julga os atenienses a partir desse ponto de vista, Wright sustenta a fidelidade à perspectiva aberta pelo partido, mesmo que este erre, mesmo que este nem sempre aplique devidamente essa perspectiva a si mesmo.

Ross não iria para a cadeia, é claro. O partido é uma organização voluntária. Mas sua escolha funciona em ambas as direções: o partido que elege aqueles que "têm o que é preciso" também determina quem está em falta. Ele pode expulsar as pessoas, desligá-las da luta épica dos oprimidos, afastá-las da multidão, relegando-as ao isolamento e à ansiedade. Com uma linguagem surpreendentemente evocativa de Lacan, Wright confessa que não conseguiu evitar a sensação de que Ross tinha experimentado um sentimento de "gozo" com o julgamento. "Para ele, aquele foi possivelmente o ponto alto de uma existência marcadamente sombria e carente de qualquer horizonte."[57] O julgamento concentrou em Ross o imenso aparato afetivo do partido. O entusiasmo e o compromisso de milhões foram ativados por causa dele – ou ao menos naqueles momentos ele pôde sentir como se assim fosse, pôde sentir que suas ações e suas escolhas tinham significado histórico-mundial. O sentimento não teve como perdurar. No fim das contas, acabaram tendo que expulsá-lo mesmo. Mas naquele momento ele esteve unido com o mundo como ninguém.

O julgamento que Wright presenciou foi descrito por ele como um espetáculo de glória e horror. A feiura do partido constitui o outro lado da moeda de seu papel como objeto transferencial, sua capacidade de fazer com que a multidão seja sentida depois de sua dissipação. Uma multidão engolidora pode ser assustadora. A liberação dos limites do cotidiano pode ser demais. Como aparato de mobilização de anseio emocional e geração de vínculo afetivo a serviço da luta, o partido exerce poder ao fazer com que a força do coletivo recaia sobre seus membros. Esse poder é exercido no interior dos próprios membros, na forma do desejo coletivo deles mesmos por coletividade. De que outra maneira o partido conseguiria sustentar uma lacuna dentro dos marcos do capitalismo? Glória e horror representam uma mesma configuração de intensidades vista de duas perspectivas diferentes: o profundo sentimento de força coletiva e o medo que essa força pode suscitar. Wright evoca o verso de abertura d'*A Internacional*: "De pé, ó vítimas da fome!".

O julgamento expõe, talvez como nenhum outro elemento da infraestrutura partidária, a lacuna do desejo. O desejo nunca é desejo por um objeto específico obtenível – o desejo não pode ser satisfeito. O famoso dito de Lacan é que "o desejo é o desejo do Outro". O desejo se abre como uma lacuna no Outro, como aquilo que falta ao Outro. Às vezes, o desejo pode se tornar tão

---

[57] Ibidem, p. 351.

avassalador que se concentra em um único lugar, como uma pessoa imaginada enquanto indivíduo unificado. A lacuna é preenchida, e o sonho de justiça acaba truncado e distorcido. Desviado, curto-circuitado, o desejo torna-se obsceno. Vai além da necessidade, além da demanda, e recai na insistência destrutiva da pulsão. O desejo por justiça implode tornando-se gozo de poder.

A efetividade do partido comunista vai além de seus erros e suas traições. Ela engloba as esperanças de justiça e as aspirações de igualdade nele investidas. Reduzir o partido a seus excessos é não reconhecer sua indispensável capacidade de gerar otimismo prático e força coletiva. É uma redução que também acaba por encolher o mundo, contraindo o campo do possível ao que pode ser feito em vez de forçar a impossibilidade do que precisa ser feito. O partido comunista alargou o mundo. Ao ampliar a descarga igualitária da multidão para que ela perdure como o ímpeto emancipatório do povo, o partido amplifica os efeitos da multidão. Ele confere à multidão o significado dela e toma esse significado como seu. O partido dá continuidade ao momento de pertencimento, intensificando e expandindo esse momento num propósito solidário.

"Da ideia a chama já consome"*

Como podemos imaginar a transformação política sob as condições do capitalismo comunicativo? Seria ela apenas uma transformação pessoal de forma agregada? E o comunismo, nada mais que

---

* A autora usa como título desta seção o terceiro verso do hino d'*A internacional* na versão em inglês, feita pelo socialista estadunidense Charles H. Kerr, em 1919. O verso, "*For justice thunders condemnation*", poderia ser traduzido, mais literalmente e sem atentar para métrica nem rima, como "Pois a justiça troveja sua condenação" e difere bastante do original escrito em francês por Eugène Pottier, em 1871 ("*La raison tonne en son cratère*", algo como "A razão troveja em sua cratera", em tradução livre), bem como da tradução para o português utilizada aqui. Embora preserve o ruído do trovejar presente no original, a versão

um surto viral ou um meme, #FullCommunism [Comunismo Total]? Será que pensamos que zonas autônomas de liberdade e igualdade vão brotar como cogumelos nos escombros da fuga de capitais e da retração dos investimentos sociais estatais? Ou será que vemos com otimismo a democracia, esperando (contra todas as evidências) que o comunismo, ou mesmo uma social-democracia aprimorada, irá surgir da dinâmica da política eleitoral? Todas essas fantasias imaginam que a transformação política pode se dar sem luta política. Elas se esquivam do antagonismo, da divisão e da luta de classes como se o neoliberalismo tardio já não fosse caracterizado por extrema desigualdade, violência e exploração, como se a classe dominante já não fizesse uso da força militar, policial, legal e ilegal a fim de preservar sua posição. A política é uma luta por poder. O capital se vale de todos os recursos disponíveis – estatais, não estatais, interestatais – para avançar sua posição. Uma esquerda que se recusa a se organizar a partir do reconhecimento desse fato jamais será capaz de combatê-lo.

No capitalismo comunicativo, os atos individuais de resistência, subversão, produção cultural e expressão de opinião, por mais corajosos que sejam, são facilmente absorvidos pelo conteúdo circulatório das redes globais de mídia pessoal. Sozinhos, eles não amplificam, não perduram. São facilmente esquecidos à medida que novos conteúdos invadem e inundam nossos *feeds*. Mergulhamos em fantasias a respeito de nossa liberdade de expressão, nossa sagacidade e nosso veio crítico, renegando o fato de

---

citada pela autora evidentemente já não transmite a imagem da cratera vulcânica, além de substituir a referência à razão pela de justiça, acrescentando ainda o tema da condenação. Optamos aqui por reproduzir o verso consagrado em língua portuguesa, a fim de ecoar as outras referências ao hino ao longo do livro; mas consideramos importante assinalar que a versão escolhida pela autora (entre tantas outras adaptações para o inglês) evoca justamente os temas da justiça e da condenação desenvolvidos neste capítulo. (N. T.)

que essa liberdade individualizada é a própria forma da incapacidade coletiva. Contra Estados e alianças articulados a serviço do capital como uma classe, as lutas diversas e separadas não passam de umas tantas resistências isoladas, recusas de levar a cabo o trabalho político de se unir em uma luta organizada, estratégica e de longo prazo. A renovação incessante de demandas voltadas para nossa *conscientização* acaba por dispersar nossos esforços e nossa atenção. O certo seria a esquerda se dedicar a coordenar, consolidar e unificar seus esforços para que eles possam se amplificar mutuamente. Não precisamos de uma multiplicidade de campanhas diferentes. Precisamos de uma luta organizada contra o capitalismo, uma luta unificada que seja capaz de trabalhar múltiplas questões em diversos locais.

As multidões exercem pressão. Do ponto de vista do partido, nós as vemos como o povo insistente. A fidelidade à insistência da descarga igualitária exige que construamos a infraestrutura capaz de sustentar a lacuna do desejo delas. Quanto mais poderosa for a infraestrutura afetiva criada por nós, mais sentiremos sua força, interiorizando a perspectiva dos muitos no ideal do eu que afirma nossas práticas e atividades e nos incita a fazer mais do que pensamos ser possível. Os pluralistas radicais e os democratas participativos às vezes dão a entender que pode haver uma política de esquerda sem julgamento, condenação, exclusão e disciplina. Negando a dinâmica por meio da qual o poder coletivo volta a incidir sobre aqueles que o geram, eles sugerem ser possível auferir os benefícios da coletividade sem ter que lidar com seus efeitos. Mas esse "incidir de volta" é uma dimensão inextricável da capacidade que a coletividade tem de atravessar o autointeresse das necessidades individuais e produzir laços duradouros de solidariedade. As atividades coletivas sempre têm efeitos que vão além dos seus objetivos imediatos. Em vez de temermos esses efeitos, em vez de permanecermos presos na fantasia de que um indivíduo pode mudar o mundo e em vez de ficarmos tão reféns de um pavor do poder a ponto de fantasiar uma política capaz de aboli-lo, devemos confrontar diretamente a força da coletividade e assumir a responsabilidade por gerá-la e utilizá-la. O partido capaz de construir uma infraestrutura afetiva que possa rasgar as barreiras da expectativa capitalista vai errar. Ele não é, não tem como ser nem deve ser considerado infalível. Às vezes, ele pode acabar voltando suas imensas energias contra si mesmo. Se não toleramos isso, não somos a esquerda, os comunistas, de que precisamos.

Quem não estiver disposto a falar sobre o partido deveria se abster de falar sobre transformação política.

Conclusão

Nos últimos trinta e poucos anos, tem ocorrido um movimento de desatrelar o partido das aspirações e realizações que ele viabilizou. Apesar de o termo "dogma" ter sido colado uniformemente no "partido", o fato é que foi um dogmatismo de esquerda – difuso, mas nem por isso menos onipresente – que transformou a chamada obsolescência da forma partido no princípio central de seu catecismo. Qualquer outra modalidade de associação política pode ser revista, renovada, repensada, reimaginada – menos o partido comunista. Passou da hora de deixar esse conto da carochinha de lado e assumir o desafio de construir ativamente a coletividade política com a vontade e a capacidade de trazer à tona um mundo igualitário. O partido mantém aberto o espaço para que surja essa vontade. Ele não prefigura um mundo novo, mas imprime sobre nós a lacuna entre o mundo que temos e o mundo que desejamos.

A inovação do marxismo foi ter conectado a batalha política pelo socialismo às lutas econômicas dos trabalhadores. Os partidos social-democratas procuraram promover a expansão dos direitos democráticos e utilizar os processos parlamentares para conquistar poder político para a classe trabalhadora. Mas a democracia burguesa, liberal e parlamentar se impôs como barreira ao caminho da classe trabalhadora ao poder. Como forma política da ordem capitalista, a democracia liberal assegura essa ordem por meio de princípios e processos elaborados para individualizar, dispersar e deslocar o antagonismo de classe. Ao se depararem com a incompatibilidade entre o capitalismo e o povo, os partidos revolucionários socialistas e comunistas estenderam a luta política para além de seus limites eleitorais e passaram a adotar um leque mais amplo de táticas. A social-democracia, quase completamente desmantelada pelo neoliberalismo e agora confinada a certa fantasia da Suécia, opera na base de uma tentativa de gerenciar o antagonismo de classe. Ela nega a incompatibilidade entre capitalismo e povo, buscando formas de assegurar a conformidade da classe trabalhadora. A promessa do comunismo, em contrapartida, é a abolição da classe e do capitalismo. O partido comunista é a instância que se dedica a levar a cabo essa abolição por meio da luta política.

Para Marx, "proletariado" dá nome a uma criação do próprio capitalismo que vem a destruí-lo. Essa "criação" que destrói o capitalismo é um sujeito coletivo, uma força não mais dispersa em atos individuais e localizados de destruição, sabotagem e ruptura, mas concentrada na solidariedade. Naturalmente, a destruição econômica por si só não basta para abolir o capitalismo. O funcionamento normal do sistema capitalista é caracterizado por "insegurança e instabilidade", "uma sequência de períodos de vitalidade mediana, prosperidade, superprodução, crise e estagnação"[1]. O capitalismo contemporâneo refinou sua capacidade de destruição de riqueza: mais de 34 trilhões de dólares em valor de mercado foram queimados na crise financeira de 2008. No decurso da recessão que se seguiu, os ricos ficaram mais ricos e os pobres ficaram mais pobres: os 1% mais ricos abocanharam

---

[1] Karl Marx, *Capital*, ed. resumida (org. David McLellan, Oxford, Oxford University Press, 1995), p. 275 [ed. bras.: *O capital: crítica da economia política*, Livro I: *O processo de produção do capital*, trad. Rubens Enderle, São Paulo, Boitempo, 2013, p. 524-5].

121% dos incrementos de renda obtidos entre 2009 e 2011[2]. Ou seja, esse 1% não só teve melhores condições que todos nós para atravessar a crise, como ainda saiu dela no lucro. Portanto, não é apenas a destruição econômica que está em jogo. Trata-se de pôr fim ao ciclo capitalista de destruição criativa: a destruição da destruição. E *esta* destruição política quem leva a cabo é o proletariado. Não é tarefa de uma classe trabalhadora organizada como *trabalhadores*. Eles já estão organizados como trabalhadores na fábrica, o que lhes permite adquirir consciência de suas condições materiais e da necessidade de se associar em sindicatos. A abolição do capitalismo depende da organização do proletariado como um *partido*, uma associação política solidária que se coloca de maneira transversal, perpassando local de trabalho, setor industrial, região e nação. A classe trabalhadora está implicada, *como classe*, no sucesso ou na estabilidade do capitalismo. O capitalismo configura as lutas da classe trabalhadora com a burguesia. Em contraste, o partido assume como *seu* horizonte a superação do capitalismo na forma do comunismo. Para Marx, o partido é necessário porque a luta de classes não é simplesmente uma luta econômica. É uma luta política.

Consideremos a famosa passagem de *A ideologia alemã**: "Chamamos de comunismo o movimento *real* que supera o estado de coisas atual". Como entender isso? Não como insurreição imediata ou prefiguração, mas como *a expansão da cooperação voluntária*. Digo isso porque Marx e Engels explicam que "as condições desse movimento [que chamamos comunismo]

---

[2] Bonnie Kavoussi, "Top One Percent Captured 121 Percent of All Income Gains During Recovery's First Years: Study", *Huffington Post*, 12 fev. 2013.

* Karl Marx e Friedrich Engels, *A ideologia alemã: crítica da mais recente filosofia alemã em seus representantes Feuerbach, B. Bauer e Stirner, e do socialismo alemão em seus diferentes profetas [1845-1846]* (trad. Rubens Enderle, Nélio Schneider e Luciano Cavini Martorano, São Paulo, Boitempo, 2007). (N. E.)

resultam dos pressupostos atualmente existentes"[3]. As premissas às quais eles se referem envolvem a multiplicação da força produtiva através da cooperação entre diferentes indivíduos, uma vez que essa cooperação é determinada pela divisão do trabalho, não sendo um efeito do próprio poder unificado do povo. Abolir a determinação pela divisão do trabalho é uma questão de *ação coletiva autoconsciente* em que a cooperação não é forçada, não está além de nosso controle, sendo antes resultado de uma vontade comum. A cooperação e a concentração tornam-se autoconscientes e voluntárias, em vez de inconscientes e determinadas. O desejo coletivo de coletividade torna-se mais forte que as preferências individuais determinadas pelo capitalismo. Como movimento que abole o estado de coisas atual, o comunismo amplia a cooperação coletiva voluntária: o poder dos muitos exercido de volta sobre si mesmos. Como uma organização baseada na solidariedade, o partido mantém aberto um espaço político para a produção de uma vontade política comum, uma vontade irredutível às condições capitalistas sob as quais a maioria das pessoas se vê forçada a vender sua força de trabalho. Enquanto o trabalho é obrigatório, a adesão ao partido (assim como a participação no movimento) é voluntária; trata-se da expressão de uma vontade de formar um poder unificado. Para seus membros, o partido *substitui* concorrência por solidariedade.

Em uma entrevista de 2006, Alain Badiou observa como, para Marx, o "proletariado" é uma identidade que constitui uma não identidade ou uma identidade para além de todas as identidades. Nesse sentido, "proletariado" é "genérico", não particular. Hoje, nem o "proletariado" nem a "classe trabalhadora" funcionam mais da mesma forma como funcionavam para Marx. "Proletariado" é menos aberto a uma multiplicidade de conteúdos específicos.

---

[3] Ibidem, p. 38.

Não é percebido como algo genérico. As lutas políticas travadas conforme eixos raciais e sexuais de dominação fizeram com que a libertação da classe trabalhadora não aparecesse mais como a libertação da humanidade como tal. Badiou conclui que a função genérica da classe trabalhadora provavelmente se encontra "saturada". Além disso, escreve, "não podemos substituir mera coleção das identidades pela identidade genérica saturada da classe trabalhadora. Penso que precisamos encontrar a determinação política que integra as identidades, cujos princípios estão para além da identidade. A grande dificuldade é conseguir fazer isso sem algo como a classe trabalhadora"[4].

No decurso das lutas políticas da classe trabalhadora no século XX, já nos apareceu uma identidade genérica desse tipo: o povo. György Lukács identifica na descrição feita por Lênin da Revolução Russa a transformação da ideia do povo em uma identidade revolucionária genérica: "O confuso e abstrato conceito de 'povo' tinha de ser eliminado, porém apenas para permitir que do entendimento concreto das condições de uma revolução proletária surgisse o conceito – revolucionariamente diferenciado – de povo como *aliança revolucionária de todos os oprimidos*"[5]. Mao e as lutas populares do Terceiro Mundo dão continuidade a essa caracterização do sujeito genérico do comunismo. "Povo", portanto, possui um poderoso legado para nomear aquele sujeito político que almeja um igualitarismo emancipatório.

Ainda assim, várias ideologias falam em nome do povo. Constituir um sujeito em cujo nome se pode falar é a função

---

[4] Alain Badiou, "The Saturated Generic Identity of the Working Class", entrevista, *Chto Delat*, n. 15, out. 2006; disponível on-line.
[5] György Lukács, *Lenin: A Study on the Unity of His Thought* (trad. Nicholas Jacobs, Londres, Verso, 2009), p. 22-3, grifo do original [ed. bras.: *Lênin: um estudo sobre a unidade de seu pensamento*, trad. Rubens Enderle, São Paulo, Boitempo, 2012, p. 43].

primária da ideologia. Assim como o comunismo, também o populismo e a democracia – às vezes apresentando-se como nações ou raças – reivindicam o povo como seu sujeito. O comunismo não é, portanto, o único a reivindicar o povo como seu sujeito. O que o distingue é o fato de ele apresentar o povo como um sujeito dividido. Em contraste com a ênfase *populista* na unidade imaginária do povo, e em contraste com as reduções *democráticas* do povo às formas que lhe são dadas (resultados eleitorais e pesquisas de opinião, categorias demográficas de identidade, expressões midiáticas de público e audiência), o *comunismo* parte do pressuposto de que o povo se encontra dividido: burguesia e proletariado, opressores e oprimidos, os poucos e os muitos. Longe de qualquer tipo de comunidade orgânica, a sociedade surge em torno de um antagonismo fundamental. "Conflito de classes" é o nome marxista que designa esse antagonismo. O "conceito – revolucionariamente diferenciado – de povo" de Lênin afirma essa divisão presente no seio do povo. Os comunistas reconhecem o povo nessa divisão e identificam essa divisão como expressão do povo. Em vez de afirmarem a unidade, o que os comunistas afirmam é a lacuna.

O partido é uma forma para essa afirmação. Como ressalta Badiou, conceber o proletariado como o grupo genérico cuja libertação configura uma libertação universal foi uma "invenção extraordinária" de Marx. Badiou observa que a história dessa invenção "não era tanto a história do grupo genérico, da classe trabalhadora enquanto tal, mas, sim, a história da representação desse grupo genérico em uma organização política: era a história do partido"[6]. O problema hoje não é, portanto, apenas a incapacidade da "classe trabalhadora" em nomear uma identidade

---

[6] Entrevista de Alain Badiou, "The Saturated Generic Identity of the Working Class", cit.

genérica. É também, e de maneira correlata, o fato de haver um colapso na confiança no partido como organização política capaz de representar essa identidade.

A saturação da identidade política genérica da classe trabalhadora se mostrou patente no fenômeno da multiplicação das identidades políticas. Desde o êxtase de 1968 com a política do belo momento, passando pelo abraço da sociedade civil nos anos 1980 e o paradigma das políticas públicas focalizadas, até o "ativismo" e o "movimentismo" do movimento altermundialista, a esquerda vem efetivamente reivindicando como vitória aquilo que no fundo é sintoma de sua derrota: a erosão do poder político da classe trabalhadora e a consequente decomposição de seus partidos políticos. Derrotada no plano político – o nome dessa derrota é "neoliberalismo" –, a esquerda deslocou-se para a arena social e cultural. Fragmentou-se em identidades e pautas pontuais. Em algumas pautas e no que diz respeito a algumas identidades, houve avanços políticos. Ao mesmo tempo, ao abandonar a luta pelo poder político, a esquerda perdeu a capacidade de defender e promover os interesses do povo. A desigualdade econômica aumentou. O compromisso com o provisionamento social – educação, moradia popular, assistência social, serviços públicos – entrou em colapso.

A identidade como operadora política se encontra hoje totalmente saturada. São sintomas dessa saturação a redução do espaço de mudança aos limites do indivíduo, a circulação de indignação momentânea nas redes afetivas do capitalismo comunicativo, as práticas de denuncismo e vexação que minam a solidariedade e o apego contraditório e destrutivo às especificidades nacional e étnica. Eles abarcam, ainda, o complexo policiamento mútuo de quem pode ou não pode reivindicar qual identidade sob quais condições e o que autoriza tal reivindicação.

Quando não sobra nada além da identidade, até que faz algum sentido querer se apegar a ela. A realidade da luta para conseguir sobreviver vira a base de uma identidade imaginada como dignificada porque precisa produzir a si mesma por conta própria. Esse apego à identidade, no entanto, é patológico. Ele nos submete ao fracasso coletivo, ao fazer com que a gente se volte cada vez mais para dentro, enquanto estorva o avanço de uma política capaz de abolir o atual sistema e produzir outro. O capitalismo irrestrito e o Estado repressivo constituem limites reais à crítica cultural e à experimentação social: exploração, despossessão, incapacitação, encarceramento, proletarização, extermínio. Assim, talvez o sintoma mais marcante da saturação da identidade seja a ruptura econômica das categorias identitárias; isto é, a elevação das próprias identidades à condição de locais da luta de classes. Em 2014 e 2015, os motins que eclodiram em Ferguson, no estado do Missouri, e em Baltimore, no estado de Maryland, forçaram essa luta ao debate *mainstream* nos Estados Unidos.

Desde que Badiou concedeu a referida entrevista em 2006, a esquerda vem demonstrando um interesse renovado na forma partido. Esse interesse decorre dos impasses com os quais as multidões e os motins se depararam na segunda metade da década. Em cidades de todo o mundo, centenas e milhares de pessoas tomaram ruas e praças para manifestar um retumbante "não" a todo o leque de políticas implementadas pela classe capitalista para proteger seus interesses. Os protestos sinalizaram uma nova militância e determinação no campo de oposição à austeridade, à precariedade, à violência estatal e ao mantra neoliberal de se fazer cortes, cortes e mais cortes. Depois acabaram as manifestações. As multidões voltaram para casa. Em alguns casos não fizeram nenhuma reivindicação. Em outros, formularam demandas impossíveis. Ou então trouxeram verdades tão óbvias quanto dolorosas, na urgência da necessidade da sua afirmação: Vidas Negras Importam.

A pressão exercida por essas multidões apresenta uma alternativa à "identidade para além da identidade" de Badiou. A alternativa é o próprio movimento, a força dos muitos lá onde eles não pertencem, a intensidade da descarga igualitária. Marx e Engels não vinculam o socialismo simplesmente à identidade da classe trabalhadora. Eles o vinculam ao *movimento* da classe trabalhadora. No século XIX, os levantes dos trabalhadores estavam avançando, se unindo e eclodindo, interrompendo os processos capitalistas de extração de valor. Esse movimento ativo incitou Marx e Engels (e outros socialistas e anarquistas do século XIX) a ver na luta proletária mais que reivindicações pela redução nas jornadas laborais, por condições mais salubres de trabalho e por salários mais altos. Eles viam essas lutas como o processo político do sujeito do comunismo. Podemos repetir a inovação deles se enfatizarmos o movimento em vez de tentarmos procurar alguma identidade genérica (uma busca que já mobilizava Marcuse e que retorna de outra forma na multitude de Hardt e Negri). Em lugar da saturação da identidade, devemos nos voltar para o processo do movimento, reconhecendo o povo como o sujeito desse processo. O próprio fato de haver multidões se agregando ativamente, a própria ascensão da oposição e militância políticas já nos apontam na direção de um desejo coletivo de coletividade.

Com as multidões e os motins da última década, vimos os muitos se dando conta de seu poder coletivo, a capacidade numérica de inscrever uma lacuna no campo do esperado. O endividamento, a pauperização, o policiamento e a despossessão incitaram à revolta os proletarizados sob o capitalismo comunicativo. As manifestações globais também trouxeram à tona a limitação da multidão. Seus poderes são destrutivos, criativos, imprevisíveis, contagiosos e temporários. A força própria da indeterminação da mensagem da multidão constitui uma fraqueza quando a multidão se dispersa. A multidão carece de fôlego para perdurar, implementar e executar. Sem mediação, isto é, sem uma relação transferencial a outro espaço, ela não sabe o que deseja. A multidão não tem política. Ela constitui a oportunidade para uma política.

Na esquerda, há quem goste de repetir a advertência de Trótski sobre o substitucionismo: o partido se coloca como substituto da classe, a organização partidária se coloca como substituta do partido, o comitê central se coloca como substituto da organização partidária e o líder se coloca como substituto do comitê central. Tais pessoas apresentam o horizontalismo como alternativa capaz de evitar esses problemas. Ao longo das últimas décadas, nós nos deparamos com os limites do horizontalismo, constatando sua incapacidade de trabalhar em escalas mais amplas, perdurar ou substituir o poder estatal capitalista. Longe de ser solução para um problema de organização política de esquerda, o horizontalismo é, na verdade, o nome de um problema. O mesmo não pode ser dito do substitucionismo. As lacunas que o substitucionismo assinala constituem o espaço do sujeito. Nem a multidão nem o partido são o povo. O povo é a lacuna entre eles. A capacidade política sempre envolve delegação, transferência e divisão do trabalho. Nem todo mundo pode fazer tudo. A própria ideia de uma política de todos é uma fantasia debilitante que nega a característica constitutiva do político: a divisão se impõe de ponta a ponta.

A multidão nos permite construir uma teoria do partido comunista como um partido de síntese, ou movimento. Tal partido não é a vanguarda nem o instrumento dos movimentos. É uma forma de associação política organizada que sustenta a abertura do espaço a partir do qual a multidão pode ver a si mesma (e ser vista) como povo. O partido comunista é o partido fiel à descarga igualitária da multidão. Ele não representa os movimentos; transfere sua intensidade igualitária do particular para o universal. O partido comunista identifica na multidão o povo.

Badiou pensa o efeito-sujeito como um nó de quatro conceitos: ansiedade, coragem, justiça e supereu[7]. Canetti concebe a multidão como um nó composto de quatro elementos: crescimento, direção, igualdade e densidade. No partido, esses dois nós se entrelaçam como concentração, perduração, fidelidade e transferência. O partido não *representa* o povo como um sujeito coletivo. O partido *responde* a esse sujeito. Assim, ele concentra os efeitos-sujeito de ansiedade, coragem, justiça e supereu em um local transferencial a partir do qual eles podem voltar a incidir sobre a coletividade. O partido, portanto, responde ao sujeito quando o reconhece na multidão e, com isso, transforma a multidão em algo além. Ele confere à multidão uma história, permitindo que seu momento igualitário perdure no processo subjetivo da luta popular.

O partido ocupa o lugar de divisão aberto pela multidão. Ele atenta para a brecha, sustentando-a como lacuna de desejo do povo enquanto sujeito político. Sem a perspectiva do partido, o que ocorre é que a multiplicidade de resistências se dissolve no cardápio de escolhas oferecidas pelo capitalismo, tornando-se um conjunto de mais umas tantas oportunidades de estilo de vida disponíveis para diversão e satisfação individuais. Com isso, o legado da luta popular e do acontecimento de multidão acaba ficando relegado apenas à universidade, à cultura e a organizações momentâneas, submetido às demandas do capitalismo e desativado como recurso vivo. A lacuna de desejo é sublimada ao circuito pulsional. Sem o partido, não há corpo capaz de lembrar, aprender e responder. O que restam são indivíduos dispersos, absortos no capitalismo comunicativo e surrados pela concorrência, oferecendo

---

[7] Alain Badiou, *Theory of the Subject* (trad. Bruno Bosteels, Londres, Continuum, 2009), p. 278 [ed. bras.: *Para uma nova teoria do sujeito*, Rio de Janeiro, Relume-Dumará, 1994]. Todos os trechos da obra citados neste livro são traduções livres.

uma multiplicidade de opiniões, sugestões, estratégias e críticas, enquanto a instância coletiva capaz de resposta se faz presente apenas como destinatário ausente. Ao proporcionar a perspectiva a partir da qual o povo pode ser visto e na qual o espaço de seu desejo pode ser mantido, o partido permite que o povo apareça na ruptura do acontecimento de multidão.

A necessidade pelo partido decorre do fato de que o povo se encontra dividido conforme a existência, ou posição, que nos é dada no interior do capitalismo. Estamos situados no interior de um campo que nos diz quem somos e o que podemos ser, que estabelece a matriz de nosso desejo (a definição žižekiana de ideologia), mas que reprime a verdade desse campo na luta de classes. O capitalismo busca nos separar e nos individuar, a fim de incutir dentro de nós a convicção de que acima de tudo há o interesse próprio, que a liberdade decorre de escolhas individuais feitas visando a objetivos individuais. Ele oculta a determinação sistêmica por trás das escolhas e dos resultados, além de esconder o poder que os coletivos têm de romper com esses sistemas. Quando a esquerda adota o individualismo da ideologia dominante, reiterando a importância de ser único e tentando cultivar uma política a partir de decisões individualizadas, acabamos por minar nossos melhores impulsos de coletividade e igualitarismo. O partido afirma a verdade de nossa divisão. Ele fala a partir da posição dessa verdade e oferece outro campo de possibilidades[8]. Em oposição ao desejo capitalista, ele nos abre um terreno para o desejo de um sujeito político coletivo. O partido não sabe tudo. Ele fornece uma forma para o saber que adquirimos com a experiência e que analisamos com olhos voltados para o horizonte comunista. Um

---

[8] Slavoj Žižek, *Revolution at the Gates* (Londres, Verso, 2002), p. 185-9 [ed. bras.: *Às portas da revolução: escritos de Lênin de 1917*, trad. Luiz Bernardo Pericás, Fabricio Rigout e Daniela Jinkings, 1. ed. rev., São Paulo, Boitempo, 2011].

partido assim trabalha para estender o desejo de coletividade depois que as multidões voltarem para casa. Quando permite que a multidão perdure como uma ruptura em relação ao capitalismo (em vez de como continuação dele ou contribuição para ele) e quando dirige o sentimento de multidão no sentido da própria igualdade que lhe é constitutiva, o partido comunista mantém aberta a lacuna para o povo como sujeito coletivo da política.

Em diferentes momentos ao longo dos últimos cem anos, o partido buscou abolir o capitalismo e de várias maneiras trazer à tona o comunismo: tomada revolucionária do Estado, participação em processos parlamentares, formação de quadros e educação de massas com o intuito de se preparar para quando chegar a hora, apoio e desenvolvimento das culturas e capacidades das pessoas. O partido comunista nunca foi simplesmente uma organização que visa a conquistar um conjunto de reformas econômicas pensadas para conter os extremos do capitalismo e assegurar aos trabalhadores garantias de Estado de bem-estar social. Isso fica claro quando observamos o sentimento muito justificado de traição que os militantes comunistas expressam quando seus partidos assumem posturas conciliatórias e recuam. Eles se sentem traídos porque constatam que o partido cedeu no desejo comunista, o próprio desejo que sua ampla gama de organizações mantém aberto, o desejo que sustenta a solidariedade e a camaradagem.

A ampla constelação de organizações partidárias clássicas – jornais, revistas literárias, clubes, associações de ofício, equipes esportivas, escolas, trupes teatrais, grupos de mulheres, conselhos industriais setoriais, para mencionar algumas – nos lembra que os partidos comunistas sempre operaram para além do binarismo Estado e fábrica, engajando-se ativamente em múltiplas frentes sociais, culturais e econômicas como elementos de uma única luta. Como um fio vermelho que perpassa os movimentos dos oprimidos, os comunistas conectavam questões e experiências divergentes, alargando-as de modo a compor um mundo comum e mobilizando o desejo coletivo de coletividade. Ao contrário dos partidos parlamentares padrão que se arrogam autoridade representativa, o trabalho do partido comunista envolve substancialização, concentração, extensão e transferência. Assim, os valores comunistas de camaradagem, solidariedade, entusiasmo e coragem dão sustento à construção de uma organização política capaz de responder em uma situação revolucionária e de perdurar em tempos menos propícios. Por meio do partido, os membros estimulam uns aos outros a adotar modos de ser e de agir que pareciam impossíveis anteriormente, quando eles se encontravam sozinhos diante do capital e seu Estado.

O problema que a esquerda enfrenta hoje tem menos a ver com detalhes organizacionais que com vontade política solidária. À medida que for surgindo a vontade, as pessoas se darão conta de compreender a estrutura à luz dos desafios que enfrentamos em contextos específicos – desafios como: expandir a pressão militante de modo a inspirar e educar quadros e, ao mesmo tempo, tensionar os recursos do Estado e bater de frente com o setor financeiro; abolir a propriedade privada e o sistema bancário capitalista e, ao mesmo tempo, avançar na coordenação internacional em um ambiente desigual; desenvolver um programa de gestão comum de produção, saúde, transporte, comunicação, alimentação, habitação e educação e, ao mesmo tempo, fortalecer o apoio popular necessário para implementá-lo; tudo isso no contexto de um clima em transformação, para mencionar apenas alguns exemplos. Responder a esses desafios variáveis gera novos conhecimentos que podem, por sua vez, ser integrados e compartilhados. Não há motivo para presumir que cada um dos componentes do partido deva assumir uma mesma estrutura. É possível tecer uma aliança global da esquerda radical, ou melhor, um novo partido de comunistas, a partir das forças concentradas de grupos já existentes:

militantes especializados em ação direta, artistas adeptos de símbolos e *slogans*, partidos experientes em organização política, grupos de trabalho temáticos que dominam determinadas áreas de interesse, redes de apoio mútuo dedicadas a atender a necessidades básicas. Esse tipo de concentração proporcionaria um ponto de partida a quem quer se engajar em uma política radical, mas não sabe muito bem como nem onde começar.

Mais importante ainda: uma concentração dessas amplificaria as conquistas específicas e localizadas, convertendo-as em vitórias coletivas na luta mais ampla pelo comunismo. No nível mais elementar, para que tenhamos chance de reformar as condições básicas em que vivemos e trabalhamos, precisamos compartilhar um nome comum que funcione como marcador fundamental de divisão. Se não, nossos nomes nos serão dados pelo capital, que buscará nos fragmentar e nos distrair. Há, nos movimentos dos últimos anos, um reconhecimento cada vez maior do poder e da necessidade de ter um nome comum como marcador de divisão: Somos Todos Khaled Said, Occupy, Somos Seneca Lake. Uma dimensão frustrante do trabalho político localizado é que ele parece passar despercebido ou não ficar registrado (particularmente quando se dá fora das grandes regiões metropolitanas). Quando as políticas locais e setoriais são conectadas por um nome comum, no entanto, os sucessos em uma frente fazem avançar a luta como um todo. As ações separadas tornam-se elas mesmas acrescidas de todas as outras. Elas promovem entusiasmo e inspiram imitação. Proporcionam um senso de direcionalidade e movimento: para que lado a luta está indo? Simplesmente multiplicar ações fragmentadas, locais, não basta – elas precisam ser sentidas como mais que qualquer uma delas pode ser isoladamente, como indicações da luta duradoura do povo.

Além de um nome comum, temos que construir solidariedade, estender os vínculos de comprometimento para além dos laços locais e das pequenas redes. Sem solidariedade, não há como emergir uma vontade comum. Pauperização, precariedade, derrota e traição, bem como a permanência e o aprofundamento de padrões de sexismo, racismo e homofobia, nos tornaram extremamente desconfiados. Na medida em que o partido apresenta critérios explícitos de adesão e estabelece com clareza o que se espera de seu quadro de filiados, ele oferece uma forma de ajudar a lidar com essa questão. Às relações pessoais ele acrescenta relações organizacionais, submetendo os membros a um conjunto de expectativas. As relações entre os camaradas se sobrepõem às relações particularizadas ancoradas na preferência individual, substituindo-as. A prática recorrente de prestação de contas e elaboração de relatórios ajuda a instalar essas expectativas. Outra forma pela qual o partido constrói solidariedade é reconhecendo diferentes habilidades e *expertises*, fornecendo treinamento e educação e delegando tarefas. Saber desenvolver e respeitar mutuamente as habilidades e os conhecimentos uns dos outros é essencial para que nos tornemos uma força política capaz de enfrentar e substituir o capitalismo global. Na prática, isso indica a utilidade de termos grupos de trabalho operando em múltiplas localidades e frentes temáticas – grupos autônomos o bastante para que tenham capacidade de resposta e integrados o bastante (por meio de práticas de elaboração de relatórios) para que se possa formular e levar a cabo um propósito comum. Indica, ainda, a importância crucial de promover um desenvolvimento ativo das capacidades políticas e organizacionais a fim de garantir uma autogovernança comunista em múltiplos patamares de escala.

O dogmatismo antipartido presente na esquerda mobiliza convicções antiautoritárias. No entanto, essa mobilização produziu uma intensificação do autoritarismo do capitalismo global. Hoje, o autoritarismo se dá menos na figura de um poder estatal centralizado que na forma de um poder descentralizado, disperso e capilarizado por meio de contratos privados, cooperação interbancária e interinstitucional, e pela extensa rede de tratados, acordos e providências que viabilizam o fluxo de capital e o comércio global. Os Estados nacionais agem como a força policial responsável por proteger a classe capitalista global. Trata-se de uma situação marcada, por um lado, pela fragmentação, dissolução e decomposição de alguns elementos do Estado e, por outro, pela concentração e acoplamento de outros elementos estatais e de mercado, como nas finanças, na segurança e na mídia. O capital, enquanto classe, tem trabalhado para desmontar a máquina burocrática do Estado para nós e para nos convencer de que ela seria inútil, ao mesmo tempo que busca, em paralelo, fortalecer determinadas partes dessa máquina em benefício próprio. Já faz tempo demais que a política de esquerda nos Estados Unidos, no Reino Unido e na União Europeia espelha a economia neoliberal, conclamando descentralização, flexibilidade e inovação. O próprio impulso privatizante característico do neoliberalismo encontra reflexo na política de esquerda: além de ouvirmos *ad infinitum* o bordão de que o pessoal é político, a micropolítica da autotransformação e do "faça você mesmo" tende a substituir a prática de construir e ocupar instituições duradouras. Nesse sentido, há quem, na esquerda, tenha abandonado totalmente a mudança social. Desconfiada de "visões totalizantes", essa dita esquerda cede a sociedade e o Estado a uma classe capitalista que atua como uma classe política global interessada em ampliar seu alcance e fortalecer seu domínio sobre nossa vida e nosso futuro.

A multidão passou reto por essa esquerda. Insurgindo-se em oposição aos autoritarismos descentralizados dos Estados e mercados interligados, ela ocupou, bloqueou e se rebelou. Depois esbarrou nos limites de sua capacidade de dar forma política às lutas sociais. O desafio que temos diante de nós hoje é o de nos tornarmos a esquerda que a multidão merece: uma esquerda que, fiel à descarga igualitária da multidão, trabalhe para fazer com que ela perdure. Uma esquerda que usa a linguagem da transformação radical, mas rejeita suas formas, não é nenhuma esquerda – é simplesmente um meio de canalizar a energia e a convicção políticas em estilos e práticas que nos fazem sentir bem ao emular uma sensação de radicalidade. Para avançar, precisamos nos organizar. Precisamos ser um partido para o povo presente na multidão.

ÍNDICE

1968 47, 171, 199-200, 202, 232, 270, 311

abandono, medo de 78
aceleração temporal 76
Adbusters 12
afro-americanos 65, 278
agressão 53, 67, 267
Alemanha 33, 208, 210
alienação 112, 116, 127, 223
Althusser, Louis 98, 101-10, 113-5, 118, 143-5
análise de classe, fracassos da 37
anarquismo 35, 92, 165, 211, 214-5, 240
âncoras culturais 61
anonimato 176, 178
ansiedade 185-6, 315
antagonismo 26
Argentina 12
assembleia geral 12, 34
assembleia ritual 298
associação 121
Austrália 33, 49
autenticidade 48, 52, 57-8, 61, 108

autoconsciência 82, 265, 272
autoexpressão 48, 287
autogestão 112
autoindividuação 45, 80
autonomia 12, 29, 97, 103, 135
  individual 44, 84-5
auto-organização 22, 24-6
autoridade simbólica 56-7, 61, 67
autoritarismo 37, 205-9, 239-40, 320-1

Badiou, Alain 15, 90, 116, 160, 170--1, 180-8, 195-6, 201-2, 205, 251, 308-10, 312, 315
Bakúnin, Mikhail 206-7, 209
Balibar, Étienne 118
Barabási, Albert-László 24
Bargu, Banu 10, 91,
belo momento, política do 159, 209, 240, 252, 255, 311
bem-estar social 70
Benjamin, Walter 18
Bensaïd, Daniel 16, 243, 247
Berardi, Franco 76
Berlant, Lauren 267-8

Beslay, Charles 165
bolhas 20, 27, 123
Borch-Jacobsen, Mikkel 126-8, 130, 135-8
Bosteels, Bruno 115-6, 187, 201
branding 100
Brasil 29, 31, 33
Brophy, Enda 30
Brunt, Rosalind 72-4
Buford, Bill 151-2
Busi, Frederick 165
Butler, Judith 102-3, 107-8

campos comuns (*commons*) 25
Canadá 156
Canetti, Elias 15-6, 46, 85-8, 152-5, 158, 161-2, 260-4, 293, 295, 299, 315
capitalismo 23, 73, 89, 176, 305-6
   abolição do 306-7
   cerne do 30
   circuitos de exploração 30-1
   de Estado de bem-estar social 56
   desenvolvimento desigual do 39
   desigualdade 68
   destruição criativa 307
   e individualidade 52-3, 57-8
   e singularidade pessoal 47-50, 75-6
   e vida adulta 62-3
   guerra de classes 29-30
   irrestrito 312
   luta de classes 29-36
   monopolista 61
   multidões sob o 43
   neoliberal 65
   o partido sob o 265
   promoção do indivíduo 46
   redes 26-7
   tardio 59
   transformações políticas sob o 301-4
cascatas de informação 20
Castells, Manuel 93-4
celebridades, identificação com 58
centralismo 205-9
cercamento 107-13, 118
cibertariado 30
circuitos de exploração 30-1
classe 222-3, 268, 272
classe dos trabalhadores do conhecimento 30
classe trabalhadora
   coletivismo 271
   identidade 308-12
   movimento 313
   promessa de poder 36-7
Coca-Cola 180
   campanha publicitária 49-50
coletividade 19-20, 36, 81, 85-6, 88, 116-7, 143-4, 148, 244, 270-1, 286
   ataque à 45-95
   e cooperação 307-8
   e força 157
   e liderança 215-7
   e limitação 97
   e o inconsciente 128-9
   força política da 39-44
   fragmentação da 46
   impossibilidade da 92-3
   indesejável 90-1

poder da 95
realismo de esquerda e 90-5
Comuna de Paris, a 19, 195-7
   acontecimento de multidão do dia 18 de março 160-3, 172-3
   análise de Badiou sobre a 180-8
   Comitê Central dos Vinte Distritos 194
   e o espaço social 171-80
   estatuto marxista da 180-2
   fracasso da 186-7, 190
   horizontalidade 172
   Lênin sobre a 180-1, 189-91
   Marx sobre a 165-70, 180-6, 188-90
   significado 165-71
   tratado de Lissagaray sobre a 193-5
comunicação
   em rede 26-7, 77-80
   multitarefa 78
comunismo 309-10
concentração 237-8, 308
conectividade
   patológica 78-85
conflito de classe 310
conformidade 54-5
conhecimento 40-1, 244-5
   científico 244
   político 245
consciência de classe 221-3, 235-6, 242-3, 249-51, 259-60, 272
consenso, teologia do 14
consumismo individual 70
consumo 57
contágio 20, 28, 123, 127, 131, 134, 136, 142, 148, 150
contrato social, o 169

controle, sociedade de 83-4
cooperação 307-8
coragem 42, 186, 282-3, 315
Corbyn, Jeremy 42
Coreia do Sul 33
Cowie, Jefferson 45-6
crescimento populacional 111
crise financeira de 2008 306
Csikszentmihalyi, Mihaly 81
cultura corporativa, perda da 60
cultura de massas 56-7
cultura psicótica 67

Deleuze, Gilles 83, 115, 118
democracia 21, 302
   análise de Robert Michels da 210-1
   de massas 17-26
   justificativa da 21
   liberal 305-6
   multidões e 17
   oposição à 21-2
Democracy Now! 156
demografia 32, 35, 73, 310
Dennis, Peggy 291-2
dependência 52, 57-66
descarga igualitária 15, 17, 148, 152, 239, 301, 303, 313-4, 321
descentralização 22-3
desejo 156, 160-1, 300-1, 315-7
   coletivo 134, 138, 143, 260, 285-94, 315-8
   de multidão 148-52
desigualdade 24-5, 35, 58, 68, 174, 302, 311

desindividuação 154, 175-8, 212
desindividualização 123
destruição criativa 307
destrutividade 155
dignidade 63-4
disciplina 110-3
    declínio da 84
ditadura do proletariado 253
diversidade 91
    cognitiva 23
divisão social, eliminação da 172
Dolar, Mladen 103-4, 113-4, 117, 128
Dr Pepper, campanha publicitária 47-8
Dufour, Dany-Robert 80

economia do conhecimento 30
educação 32
efeito manada 20, 28, 123
efeitos cascata 28, 123
efeito-sujeito 102, 185, 315
eficácia simbólica, declínio da 35
Egito 156
energia coletiva 15
Engels, Friedrich 93, 169, 206, 307, 313
entusiasmo 28, 273
Erikson, Erik 78
escolha 71
    individual 14-5
escravidão e o comércio escravista 100
espaço social, transformação do 171-80
Espanha 11, 33, 36, 43, 257

esquerda, a 89, 187, 270, 303
    autocrítica 209
    derrota da 311
    e individualidade 50
    e o partido 191-209, 249-50, 255, 320-1
    fracasso da 36-40, 266
    o desafio da 321-2
    radical 318-9
    reivindicação de vitória da 311
    vontade política 43
Estado de bem-estar 71, 74
Estado-nação 21, 41
Estado, o 252-3, 320-1
Estados Unidos 27, 32, 41-2, 45, 51, 53, 85, 100, 125, 187, 205, 232, 255, 312, 321
    Black Friday 150
    e a Comuna de Paris 166-7
    greves 33
    multidões políticas 156-7
    o Sul 277-84
    Partido Comunista 203-4, 233-9, 256-60, 266-7, 269-70, 276-84, 286-90, 294-301
estar sozinho 79, 86
eu ideal 227-8, 231, 233, 236, 251
eus atados 79
executivo, o 54
expertise tecnocrática, cultura da 56
expressão política 18

fazedores coletivos 241
Federici, Silvia 92, 111-3
feedback 75
flash mobs 36

fluxo 81-2, 88-9
foraclusão 108
força coletiva, perda de 14
força política da coletividade 40
Foucault, Michel 92, 108-13
fragmentação pós-moderna 73
França 121, 125, 161, 164, 166, 199
Frazer, James George 217
Freud, Sigmund 20, 80, 98, 101-2, 118, 144-5, 148, 154, 262
  a horda primeva 139-42
  e o inconsciente 125-6, 130-1, 133
  estudo das massas 129-43
  influência sobre Robert Michels 217-8
  "Psicologia das massas e análise do eu" 119-20, 123, 125-33, 140, 142
  teoria da psicologia individual 135, 139-40
fronteiras, negação das 149, 152, 155
função paterna, mudança na 56
futebol 24, 151

Gasset, José Ortega y 18
gerenciamento de carreira 66
Girard, René 126
Gordon, Sarah 269, 285-6
Gornick, Vivian 256-7, 269, 276-7, 285, 294-5
gozo (*jouissance*) 16, 126, 142, 153, 155, 240, 260-1, 299, 301
Grã-Bretanha 69, 267
Grécia 33, 43, 156
greves 29, 33, 121, 192
Guattari, Félix 81, 118, 200, 252

Hardt, Michael 10, 38-9, 83-5, 90, 313
hierarquia 24, 26
Hirst, Paul 102
Hobbes, Thomas 92, 99, 112
Holland, Eugene W. 23-7, 91
Holloway, John 205, 240-51
horda primeva, a 134, 139-42
horizontalismo 314
Horton, Ted 281
hostilidade 65
Howe, Jeff 25
Hudson, Hosea 277-84, 286-91

ideal do eu 227-8, 231, 233, 236, 251
identidade 46, 64, 102, 110, 260, 272, 313
  apego à 311-2
  burguesa 143-4
  de classe trabalhadora 308-11
  desenvolvimento da 112
  pessoal 78
  política de 15, 72-4
identificação 76, 116
ideologia 98, 316
  burguesa 104-6, 112-5
  teoria althusseriana da 101-6, 114-8, 143-5
idolatria absoluta 218-9
igualdade 16-7, 154-5, 261-2, 302
  burguesa 154
imitação 20, 23, 27-8, 119, 124, 134, 148, 219-20, 224, 239, 319
importar, sentimento de 289
inconsciente coletivo 128

inconsciente da multidão, o 263-4
inconsciente, o 119-29, 130, 133, 144, 260, 263
independência 57, 59, 62-3, 142, 259
Índia 33, 165
individuação 40, 46, 50-2, 62, 76-7, 80-1, 84-5, 87, 92-3, 100, 104, 106, 110, 113, 115, 126
indivíduo, individualidade e individualismo 14-5, 35, 196, 289, 315-6
   alívio em relação a 77
   anarquista 140
   bruto (*rugged*) 51-4, 58-9
   cercamento 107
   ceticismo em relação à solidariedade 65-6
   crítica de Carrie M. Lane 65-7
   crítica de Christopher Lasch 50-8, 68-9
   crítica de Jennifer Silva 62-5
   crítica de Richard Sennett 58-62
   culto 61
   desintegração do 77, 154
   e a esquerda 50
   e capitalismo 46-7, 53, 58-9
   e multidões 85-9
   e o passado 63-4
   e sujeitos 97-9
   estatuto de sujeito 107
   forma mercadoria 100
   Foucault sobre 108-13
   fragilidade 124-5
   história 51
   individualidade anarquista 176
   individualidade comandada 45-6, 52, 69, 84-5, 95
   individualidade social 71
   individualismo de esquerda 69-75
   individualismo possessivo 99
   individualismo progressista 70
   indivíduo burguês, o 84
   indivíduo possessivo 99
   indivíduo reflexivo 80
   negação 152
   preocupações 52-3
   pressões 75-85
   singularidade pessoal 47-50
   teoria althusseriana do 101-6
   único 114-5
insegurança 58
instinto de rebanho 138-9
instituições 231
inteligência coletiva 23
intensificação afetiva 123
intensificação informacional 76
interações cara a cara, ansiedades em torno de 78, 83, 86
internet, a 24-5, 49, 59, 78, 82, 85, 149
interpelação 101-8, 112, 114, 145,
invencibilidade, sentimento ou sensação de 35, 130, 145
iraniana, eleição presidencial (2009) 27
isolamento dos trabalhadores 93

jargão 235-6
Jellinek, Frank 162-3, 194
jogador, o 54-5, 60
Johnson, Diana 294
Johnson, Walter 100
Jonsson, Stefan 22, 125

jouissance 16, 153
justiça 186, 315

Kenyon-Dean, Kian 24
Klausen, Jimmy Casas 91
Koch, Andrew 91-2

Lacan, Jacques 16, 67, 80, 106, 126, 171, 183, 205, 219, 224-5, 227, 229, 289, 299-300
Laclau, Ernesto 74, 104, 119, 200
laços de grupo/grupais 132, 135-7, 148
lacuna da multidão, a 26
Lane, Carrie M. 51, 65-6, 80
Lanier, Jaron 29-30
Lanzetti, Eric 256-60, 268
Lasch, Christopher 46, 51-5, 57-63, 68-9, 75, 83
Lassalle, Ferdinand 218
Le Bon, Gustave 20, 88, 98, 118, 120-5, 127-8, 130-5, 137, 141-3, 145, 148-9, 212, 217, 221, 262
Leadbeater, Charles 70-4
lealdade 66
lei da maioria 261-2
Lemm, Vanessa 91
Lewis, Penny 31
liberdade 69, 90-1, 99-100, 108, 302
liberdade de ação, multidões 14
libido 136
líderes e liderança 20, 138-43, 213--22, 226
linguagem 235
Lissagaray, Prosper Olivier 162, 165, 193-5

Locke, John 99
Londres 33
Luce, Stephanie 31
Lukács, György 243, 309
luta, campo de 19
luta de classe 27-36, 169-70, 195, 222-3, 246, 307-9
luta política 19, 305-6
  termos da 242-3
lutas autônomas 38
lutas locais 38
Luxemburgo, Rosa 93, 207-9

Macherey, Pierre 107
MacPherson, C. B. 99
Madri 11, 17
mania imitativa 218-20
manifestantes do parque Gezi, Turquia 31
Mao Tsé-Tung 309
marcas pessoais 35
Martel, James 91, 115, 219, 268
Marx, Karl 18, 93, 106-7, 154, 172--3, 195, 197, 206, 306, 310, 313
  A ideologia alemã 307-8
  sobre a Comuna de Paris 165, 167-70, 180-3, 186, 188-90
Marxism Today 46, 69-70, 72-3, 75, 90, 200, 270
marxismo, crítica de John Holloway ao 244
Mason, Paul 12, 29, 229
massa, a 22, 125, 191-2, 207
McDougall, William 136
medicamentos 76

medo 152
mente coletiva 124, 128
mente grupal, a 134
mercado de trabalho, concorrência 75
mercado, o 71
México 12,
Michels, Robert 16, 204-5, 209-24, 226, 239
"microfone humano" 13
mídia de massas 57
mídias sociais 27, 29, 77, 88, 90, 157, 177, 266
Milkman, Ruth 31
mobilidade social 75
modernidade 99, 105, 112, 118
Montag, Warren 102, 104, 108-9
Moscou, movimento dezembrista, 1905 190-1, 291
Motins 11, 17, 27, 36, 131, 149, 203, 312-3
Mouffe, Chantal 74, 200
movimento 313
   coletivo 17
Mubarak, Hosni 27
mulheres 111, 137
multidão política, a 149-50, 156
multidão 15-7, 110, 303, 321-2
   amplificação da coragem 49
   análise de Robert Michels 212-3, 224, 226
   capacidade ausente 224
   característica fundamental 21
   como ser coletivo 20
   concepções de 17-27
   demografia 31-2

densidade 262
destrutividade 155
dimensão transformadora 130
dinâmica 19, 260-4
direção 262-3
e expressão política 18
e individualidade 85-9
e luta de classes 27-36
e transferência 225-7
efeitos 19
efeitos-sujeito 315
em rede 87
energia 152,60
estudo de Gustave Le Bon sobre 88, 120-5, 130-5, 145
estudo de Kristin Ross sobre 174-80
estudo de Sigmund Freud sobre 129-43
inconsciente 127-8, 144, 260-1
incorporação à 85-7
influenciar a 127-8
inteligência coletiva 23
lei da maioria 261-2
leitura democrática 17-26
liberdade de ação 14
limitação 313-4
mar como metáfora 161-2
poder 123-4, 313-4
política 27-36
políticas 149-50
politização 181
primitiva 26
ruptura com o Estado 182
sabedoria das 23, 26-7
sob o capitalismo comunicativo 43
subjetividade política 147-8
surgimento 153

teorias da 20, 22-7
unidade mental da 124
violentas 151-2
virtuais 87-9
vitalidade política 18-9
multiplicidade 39-40, 91-2
multitude, a 38-39
Murphy, Al 278-81
Mussolini, Benito 20, 210

não depender de ninguém 62-4, 68
narcisismo cultural 56, 68, 79, 83
narcisismo, cultura do 46, 52, 58, 67
Negri, Antonio 38-9, 83-5, 90, 200--1, 313
Neoliberalismo 94, 174, 268, 302, 306, 311, 321
nova economia, a 59, 61
Nova Esquerda, a 61
Nova York 11-3, 17, 257, 269, 279, 281, 283
   Occupy Wall Street, 2011 11-2, 14-5, 31
   Times Square 11-2
   Washington Square Park 12-3
novos tempos 46, 69-75, 90

Obama, Barack 64
objetivos revolucionários 248
Occupied Wall Street Journal 12
Occupy Gazette 12
ocupação 36
oligarquia 209-23
organização política 203-4, 238-48
originalidade, expressão da 48

Ost, David 201-2
otimismo cruel 268
otimismo prático 44, 260, 264-70, 277, 282, 285, 289
outro imaginário, o 67
Outro, o 113, 225-9, 241-2, 300-1

pânico 76, 136-7, 212
participação 25
partido, partidos e a forma partido 36-44, 196, 297, 312
   adesão 186
   análise de Robert Michels 209-24
   autoridade 244
   autoritarismo 205-9
   base social do 248-53
   centralismo 205-9
   conhecimento 40-1
   crítica de John Holloway ao 240-51
   críticas da esquerda ao 205-9, 255, 320-1
   de vanguarda 16, 94, 170, 184-5, 195, 242, 264, 314
   dimensão simbólica 266-7
   disciplina 246-7
   e classe 222-3, 268
   e consciência de classe 248-51
   e desejo coletivo 285-94, 316
   e transferência 226-33, 249, 269
   efeitos-sujeito 315
   energia 295
   escala 40
   espaço simbólico 255-304
   feiura do 300
   força política do 39-44
   forma estatista 186-8

julgamentos 295-301
Lênin sobre o 180-1
necessidade do 251
organização 143, 233-9
papel do 16, 200, 319-20
perda de confiança no 36-8
perduração 264-70
pertencimento 256-60
poder do 43-4
problema do 195
proletariado como 307
questão organizacional 203-4
rejeição ao 199-206
relação com o povo 186-95
retorno do 44
sob capitalismo comunicativo 264-5
socialista 222
solidariedade 259, 293-4, 308
Partido Comunista, o 43, 250-1, 305-6
   atividade do 270-84
   como partido de movimento 314
   dinâmica do 255-304
   efetividade do 295-301
   energia 295
   feiura do 300
   individualidade comandada no 69-75
   julgamentos 295-301
   lei 296
   necessidade 316-9
   paixão organizativa 271-6
   papel do 16
   perduração 264-70
   pertencimento 256-60
   saber e crença 232-3

   solidariedade 259
   transferência 264
Partido Comunista Chinês 199
Partido Comunista da Grã-Bretanha (CPGB) 69, 267, 270, 273, 276, 291
Partido Comunista da União Soviética 199
Partido Comunista de Chicago (EUA) 295-301
Partido Comunista dos Estados Unidos (CPUSA) 205, 233--9, 260, 266, 269-70, 276-84, 286-301
Partido Social-Democrata Alemão (SPD) 208, 210-1, 214
Party Organizer 233-9
passado, o 63-4
patologia da multidão 119-20
patologias 76-7
personalidade narcisista, ascensão da 54-6
personalização 49, 76, 176-7
pertencimento 107-8, 154-5, 249-50, 256-60, 283-90, 301
   ao partido 249-50
   comum 107-8
Peuter, Greig de 30
Platão 299
pluralização 38-40
Podemos 43
poder 108-10
   coletivo 21-2, 44, 313-4
   como violência 68
   da coletividade 95
   das multidões 123-4, 313-4
   do partido 44

separação em relação à
    autoridade 60
  simbólico 67
policiamento militarizado 68
política 202-4
  crítica de John Holloway à 240-8
  limitações 204
  oportunidade para a 19
  política comunista, reimaginação
    da 39
  política de classe, fracasso da 36-8
Polônia 201-2
pós-fordismo 70
potencialidade 177-8
povo, o 17-19, 26, 147-8
  cisão no 116-8
  legado 43
  organização 194-5
  politização 186-97
  relação com o partido 186-95
  relação consigo mesmo 115-6
  revolucionário 189-93
  soberania 18-9
  soberania do 117,169
Preisen, Joe 269
presença, tecnologias de 88
Primeira Internacional, a 206
princípio de Pareto 211
produção comunicativa 34
proletariado, o 306-10
propriedade 99
psicanálise 77, 103-4, 113, 118-43,
  203-4
  e individuação 126
  estudo freudiano das multidões
    129-43

o inconsciente 119-29, 130, 133
psicologia das massas 217
psicologia de grupo 20, 119-43
publicidade e propaganda 47-50

Rancière, Jacques 103
realidade, criação da 296-7
realismo capitalista 89
realismo de esquerda 89-95
redes
  capitalismo comunicativo 27
  complexas 24-7
  de comunicação 26, 77-80
  de solidariedade 41
Reforma Protestante, a 105
regra 80/20 211
relações sociais, modelo de mercado
  70-1
representação 22
responsabilidade 65-75, 90-1, 130
  coletiva 69
  individual 46-7, 65-75, 90-1
revolução 189-93, 255, 309
Revolução Cultural 250
Revolução do Facebook 27-8
Revolução do Twitter 27-28
Revolução Francesa 149
Riesman, David 79
Roma 11
Ross, Kristin 171-80, 196
Rothenberg, Molly Anne 113, 115
Rothman, Belle 269
Ruskin, Michael 74

sabedoria das multidões 23, 26-7
sacrifício 290-1
Sade, Marques de 58
Saltzman, Ben 269
Samuel, Raphael 270-5, 290-1
Sanders, Bernie 42
saúde psíquica 53
sectarismo 237
segmentação 109
segurança empregatícia 66
Sennett, Richard 51, 58-64
sensibilidade terapêutica 52, 63
separação 81
ser coletivo 20, 122
ser dirigido para o outro (David Riesman) 79
Shirky, Clay 25-6
Sighele, Scipio 120, 122, 124
significado, a luta por 165
Silva, Jennifer M. 51, 62-5, 68, 80
sindicalismo (corrente) 214-5
sindicatos 214
Singer, André 31
singularidade pessoal 47-50, 76
singularidades, multitude de 39
situacionistas, os 171
Smith, Jason E. 15, 203
soberania do povo 19
sobrecarga sensorial patológica 76-7
sobrevivente, o 66-7
social-democracia 306
socialismo 75
social-liberalismo do *Welfare State* 52-3, 57

sociedade civil 83-4
sociedade da informação, a 30
sociedade disciplinar 83
Sócrates 229, 299
Solidariedade 35, 64, 259, 293-4, 308, 319-20
Solidarność [Solidariedade], Polônia 201-2
Stephens, Alexander 166
Stirner, Max 91
subjetividade política 116, 147-8, 158
   e individualidade 98-9
   psicanálise e 113
subjetivização 185-6, 196
substância social 106, 241
substitucionismo 168, 314
Sudão 33
sugestão 123, 131, 134-5, 142
sujeito 224-5
   Butler sobre 107-8
   cercamento do 107
   coletivo 118
   como lacuna na estrutura 114-8
   e individualidade 97-9
   e liberdade 108
   persistência do, 114
   saber e crenças 228-33
   teoria althusseriana do 101-6, 114-8, 143-5
sujeito-cidadão, o 84
sujeito político, o 196-7
   surgimento do 16, 159, 168-9, 181-2
supereu 186, 227-8, 231, 251, 298, 315

Surowiecki, James 23, 26-7
Syriza 41-3, 204

Taine, Hippolyte 120, 149, 169
Tarde, Gabriel 120, 122, 124-5, 217-9
tecnologia patológica 77-80
telefones celulares 34, 79, 84-5
temor do contato 86, 152
teoria do afeto 267-8
teoria liberal 99-101
Thatcher, Margaret 70-1, 73, 89
thatcherismo 69-71, 270
Thomas, Peter D. 15, 203-4
trabalho político local, o problema do 319
transferência 205, 225-33, 245, 264, 295-6
transformação política 301-4
tribunais partidários 295-301
Trótski, Leon 168, 314
Trotter, Wilfred 138
Tunísia 156
turba e oclocracia 19, 26
Turkle, Sherry 77-87, 89
Turquia 33
   manifestantes do parque Gezi 31

Ucrânia 156
União Soviética 208, 271, 296

colapso da 39, 70, 232
"unidade na diferença" 73

validação social 241-2
vida adulta 62-3
vida em rede 77-85
viés de confirmação 123
vigilância 76
vínculo político 269-70
violência, poder como 68
vir a ser, modos de 38
visibilidade 36
vitalidade política 18
vontade política 43, 184, 196
voz coletiva 222

Wahrman, Dror 110
Walker, Gavin 15, 177, 200, 264
Welfare State 71, 74
Welge, Jobst 106
Wikipédia 25-6
Wingrove, Elizabeth 102
Wood, Ellen Meiksins 37, 73-4
Wright, Richard 295-301

Žižek, Slavoj 35, 56, 104, 114-5, 117, 126, 187, 202-3, 227, 229--30, 238, 243-4, 316

Referências bibliográficas

78 PERCENT of Gezi Park Protest Detainees Were Alevis: Report. *Hurriyet Daily News*, 25 nov. 2013.

ALTHUSSER, Louis. Ideology and Ideological State Apparatuses. In: *On the Reproduction of Capitalism*. Trad. G. M. Goshgarian, Londres, Verso, 2014 [ed. bras.: Ideologia e aparelhos ideológicos de Estado. In: *Sobre a reprodução*. Trad. Guilherme João de Freitas Teixeira, Petrópolis, Vozes, 1999].

_____. On Ideology. In: *On the Reproduction of Capitalism*. Trad. G. M. Goshgarian, Londres, Verso, 2014 [ed. bras.: A propósito da ideologia. In: *Sobre a reprodução*. Trad. Guilherme João de Freitas Teixeira, Petrópolis, Vozes, 1999].

ALTHUSSER, Louis; BALIBAR, Étienne. *Reading Capital*. Trad. Ben Brewster, Londres, 2009.

ARATO, Andrew; COHEN, Jean. *Civil Society and Political Theory*. Cambridge, MIT Press, 1992.

BADIOU, Alain. *Ethics*. Trad. Peter Hallward, Londres, Verso, 2001 [ed. bras.: *Ética:* um ensaio sobre a consciência do mal. Trad. Antônio Trânsito e Ari Roitman, Rio de Janeiro, Relume-Dumará, 1995].

_____. *The Communist Hypothesis*. Trad. David Macey e Steve Corcoran, Londres, Verso, 2010 [ed. bras.: *A hipótese comunista*. Trad. Mariana Echalar, São Paulo, Boitempo, 2012].

_____. The Saturated Generic Identity of the Working Class. *Chto Delat*, n. 15, out. 2006. Disponível em: <https://chtodelat.org/b8-newspapers/12-59/the-saturated-generic-identity-of-the-working-class/>; acesso em: 19 ago. 2022.

_____. *Theory of the Subject*. Trad. Bruno Bosteels, Londres, Continuum, 2009 [ed. bras.: *Para uma nova teoria do sujeito*. Trad. Emerson Xavier da Silva. Rio de Janeiro, Relume-Dumará, 1994].

BAKÚNIN, Mikhail. Critique of the Marxist Theory of the State. 1873. Disponível em: <https://www.marxists.org/reference/archive/bakunin/works/1873/statism-anarchy.htm#s1>; acesso em: 19 ago. 2022.

_____. On the International Workingmen's Association and Karl Marx. 1872. Disponível em: <https://marxists.org/>; acesso em: 11 maio 2022.

BARABÁSI, Albert-László. *Linked:* The New Science of Networks. Cambridge, Perseus, 2002 [ed. bras.: *Linked:* a nova ciência dos networks. Trad. Jonas Pereira dos Santos, São Paulo, Leopardo/Hemus, 2009].

BARGU, Banu. Max Stirner, Postanarchy *avant la lettre*. In: KLAUSEN, Jimmy Casas; MARTEL, James (orgs.). *How Not to Be Governed:* Readings and Interpretations from a Critical Anarchist Left. Lanham, Lexington, 2011.

BARROWS, Susanna. *Distorting Mirrors:* Visions of the Crowd in Late Nineteenth-Century France. New Haven, Yale University Press, 1981.

BENANAV, Aaron; CLOVER Joshua. Can Dialectics Break Brics?. *South Atlantic Quarterly*, v. 113, n. 4, outono 2014, p. 743-59.

BENJAMIN, Walter. On Some Motifs in Baudelaire. In: ARENDT, Hannah (org.). *Illuminations*. Trad. Harry Zohn, Nova York, Schocken, 1978 [ed. bras.: Sobre alguns temas em Baudelaire. In: *Obras escolhidas*, v. 3: *Charles Baudelaire, um lírico no auge do capitalismo*. Trad. José Martins Barbosa e Hemerson Alves Baptista, São Paulo, Brasiliense, 1989].

BENSAÏD, Daniel. "Leaps! Leaps! Leaps!". In: BUDGEN, Sebastian; KOUVELAKIS, Stathis; ŽIŽEK, Slavoj (orgs.). *Lenin Reloaded*. Durham, Duke University Press, 2007. [ed. bras.: "Os saltos! Os saltos! Os saltos!" – sobre Lênin e a política. Trad. Gustavo Chataignier Gadelha, *Cadernos Cemarx*, Campinas, n. 7, 2014, p. 247-70].

_____. On a Recent Book by John Holloway. Trad. Peter Drucker, *Historical Materialism*, v. 13, n. 4, 2005, p. 169-92.

BERARDI, Franco. *Precarious Rhapsody.* Londres, Minor Compositions, 2009.

BERLANT, Lauren. *Cruel Optimism.* Durham, Duke University Press, 2011.

BERNES, Jasper. Logistics, Counterlogistics, and the Communist Prospect. *Endnotes* 3, set. 2013.

BORCH, Christian. *The Politics of Crowds:* An Alternative History of Sociology. Nova York, Cambridge University Press, 2012.

BORCH, Christian; KNUDSEN, Britta Timm. Postmodern Crowds: Re-inventing Crowd Thinking. *Distinktion: Scandinavian Journal of Social Theory*, v. 14, n. 2, ago. 2013, p. 109-13.

BORCH-JACOBSEN, Mikkel. *The Freudian Subject*. Trad. Catherine Porter, Stanford, Stanford University Press, 1988.

BOSTEELS, Bruno. Alain Badiou's Theory of the Subject: The Recommencement of Dialectical Materialism, parte 2. *Pli*, v. 13, 2002, p. 172-208.

_____. *The Actuality of Communism*. Londres, Verso, 2011.

_____. The Leftist Hypothesis: Communism in the Age of Terror. In: DOUZINAS, Costas; ŽIŽEK, Slavoj (orgs.). *The Idea of Communism*. Londres, Verso, 2010.

BOSTEELS, Bruno; DEAN, Jodi (orgs.). Communist Currents. *South Atlantic Quarterly*, v. 113, n. 4, outono 2014, p. 659-835.

BREAUGH, Martin. *The Plebian Experience*. Trad. Lazer Lederhendler, Nova York, Columbia University Press, 2013.

BRENNAN, Teresa. *The Transmission of Affect*. Ithaca, Cornell University Press, 2004.

BROPHY, Enda; PEUTER, Greig de. Labors of Mobility: Communicative Capitalism and the Smartphone Cybertariat. In: HADLAW, Jan; HERMAN, Andrew; SWISS Thom (orgs.). *Theories of the Mobile Internet*. Nova York, Routledge, 2015.

BRUNT, Rosalind. Bones in the Corset. *Marxism Today*, out. 1988.

BUCKNOR, Cherrie. Low-Wage Workers: Still Older, Smarter, and Underpaid. *Center for Economic and Policy Research*, maio 2015. Disponível em: <https://cepr.net/report/low-wage-workers-still-older-smarter-and-underpaid/>; acesso em: 19 ago. 2022.

BUDGEN, Sebastian; KOUVELAKIS, Stathis. Greece: Phase One. *Jacobin*, 22 jan. 2015.

BUREAU OF LABOR STATISTICS, US DEPARTMENT OF LABOR. Occupational Employment and Wages – May 2014. 25 mar. 2015. Disponível em: <https://www.bls.gov/news.release/archives/ocwage_03252015.pdf>; acesso em: 24 ago. 2022.

BUSI, Frederick. The Failure of Revolution. In: HICKS, John; TUCKER, Robert (orgs.). *Revolution and Reaction:* The Paris Commune 1871. Amherst, The University of Massachusetts Press, 1973.

BUTLER, Judith. *Excitabe Speech*. Nova York, Routledge, 1997 [ed. bras.: *Discurso de ódio:* uma política do performativo. Trad. Roberta Fabbri Viscardi, São Paulo, Ed. Unesp, 2021].

_____. *The Psychic Life of Power*. Stanford, Stanford University Press, 1997 [ed. bras.: *A vida psíquica do poder:* teorias da sujeição. Trad. Rogério Bettoni, Belo Horizonte, Autêntica, 2017].

CANETTI, Elias. *Crowds and Power*. Trad. Carol Stewart, Nova York, Farrar, Straus and Giroux, 1984 [ed. bras.: *Massa e poder*. Trad. Sergio Tellaroli, São Paulo, Companhia das Letras, 2019].

_____. Discussion with Theodor W. Adorno. *Thesis Eleven*, v. 45, 1996, p. 1-15 [ed. bras.: Diálogo sobre as massas, o medo e a morte: uma conversa entre Elias Canetti e Theodor Adorno. Trad. Otacílio F. Nunes Jr., *Novos Estudos*, 21. ed., jul. 1988, p. 116-32].

_____. *The Torch in My Ear*. Trad. Joachim Neugroschel, Nova York, Farrar, Straus and Giroux, 1982 [ed. bras.: *Uma luz em meu ouvido:* historia de uma vida 1921-1931. Trad. Kurt Jahn, São Paulo, Companhia das Letras, 2010].

CASTELLS, Manuel. *Networks of Outrage and Hope:* Social Movements in the Internet Age. Cambridge, UK, Polity, 2012 [ed. bras.: *Redes de indignação e esperança:* movimentos sociais na era da internet. Trad. Carlos Alberto Medeiros, Rio de Janeiro, Zahar, 2013].

CHERNOW, Ron. *Titan:* The Life of John D. Rockefeller, Sr. Nova York, Vintage, 2007.

COOK, Philip J. Robert Michels's Political Parties in Perspective. *Journal of Politics*, v. 33, n. 3, ago. 1971, p. 773-96.

COWIE, Jefferson. *Stayin' Alive*. Nova York, New Press, 2010.

DEAN, Jodi. *Blog Theory*. Cambridge, Polity, 2010.

_____. *Democracy and Other Neoliberal Fantasies*. Durham, Duke University Press, 2009.

_____. Politics without Politics. *Parallax*, v. 15, n. 3, 2009, p. 20-36.

_____. *Publicity's Secret*. Ithaca, Cornell University Press, 2002.

_____. *The Communist Horizon*. Londres, Verso, 2012.

DELEUZE, Gilles; GUATTARI, Félix. *A Thousand Plateaus*. Trad. Brian Massumi, Minneapolis, University of Minnesota Press, 1987 [ed. bras.: *Mil platôs:* capitalismo e esquizofrenia 2, v. 1. Trad. Ana Lúcia de Oliveira, Aurélio Guerra Neto e Célia Pinto Costa, São Paulo, Editora 34, 1995].

DENNIS, Peggy. *The Autobiography of an American Communist*. Berkeley, Creative Arts Book Company, 1977.

DOLAR, Mladen. Beyond Interpellation. *Qui Parle*, v. 6, n. 2, primavera-verão 1993, p. 73-96.

_____. Freud and the Political. *Theory & Event*, v. 12, n. 3, 2009, p. 15-29.

DR PEPPER Celebrates Its Legacy of Originality with the Launch of the New "Always One of a Kind" Advertising Campaign. Disponível em: <news.drpeppersnapplegroup.com>; acesso em: 9 jan. 2012.

DUFOUR, Dany-Robert. *The Art of Shrinking Heads:* The New Servitude of the Liberated in the Age of Total Capitalism. Trad. David Macey, Cambridge, Polity, 2008 [ed. bras.: *A arte de reduzir cabeças:* sobre a nova servidão na sociedade ultraliberal. Trad. Sandra Regina Felgueiras, Rio de Janeiro, Companhia de Freud, 2005].

DYER-WITHEFORD, Nick. *Cyber-Proletariat:* Global Labour in the Digital Vortex. Londres, Pluto, 2015.

EDWARDS, Stewart (org.). *The Communards of Paris, 1871 [Documents of Revolution]*. Ithaca, Cornell University Press, 1973.

ENGELS, Friedrich; MARX, Karl. *The German Ideology*. In: SIMONS, Lawrence H. (org.). *Selected Writings*. Indianapolis, Hackett, 1995 [ed. bras.: *A ideologia alemã:* crítica da mais recente filosofia alemã em seus representantes Feuerbach, B. Bauer e Stirner, e do socialismo alemão em seus diferentes profetas. Trad. Rubens Enderle, Nélio Schneider e Luciano Cavini Martorano, São Paulo, Boitempo, 2007].

EVREN, Süreyyya; ROUSSELLE, Duane (orgs.). *Post-Anarchism:* A Reader. Nova York, Pluto, 2011.

FALASCA-ZAMPONI, Simonetta. *Fascist Spectacle*. Berkeley, University of California Press, 1997.

FEDERICI, Silvia. *Caliban and the Witch:* Women, the Body and Primitive Accumulation. Brooklyn, NY, Autonomedia, 2004 [ed. bras.: *Calibã e a bruxa:* mulheres, corpo e acumulação primitiva. Trad. Coletivo Sycorax, São Paulo, Elefante, 2017].

FISHER, Mark. *Capitalism Realism*. Londres, Zero, 2009 [ed. bras.: *Realismo capitalista*. Trad. Rodrigo Gonsalves, Jorge Adeodato e Maikel da Silveira, São Paulo, Autonomia Literária, 2020].

FOUCAULT, Michel. *Discipline and Punish:* The Birth of the Prison. Trad. Alan Sheridan, Nova York, Vintage, 1979 [ed. bras.: *Vigiar e punir:* nascimento da prisão. Trad. Raquel Ramalhete, Petrópolis, Vozes, 1987].

_____. *Madness and Civilization*. Trad. Richard Howard, Nova York, Vintage, 1973 [ed. bras.: *História da loucura*. 2. ed., trad. José Teixeira Coelho Neto, São Paulo, Perspectiva, 2020].

FRANK, Jason. *Constituent Moments*. Durham, Duke University Press, 2010.

FREUD, Sigmund. *Group Psychology and the Analysis of the Ego*. Nova York, W. W. Norton, 1990 [ed. bras.: Psicologia das massas e análise do eu (1921). In: *Obras completas,* v. 15: *1920-1923*. Trad. Paulo César de Souza, São Paulo, Companhia das Letras, 2011].

FUCHS, Christian. Labor in Informational Capitalism and on the Internet. *The Information Society*, v. 26, 2010, p. 179-96.

GILBERT, Jeremy. *Common Ground:* Democracy and Collectivity in an Age of Individualism. Londres, Pluto, 2014.

GIVE MORE Personal Guidance. *Party Organizer*, v. 6, n. 1, jan. 1933, p. 22.

GORNICK, Vivian. *The Romance of American Communism*. Nova York, Basic, 1977.

GUATTARI, Félix. *Molecular Revolution*. Trad. Rosemary Sheed, Nova York, Penguin, 1984 [ed. bras.: *Revolução molecular:* pulsações políticas do desejo. Trad. Suely Rolnik, São Paulo, Brasiliense, 1981].

GUATTARI, Félix; NEGRI, Antonio. *New Lines of Alliance, New Spaces of Liberty*. Trad. Michael Ryan, Jared Becker, Arianna Bove e Noe Le Blanc, Nova York, Autonomedia, 2010.

HARDT, Michael; NEGRI, Antonio. *Empire*. Cambridge, Harvard University Press, 2000 [ed. bras.: *Império*. Trad. Berilo Vargas, Rio de Janeiro, Record, 2001].

HAYNES, Peter; NGUYEN, M-H. Carolyn. Rebalancing Socio-Economic Asymmetry in a Data-Driven Economy. In: *The Global Information Technology Report 2014*. Genebra, Fórum Econômico Mundial, 2014. Disponível em: <https://www3.weforum.org/docs/GITR/2014/GITR_Chapter1.6_2014.pdf>; acesso em: 25 ago. 2022.

HIRST, Paul Q. Althusser and the Theory of Ideology. *Economy and Society*, v. 5, n. 4, 1976, p. 385-412.

HOBSBAWM, Eric J. *Primitive Rebels*. Nova York, Norton, 1959. [ed. bras.: *Rebeldes primitivos*. Trad. Nice Rissone, Rio de Janeiro, Zahar, 1970].

HOLLAND, Eugene W. *Nomad Citizenship*. Minneapolis, University of Minnesota Press, 2011.

HOLLOWAY, John. *Change the World without Taking Power:* The Meaning of Revolution Today. Londres, Pluto, 2002 [ed. bras.: *Mudar o mundo sem tomar o poder:* o significado da revolução hoje. Trad. Emir Sader, São Paulo, Viramundo/Boitempo, 2003].

HOW ARE We Going to Concentrate on Shops?. *Party Organizer*, v. 5, n. 7, jul. 1932, p. 9-10.

HOWE, Jeff. *Crowdsourcing*. Nova York, Crown Business, 2008 [ed. bras.: *O poder das multidões:* por que a força da coletividade está remodelando o futuro dos negócios. Trad. Alessandra Mussi Araújo, Rio de Janeiro, Elsevier, 2009].

J. A. The Deadly Routine Which Must Be Overcome. *Party Organizer*, v. 6, n. 3-4, mar.-abr. 1933, p. 22-3.

J. P. Concentration – A Means of Winning the Workers in the Key Industries. *Party Organizer*, v. 6, n. 2, fev. 1933, p. 5-10.

JELLINEK, Frank. *The Paris Commune of 1871*. Nova York, Grosset and Dunlap, 1965.

JOHNSON, Walter. *Soul by Soul:* Life Inside the Antebellum Slave Market. Cambridge, Harvard University Press, 1999.

JONSSON, Stefan. *Crowds and Democracy:* The Idea and Image of the Masses from Revolution to Fascism. Nova York, Columbia University Press, 2013.

_____. The Invention of the Masses: The Crowd in French Culture from the Revolution to the Commune. In: TIEWS, Matthew; SCHNAPP, Jeffrey T. (orgs.). *Crowds*. Stanford, Stanford University Press, 2006.

KATZ, Philip M. *From Appomattox to Montmarte:* Americans and the Paris Commune. Cambridge, Harvard University Press, 1998.

KAUFFMAN, L. A. The Theology of Consensus. *Berkeley Journal of Sociology*, 26 maio 2015. Disponível em: <https://berkeleyjournal.org/2015/05/26/the-theology-of-consensus/>; acesso em: 19 ago. 2022.

KAVOUSSI, Bonnie. Top One Percent Captured 121 Percent of All Income Gains During Recovery's First Years: Study. *Huffington Post*, 12 fev. 2013.

KELLEY, Robin D. G. *Hammer and Hoe:* Alabama Communists During the Great Depression. Chapel Hill, University of North Carolina Press, 1990.

KENYON-DEAN, Kian. Social Force. *Graphite*, 26 maio 2015.

KLAUSEN, Jimmy Casas; MARTEL, James. Introduction. In: KLAUSEN, Jimmy Casas; MARTEL, James. (orgs.). *How Not to Be Governed:* Readings and Interpretations from a Critical Anarchist Left. Lanham, Lexington, 2011.

KLEIN, Naomi. Occupy Wall Street: The Most Important Thing in the World Now. *The Nation*, 6 out. 2011.

KOCH, Andrew M. Poststructuralism and the Epistemological Basis of Anarchism. In: EVREN, Süreyyya; ROUSEELEE, Duane (orgs.). *Post-Anarchism:* A Reader. Nova York, Pluto, 2011.

KRUMBEIN, Charles. How and Where to Concentrate. *Party Organizer*, v. 6, n. 8-9, ago.-set. 1933, p. 24-7.

LACAN, Jacques. *My Teaching*. Trad. David Macey, Londres, Verso, 2008 [ed. bras.: *Meu ensino*. Trad. André Telles, São Paulo, Companhia das Letras, 2006].

_____. *The Four Fundamental Concepts of Psychoanalysis*, Seminar XI. Org. Jacques-Alain Miller, trad. Alan Sheridan, Nova York, Norton, 1998 [ed. bras.: *O seminário*, Livro 11: *Os quatro conceitos fundamentais da psicanálise*. Org. Jacques-Alain Miller, trad. M. D. Magno, Rio de Janeiro, Zahar, 1988].

_____. The Mirror Stage as Formative of the *I* Function, as Revealed in Psychoanalytic Experience. In: *Écrits:* A Selection. Trad. Bruce Fink, Nova York, W. W. Norton, 2002 [ed. bras.: O estádio do espelho como formador da função do eu. In: *Escritos*. Trad. Vera Ribeiro, Rio de Janeiro, Zahar, 1998].

_____. *The Psychoses:* 1955-1956, Seminar III. Org. Jacques-Alain Miller, trad. Russell Grigg, Nova York, Norton, 1997 [ed. bras.: *O seminário*, Livro 3: *As psicoses*. Org. Jacques-Alain Miller, trad. Aluisio Menezes, Rio de Janeiro, Zahar, 1985].

LACLAU, Ernesto. *On Populist Reason*. Londres, Verso, 2007 [ed. bras.: *A razão populista*. Trad. Carlos Eugênio Marcondes de Moura, São Paulo, Três Estrelas, 2013].

LACLAU, Ernesto; MOUFFE, Chantal. *Hegemony and Socialist Strategy*. Londres, Verso, 1985.

LANE, Carrie M. *A Company of One*. Ithaca, Cornell University Press, 2011.

LANIER, Jaron. *Who Owns the Future?*. Nova York, Simon & Schuster, 2013.

LASCH, Christopher. *The Culture of Narcissism:* American Life in an Age of Diminishing Expectations. Nova York, Norton, 1979 [ed. bras.: *A cultura do narcisismo:* a vida americana numa era de esperanças em declínio. Trad. Ernani Pavaneli Moura, Rio de Janeiro, Imago, 1983].

LE BON, Gustave. *The Crowd:* A Study of the Popular Mind. Kitchener, Batoche, 2001 [1896] [ed. bras.: *Psicologia das multidões*. Trad. Mariana Sérvulo da Cunha, São Paulo, WMF, 2021].

LEACH, Eugene E. "Mental Epidemics": Crowd Psychology and American Culture, 1890-1940. *American Studies*, v. 33, n. 1, primavera 1992, p. 5-29.

LEADBEATER, Charles. Power to the Person. *Marxism Today*, out. 1988.

LEMM, Vanessa. Nietzsche, Aristocratism and Non-Domination. In: KLAUSEN, Jimmy Casas; MARTEL, James (orgs.). *How Not to Be Governed:* Readings and Interpretations from a Critical Anarchist Left. Lanham, Lexington, 2011.

LÊNIN, Vladímir. Imperialism and Socialism in Italy. *Kommunist*, n. 1-2, 1915. In: *Lenin's Collected Works*, v. 21. Moscou, Progress, 1974. Disponível em: <marxists.org/archive/lenin/works/1906/aug/29.htm>; acesso em: 22 ago. 2022.

_____. Lessons of the Moscow Uprising. *Proletary*, n. 2, 29 ago. 1906. In: *Lenin's Collected Works*, v. 11. Moscou, Progress, 1965. Disponível em: <https://www.marxists.org/archive/lenin/works/1906/aug/29.htm>; acesso em: 22 ago 2022.

_____. The State and Revolution. In: TUCKER, Robert C. (org.). *The Lenin Anthology*. Nova York, Norton, 1975 [ed. bras.: *O Estado e a revolução*. Trad. Edições Avante!, São Paulo, Boitempo, 2017].

LINZ, Juan. Robert Michels. In: *International Encyclopedia of the Social Sciences*, v. 10. Nova York, Macmillan and Free Press, 1968.

_____. *Robert Michels, Political Sociology, and the Future of Democracy*. Londres, Transaction, 2006.

LIPSET, Seymour Martin. Introduction: Ostrogorski and the Analytic Approach to the Comparative Study of Political Parties. In OSTROGORSKI, Moisei. *Democracy and the Organization of Political Parties*, v. 2. New Brunswick, Transaction, 1982.

_____. Michels' Theory of Political Parties. In: MICHELS, Robert. *Political Parties:* a Sociological Study of the Oligarchical Tendencies of Modern Democracy. Trad. Eden e Cedar Paul [1911], Nova York/Londres, Routledge, 2017.

LISSAGARAY, Prosper Olivier. *History of the Paris Commune of 1871*. Trad. Eleanor Marx, Londres, New Park, 1976.

LUKÁCS, György. *Lenin:* A Study on the Unity of His Thought. Trad. Nicholas Jacobs, Londres, Verso, 2009 [ed. bras.: *Lênin:* um estudo sobre a unidade de seu pensamento. Trad. Rubens Enderle, São Paulo, Boitempo, 2012].

LUKES, Steven. *Individualism*. Nova York, Harper & Row, 1973.

LUXEMBURGO, Rosa. Organizational Questions of the Russian Social Democracy. 1904. Disponível em: <https://www.marxists.org/archive/luxemburg/1904/questions-rsd/>; acesso em: 24 ago 2022 [ed. bras.: Questões de organização da social-democracia russa. In: LOUREIRO, Isabel (org.). *Rosa Luxemburgo:* textos escolhidos, v. 1: *(1899-1914)*. Trad. Isabel Loureiro, São Paulo, Ed. Unesp, 2018].

_____. The Socialization of Society. 1918. Disponível em: <https://www.marxists.org/archive/luxemburg/1918/12/20.htm>; acesso em: 24 ago. 2022 [ed. bras.: A socialização da sociedade. In: LOUREIRO, Isabel (org.). *Rosa Luxemburgo:* textos escolhidos, v. 2: *(1914-1919)*. Trad. Isabel Loureiro, São Paulo, Ed. Unesp, 2018].

_____. What Are the Leaders Doing?. 1919. Disponível em: <https://www.marxists.org/archive/luxemburg/1919/01/07.htm>; acesso em: 24 ago. 2022 [ed. bras.: O que fazem os dirigentes?. In: LOUREIRO, Isabel (org.). *Rosa Luxemburgo:* textos escolhidos, v. 2: *(1914-1919)*. Trad. Isabel Loureiro, São Paulo, Ed. Unesp , 2018].

MACHEREY, Pierre. Figures of Interpellation in Althusser and Fanon. *Radical Philosophy*, maio 2012, p. 9-20.

MACPHERSON, C. B. *The Political Theory of Possessive Individualism:* Hobbes to Locke. Nova York, Oxford University Press, 1964 [ed. bras.: *Teoria política do individualismo possessivo:* de Hobbes até Locke. Trad. Nelson Dantas, Rio de Janeiro, Paz e Terra, 1979].

MARTEL, James. *The One and Only Law:* Walter Benjamin and the Second Commandment. Ann Arbor, University of Michigan Press, 2014.

MARX, Karl. *Capital*. Ed. resumida, org. David McLellan, Oxford, Oxford University Press, 1995 [ed. bras.: *O capital: crítica da economia política*, Livro I: *O processo de produção do capital*. Trad. Rubens Enderle, São Paulo, Boitempo, 2013].

_____. Civil War in France. In: SIMONS, Lawrence H. (org.). *Selected Writings*. Indianapolis, Hackett, 1995 [ed. bras.: *A guerra civil na França*. Trad. Rubens Enderle, São Paulo, Boitempo, 2011].

_____. Marx to Dr Kugelmann Concerning the Paris Commune, 12 abr. 1871. Disponível em: <https://www.marxists.org/archive/marx/works/1871/letters/71_04_12.htm>; acesso em: 19 ago. 2022 [ed. bras.: Marx a Ludwig

Kugelmann, 12 abr. 1871. In: MARX, Karl. *A guerra civil na França*. Trad. Rubens Enderle, São Paulo, Boitempo, 2011].

MASON, Paul. The Best of Capitalism Is Over for Rich Countries – and for the Poor Ones It Will Be Over by 2060. *The Guardian*, 7 jul. 2014.

_____. *Why It's Kicking Off Everywhere:* The New Global Revolutions. Londres, Verso, 2012.

MCCLELLAND, J. S. *The Crowd and the Mob:* From Plato to Canetti. Londres, Unwin Hyman, 1989.

MCDUFFIE, Erik S. *Sojourning for Freedom:* Black Women, American Communism, and the Making of Black Left Feminism. Durham, Duke University Press, 2011.

MICHELS, Robert. *Political Parties:* A Sociological Study of the Oligarchical Tendencies of Modern Democracy. Trad. Eden e Cedar Paul [1911], Kitchener, Batoche Books, 2001 [ed. bras.: *Sociologia dos partidos políticos*. Trad. Arthur Chaudon, Brasília, UnB, 1982].

MILKMAN, Ruth; LEWIS, Penny; LUCE, Stephanie. Changing the Subject: A Bottom-Up Account of Occupy Wall Street in New York City. City University of New York, The Murphy Institute, 2013, v. 4. Disponível em: <sps.cuny.edu.>; acesso em: 24 ago. 2022.

MONTAG, Warren. *Althusser and His Contemporaries*. Durham, Duke University Press, 2013.

MOSCOVICI, Serge. *The Age of the Crowd:* A Historical Treatise of Mass Psychology. Trad. J. C. Whitehouse, Cambridge, Cambridge University Press, 1985.

MOYE, Jay. Summer of Sharing: "Share a Coke" Campaign Rolls Out in the U.S. Disponível em: <coca-colacompany.com>; acesso em: 10 jun. 2014.

NYE, Robert A. *The Origins of Crowd Psychology:* Gustave Le Bon and the Crisis of Mass Democracy in the Third Republic. Londres, Sage, 1975.

_____. Two Paths to a Psychology of Social Action: Gustave Le Bon and Georges Sorel. *Journal of Modern History*, v. 45, n. 3, set. 1973, p. 411-38.

ORGANIZED STRUGGLES Defeat Police Terror. *Party Organizer*, v. 6, n. 1, jan. 1933, p. 8-11.

ORTEGA Y GASSET, José. *The Revolt of the Masses*. Nova York, Norton, 1932. [ed. bras.: *A rebelião das massas*. Trad. Marylene Pinto Michael, São Paulo, Martins Fontes, 2019].

OST, David. *Solidarity and the Politics of Anti-Politics:* Opposition and Reform in Poland since 1968. Philadelphia, Temple University Press, 1990.

PAINTER, Nell Irvin. *The Narrative of Hosea Hudson:* His Life as a Negro Communist in the South. Cambridge, Harvard University Press, 1979.

PERALTA, Katherine. College Grads Taking Low-Wage Jobs Displace Less Educated. *Bloomberg Business*, 12 mar. 2014.

PICK, Daniel. Freud's *Group Psychology* and the History of the Crowd. *History Workshop Journal*, n. 40, outono 1995, p. 39-61.

PLUMER, Brad. How the Recession Turned Middle-Class Jobs into Low-Wage Jobs. *Washington Post*, 28 fev. 2013.

RADICAL PHILOSOPHY. n. 170, nov./dez. 2011.

RANCIÈRE, Jacques. On the Theory of Ideology: Althusser's Politics. *Althusser's Lesson*. Trad. Emiliano Battista, Londres, Continuum, 2011.

RETAINING AND Developing New Members of the Party. *Party Organizer*, v. 14, n. 10, nov. 1931, p. 16-9.

RHEINGOLD, Howard. *Smart Mobs*. Cambridge, Basic, 2002.

ROSS, Andrew. *No Collar*. Philadelphia, Temple University Press, 2003.

ROSS, Kristin. *The Emergence of Social Space:* Rimbaud and the Paris Commune. Londres, Verso, 2008.

ROTHENBERG, Molly Anne. *The Excessive Subject:* A New Theory of Social Change. Cambridge, Polity, 2010.

RUDÉ, George. *Ideology and Popular Protest*. Chapel Hill, University of North Carolina Press, 1995.

RUSTIN, Michael. The Politics of Post-Fordism: or, The Trouble with "New Times". *New Left Review*, n. 175, maio-jun. 1985, p. 54-77.

S. V. V. Examine Our Factory Work. *Party Organizer*, v. 4, n. 5, jun. 1931, p. 19.

SAMUEL, Raphael. *The Lost World of British Communism*. Londres, Verso, 2006.

SCHULKIND, Eugene. *The Paris Commune of 1871:* The View From the Left. Nova York, Grove, 1974.

SEIGEL, Jerrold, *The Idea of the Self:* Thought and Experience in Western Europe since the Seventeenth Century. Nova York, Cambridge University Press, 2005.

SENNETT, Richard. *The Culture of the New Capitalism*. New Haven, CT, Yale University Press, 2006 [ed. bras.: *A cultura do novo capitalismo*. Trad. Clóvis Marques, Rio de Janeiro, Record, 2006].

SHIRKY, Clay. *Here Comes Everybody*. Nova York, Penguin, 2008.

SILVA, Jennifer M. *Coming Up Short:* Working-Class Adulthood in an Age of Uncertainty. Nova York, Oxford University Press, 2013.

SINGER, André. Rebellion in Brazil. *New Left Review*, n. 85, jan.-fev. 2014.

SMITH, Jason E. Contemporary Struggles and the Question of the Party: A Reply to Gavin Walker. *Theory & Event*, v. 16, n. 4, inverno 2013.

SOLOMON, Mark. *The Cry Was Unity:* Communists and African Americans, 1917-1936. Jackson, University Press of Mississippi, 1998.

SUROWIECKI, James. *The Wisdom of Crowds*. Nova York, Doubleday, 2004 [ed. bras.: *A sabedoria das multidões*. Trad. Alexandre Martins, Rio de Janeiro, Record, 2006].

TAINE, H. A. *The Origins of Contemporary France*, t. II: *The French Revolution*, v. 1. Trad. John Durand, Londres, Daldy, Isbister & Co, 1878.

TATE, Sylvia. Experiences of Neighborhood Concentration. *Party Organizer*, v. 5, n. 8, ago. 1932, p. 6-7.

THOMAS, Peter D. The Communist Hypothesis and the Question of Organization. *Theory & Event*, v. 16, n. 4, inverno 2013.

TURKLE, Sherry. *Alone Together:* Why We Expect More from Technology and Less from Each Other. Nova York, Basic, 2011.

VAN GINNEKEN, Jaap. The 1985 Debate on the Origins of Crowd Psychology. *Journal of the History of the Behavioral Sciences*, v. 21, n. 4, out. 1985, p. 375-82.

WAHRMAN, Dror. *The Making of the Modern Self*. New Haven, Yale University Press, 2004.

WALKER, Gavin. The Body of Politics: On the Concept of the Party. *Theory & Event*, v. 16, n. 4, inverno 2013.

_____. The Reinvention of Communism: Politics, History, Globality. *South Atlantic Quarterly*, v. 113, n. 4, outono 2014, p. 671-86.

WEISSMANN, Jordan. 53% of Recent College Grads are Jobless or Unemployed – How?. *The Atlantic*, 23 abr. 2013.

WELGE, Jobst. Far from the Crowd: Individuation, Solitude, and "Society" in the Western Imagination. In: SCHNAPP, Jeffrey T.; TIEWS, Matthew (orgs.). *Crowds*. Stanford, Stanford University Press, 2006.

WOLFF, Richard D. Ideological State Apparatuses, Consumerism, and U.S. Capitalism: Lessons for the Left. *Rethinking Marxism*, v. 17, n. 2, abr. 2005, p. 223-35.

WOOD, Ellen Meiksins. Comment on the *Manifesto for New Times*. *Marxism Today*, ago. 1989.

_____. *The Retreat from Class*. Londres, Verso, 1999.

WORLD SOCIALIST WEBSITE. Disponível em: <wsws.org.>; acesso em 24 ago. 2022.

WRIGHT, Richard. *Later Works:* Black Boy (American Hunger), The Outsider. Nova York, The Library of America, 1991.

ŽIŽEK, Slavoj. Class Struggle or Postmodernism? Yes, please!. In: BUTLER, Judith; LACLAU, Ernesto; ŽIŽEK, Slavoj. *Contingency, Hegemony, Universality*. Londres, Verso, 2000.

_____. How to Begin from the Beginning. In: DOUZINAS, Costas; ŽIŽEK, Slavoj (orgs.). The Idea of Communism. Londres, Verso, 2010.

_____. *How to Read Lacan*. Nova York, Norton, 2006 [ed. bras.: *Como ler Lacan*. Trad. Maria Luiza X. de A. Borges, Rio de Janeiro, Zahar, 2006].

_____. *Organs without Bodies*. Nova York, Routledge, 2003 [ed. bras.: *Órgãos sem corpos:* Deleuze e consequências. Trad. Manuella Assad Gómez, Rio de Janeiro, Cia. Freud, 2008].

_____. *Revolution at the Gates*. Londres, Verso, 2002 [ed. bras.: *Às portas da revolução:* escritos de Lenin de 1917. Trad. Luiz Bernardo Pericás, Fabricio Rigout e Daniela Jinkings, 1. ed. rev., São Paulo, Boitempo, 2011].

_____. *The Plague of Fantasies*. Londres, Verso, 1997.

_____. *The Sublime Object of Ideology*. Londres, Verso, 1989 [ed. bras.: *Eles não sabem o que fazem:* o sublime objeto da ideologia. Trad. Vera Ribeiro, Rio de Janeiro, Zahar, 1992].

_____. *The Ticklish Subject:* The Absent Centre of Political Ontology. Londres, Verso, 1999 [ed. bras.: *O sujeito incômodo:* o centro ausente da ontologia política. Trad. Rogério Bettoni, São Paulo, Boitempo, 2016].

Sobre a autora

Jodi Dean é professora de teoria política, de teoria feminista e de mídia em Geneva, Nova York, onde também está engajada em trabalho político de base. Criada nos estados do Mississippi e do Alabama, ela se formou na Universidade Princeton e obteve seus títulos de mestrado e PhD na Universidade Columbia. Originalmente, seu foco foi em estudos soviéticos. No segundo ano de graduação, quando a União Soviética ruiu e o campo de estudos se dissolveu, ela migrou para teoria política. Seus livros abordam temas como solidariedade, possibilidades para a democracia, capitalismo comunicativo e construção de uma política que tenha o comunismo como horizonte. É autora/organizadora de mais de uma dezena de livros e, pela Boitempo, já lançou *Camarada: um ensaio sobre pertencimento político* (2021).

Manifestantes pelo direito à cidade no parque Gezi,
de Istambul, Turquia, em 2013.

Publicado no Brasil em outubro de 2022, cerca de uma década depois dos protestos que se seguiram à crise da hegemonia neoliberal, deflagrada pelo colapso financeiro de 2008, este livro foi composto em Adobe Garamond Pro, corpo 11/14,3, e impresso em papel Avena 80 g/m² pela gráfica Rettec, para a Boitempo, com tiragem de 3 mil exemplares.